Hunde

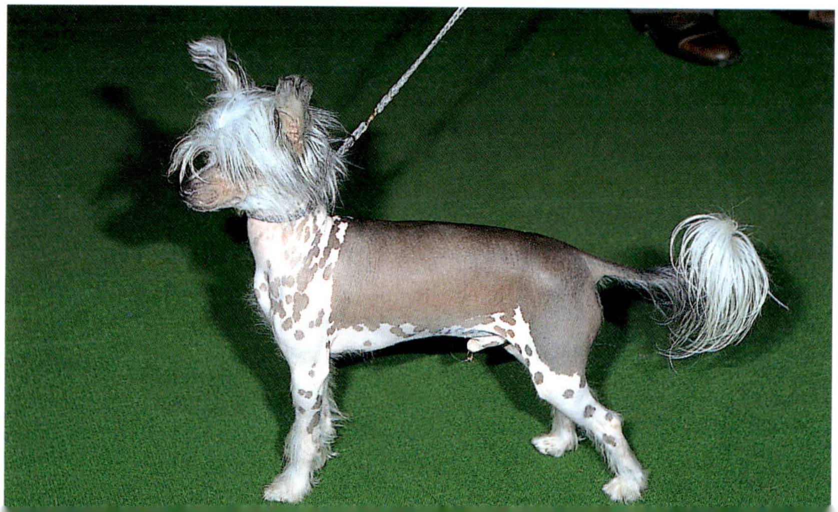

Horst Bielfeld

Hunde

Rassen · Ausbildung
Haltung

Inhalt

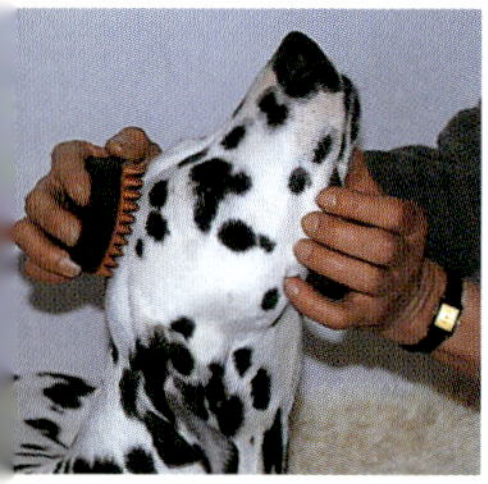

Piktogrammerklärung

Diese Zeichen werden Ihnen helfen, schnell und sicher die Besonderheiten der Rassen zu erkennen. Sie sind immer dann eingesetzt worden, wenn Eigenschaften der Hunde oder die Bedingungen einer artgerechten Haltung der Rasse außergewöhnlich sind.

Diese Rasse braucht viel Platz, am besten ein Haus mit Garten.

Diese Rasse verursacht verhältnismäßig hohe Kosten.

Diese Rasse neigt dazu, viel zu bellen.

Diese Rasse benötigt intensive Pflege.

Diese Rasse eignet sich hervorragend für einen Haushalt mit Kindern.

Diese Rasse braucht regelmäßig viel Auslauf.

Diese Rasse eignet sich besonders für die Gebrauchshundausbildung.

Die Geschichte

des Hundes

Ein Rudel Wölfe. Der Wolf (*lupus canis*) ist ein Tier mit ausgeprägtem Sozialverhalten

Der Wolf – Urahn aller unserer Hunderassen

Noch bis vor wenigen Jahren wurde allgemein angenommen, daß die vielen verschiedenen Hunderassen unmöglich von einem einzigen Wildtier, dem Wolf, abstammen könnten. Daher wurden auch der Schakal und einige andere Verwandte des Wolfes als Ahnen unserer Hunde betrachtet. Heute sind sich die Wissenschaftler jedoch einig, daß alle Hunderassen nur vom Wolf abstammen. Es gibt zahlreiche Übereinstimmungen in Verhalten und Körperbau – beispielsweise ist die Zahnformel identisch – und auch der Aufbau vom Bluteiweiß ist identisch. Bei vergleichenden Untersuchungen am Schakal ergaben sich dagegen viele bedeutsame Unterschiede.

Vom Wolf zum Hund

Wie der Wolf nun zum Menschen kam und nach und nach sein bester Freund wurde, läßt sich nur vermuten, denn Überlieferungen von diesem großartigen, einige Jahrtausende dauernden Wandel vom Wildtier zum Haustier fehlen fast völlig.
Möglicherweise fanden Steinzeitmenschen irgendwann vor 12 000 bis 15 000 Jahren den einen oder anderen verwaisten Wolfswelpen – vielleicht sogar einen ganzen Wurf – und zogen ihn auf. Die so an den Menschen gewöhnten Jungwölfe erwiesen sich recht bald als nützliche Weg- und Haus- bzw. Höhlengenossen, indem sie mit ihren schärferen Sinnen Beutewild früher aufspürten. Sie meldeten auch rechtzeitig herannahende Feinde, die das Lager zu überfallen drohten, oder Bären, die sich auf der Jagd nach Nahrung dem Lager näherten.
Vielleicht suchte auch das eine oder andere wilde Wolfsrudel die Nähe der Menschen, weil sie dort Essensreste fanden. Die Menschen wiederum erhofften sich durch die Nähe der Tiere möglicherweise auch größere Sicherheit vor angriffslustigen Bären und anderen gefährlichen Tieren. Insgesamt gesehen war die Wachsamkeit der Wölfe für die Menschen mit Sicherheit von großem Nutzen.
Mensch und Wolfshunde gingen nach und nach eine immer engere Bindung ein. Schließlich begann der Mensch mit der planmäßigen Zucht dieser Tiere. Die Hunde wurden zu unterschiedlichen Aufgaben herangezüchtet: Waren hier kleinere und flinkere Hunde erwünscht, so wurden woanders eher große und kräftige gebraucht. Die Auslese orientierte sich nach dem Zweck, den der Wolfshund erfüllen sollte. Schließlich gab es sogar innerhalb einer Ansiedlung verschieden große und begabte Hunde. Das war die Voraussetzung für die Entstehung der vielen Hunderassen oder zumindest der Schläge, aus denen die Rassen entwickelt werden konnten.

Grabstein eines Jünglings als Jäger mit Hund und Wurfholz bei der Jagd (4. Jh. v. Chr.)

Auf den Hund gekommen...

Ausgrabungen erwiesen, daß bei den Pfahlbauern der Steinzeit (vor ca. 12 000 Jahren) spitzartige Hunde lebten. Diese Hunde, Torfspitze genannt, waren nachweislich Nachkommen des Wolfs, der sich dem Menschen angeschlossen hatte.

Vor etwa 8000 Jahren gab es in Ägypten bereits Jagd- oder Windhunde, ferner doggenartige und kleinere, spitzartige Hunde. Das geht aus alten Wandbildern, Vasen, Schalen, Bechern hervor, auf denen diese Hunde detailliert dargestellt wurden. Ferner wurden zahlreiche mumifizierte Hunde aus dieser Zeit gefunden. Auch sind, wie Skulpturen belegen, dem Mastiff oder Molosser ähnliche Hunde aus Assyrien und Mesopotamien bekannt. Auch dort gab es vor ca. 5000 Jahren bereits verschiedene Hunderassen. Hunde unterschiedlicher Größe und Gestalt lebten auch im alten China, im Inkareich und bei den Azteken.

Schlafendes Paar mit Schoßhündchen (um 1520) – kommt Ihnen dieses Idyll nicht bekannt vor?

Darstellung eines Jagdzuges aus China

Sioux-Indianer mit beladenem Hundeschlitten

Im Griechenland und Rom der Antike waren sowohl mächtige Kampfhunde als auch Schoßhündchen unter einer schon größeren Anzahl von Rassen zu finden. Es wurden je nach Bedarf Hunde für die verschiedensten Aufgaben gezüchtet, doch war die damalige Zucht im Vergleich zu der heutigen noch planlos.
Das sollte auch das Mittelalter hindurch und bis weit ins vorige Jahrhundert so bleiben. Aus Bildern und Schriften geht hervor, wie sich die verschiedenen Schläge entwickelten.
Die Eigenschaften und Vorzüge wurden in Gedichten besungen. Der Mensch hat die Hunde immer mehr zu seinem Nutzen und zu seiner Freude verändert. Einige sind hervorragende Schlitten-, Wach- und Schutzhunde, Jagdhunde oder Hütehunde geworden, andere eher Spielkameraden; leider gibt es auch wahre Karikaturen des Wolfsabkömmlings. Alle haben aber das treue Herz für ihren Herrn behalten, das sie einst zum unentbehrlichen Gefährten des Menschen machte.

Molosserhund (römische Bronze aus dem 2./3. Jh. n. Chr.)

Entstehung der Rassen

Im Inneren einer Häuptlingshütte nordamerikanischer Mandan-Indianer

Der Wolf war früher über weite Teile Eurasiens und Nordamerikas verbreitet. Es entstand eine Anzahl verschiedener Wolfsrassen, die in Größe und Färbung stark voneinander abwichen. Selbst innerhalb eines Rudels kann es außer den wolfsgrauen und braunen Tieren auch sandfarbene, weiße, dunkelgraue und sogar schwarze geben. So war die Voraussetzung zur Variabilität und Mutationsfreudigkeit des Hundes gegeben.
Nach der Domestikation der Hunde begannen die Menschen eine Auslese nach ihren Wünschen zu treffen. Allerdings sind in wenigen Fällen schon weit vor unserer Zeitrechnung Rassen entstanden, die sehr spezialisiert waren und die es heute noch in ähnlicher Form gibt, wie Torfspitz, Pharaonenhund, Malteser, Molosser und Chihuahua.
Bis Mitte des vorigen Jahrhunderts waren noch recht wenige Hunderassen bekannt. Nach Verbreitung der Mendelschen Vererbungslehre entstanden durch Kreuzungen und gezielte Auslese viele neue Rassen vom Zwergpinscher bis zum Bernhardiner, vom Greyhound bis zur Bulldogge.
Erst im vorigen Jahrhundert wurden exakte Richtlinien für die Rassenzucht beim Hund erlassen, die sogenannten „Standards". Begonnen hat damit der 1868 gegründete „Kennel-Club" in England, der 40 Hunderassen als solche anerkannte und registrierte.
Seitdem hat diese britische Dachorganisation über zwei Millionen Rassehunde von mehr als 200 Rassen registriert, und jährlich kommen 200 000 Hunde hinzu! Ähnlich ist es in anderen Ländern, in denen gegen Ende des vorigen oder zu Anfang dieses Jahrhunderts Vereine und ein Dachverband gegründet wurden. Damit nun nicht in jedem Land eine bestimmte Rasse in verschiedene Zuchtrichtungen entwickelt wurde, rief man im Jahre 1911 die „Fédération Cynologique Internationale", kurz FCI genannt, ins Leben. Von ihr werden neue Rassen aus aller Welt anerkannt, das Ursprungsland dokumentiert und der Standard für alle Mitgliedsverbände vorgeschrieben. So sind bis heute mehr als 400 Rassen entstanden, von denen die meisten bereits durch die FCI anerkannt sind.

Die Hunderassen:

Eurasier – ganz oben fünf Wochen alte Welpen (verschiedene Farbschläge), darunter junge cremefarbene Hündin mit schwarzer Maske

Sibirian Huskys

Spitze und Hunde vom Urtyp

Die Hunde dieser Rassengruppe sind in ihrer ursprünglichen Form weitgehend erhalten. Die nordischen Hunde sind wolfsähnlich, haben etwa dessen Größe und Figur, und auch die Stehohren des Wolfes sind ihnen noch eigen.
Die Art der Behaarung ist ebenfalls der des Wolfes ähnlich, nur sind andere Farben während der Domestikation dazugekommen. Bei vielen der Nordlandhunde hat sich die Rute über den Rücken geringelt.
All dies sind nur wenige Veränderungen, bedenkt man die lange Zeit, in der diese Hunde den Menschen des Nordens gedient haben. Seit wann diese Rassen domestiziert sind, geht aus den wenigen Funden kaum hervor. Sie wurden von ihren Herren als Jagdgehilfen, Lastenschlepper, Wächter und als Fleischreserven genutzt. Erst diese äußerst widerstandsfähigen, starken, ausdauernden und kälteunempfindlichen Hunde ermöglichten es dem Menschen, so weit in den Norden vorzudringen.
Besonders die Schlittenhunde haben Geschichte gemacht, denn ohne sie wären die Expeditionen in die Eiswüsten der Arktis und der Antarktis unmöglich gewesen.
Selbst in unserer Zeit des technischen Fortschritts kann nicht ganz auf sie verzichtet werden.
Eine exakte Unterscheidung zwischen Nordlandhunden und Spitzen hinsichtlich ihrer Entstehungsgeschichte sowie ihres Aussehens ist schwierig. Von den früheren Spitzen, den sogenannten Torfspitzen, fand man Funde in Pfahlbausiedlungen der jüngeren Steinzeit. Aus den gut erhaltenen Knochenfunden geht hervor, daß diese Hunde dem heutigen Wolfsspitz, dem Samojeden und den nordischen Rassen verblüffend ähnlich gesehen haben. In Mitteleuropa haben die Pfahlbauern diese Hunde sicher auch zur Jagd gebraucht. Als größere und schnellere Hunderassen aus Asien oder dem Mittelmeerraum kamen, wurden die spitzartigen mehr und mehr zu reinen Wächtern. Im Griechenland und Rom der Antike sind ebenfalls Spitze gehalten worden, wie Abbildungen auf Gefäßen und auf Münzen ganz eindeutig beweisen.
Die Spitze haben sich ihr Aussehen und ihre Ursprünglichkeit bewahrt. Sie sind wesensmäßig sehr robuste, treue und ihren Herrn über alles liebende Hunde. Ihre Wachsamkeit, ihr feines Gehör und ihre Intelligenz sind sprichwörtlich. Spitze sind häusliche Hunde ohne Jagdgelüste.
Andere Hunderassen vom Urtyp sind die Rassen wie der Pharaoh Hound, die von ihm abstammenden Hunde des Mittelmeer-Raumes und der afrikanische Basenji. Sie sind alle Hunde von ursprünglicher Art, wenngleich sich die südlichen Rassen im Gegensatz zu den Nordlandhunden zu kurzhaarigen und schlanken Abkömmlingen entwickelt haben.

Zwergspitz

Akita Inu

- **Größe:** *60–69 cm*
- **Gewicht:** *32–50 kg*
- **Farbe:** *beliebig, oft einfarbig, vielfach auch in Weiß*
- **besondere Merkmale:** *kurzhaarig, Stehohren und Ringelschwanz*

Auf der japanischen Insel Hondschu ist dieser kräftige Hund zu Hause.
Der Akita Inu ist ein kurzhaariger Spitz mit Stehohren und Ringelrute.
Die Haarfarbe des Akita Inu kann beliebig sein, doch soll Weiß generell nicht mehr als ein Drittel des Körpers bedecken. Einfarbige Hunde dieser Rasse sind wesentlich häufiger zu sehen als mehrfarbige.
Es soll eine Verwandtschaft des Akita Inu zum Chow-Chow bestehen, doch hat der Akita Inu im Gegensatz zum Chow-Chow rote Lefzen und eine rote Zunge.
Charakterlich stimmt dieser Hund jedoch weitgehend mit seinem chinesischen Bruder überein, da auch er unbestechlich, mutig, treu und anhänglich ist. Der Akita Inu braucht allerdings eine starke Persönlichkeit als Bezugsperson, deren ebenso sorgsam-liebevoller wie konsequenter Führung er sich bedingungslos unterordnet. ■

Alaskan Malamute

- **Größe:** *56–64 cm*
- **Gewicht:** *32–42 kg*
- **Farbe:** *wolfsgrau, schwarz, weiß (Unterseite, Beine, Füße)*
- **besondere Merkmale:** *weiße Gesichtsmaske, hartes, pelzartiges Haarkleid mit dichter Unterwolle*

Die Malemuten Alaskas haben diese großen und starken Hunde zum Transport ihrer Habe und Jagdbeute sowie zu ihrem eigenen Schutz seit Jahrhunderten gezüchtet.
Noch heute wird der Alaskan Malamute als Schlittenhund verwendet, wenn auch weniger auf Expeditionen von Trappern und Goldsuchern, sondern eher aus sportlichen Gründen.
Nachdem der Alaskan Malamute 1926 durch den „American Kennel Club" bekannt wurde, hat er in Amerika und auch in Europa viele Liebhaber gefunden. Er ist nämlich nicht nur der bärenstarke und ausdauernde Schlittenhund, sondern darüber hinaus ein anhänglicher Familienhund und besonderer Freund der Kinder. Sein pelzartiges Fell mit dichter Unterwolle schützt ihn vor der Kälte. ■

Sibirian Husky

- ***Größe:** 50 –59 cm*
- ***Gewicht:** 17–27 kg*
- ***Farbe:** wolfsgrau, schwarz, weiß, dunkel- oder gelbbraun*
- ***besondere Merkmale:** weiße Abzeichen am Kopf*

Ursprünglich von dem Nomadenstamm der Tschuktschen in Nordostsibirien gezüchtet, holte man diese starken, ausdauernden Schlittenhunde Anfang des 19. Jh. nach Alaska.

Zu Transporten und zur Rettung von Menschen dienten lange Zeit die Huskygespanne. Solche Gespanne gewannen – und gewinnen heute noch – zahllose Schlittenrennen.

Der Sibirian Husky ist ein freundlicher Haushund, zudem kinderlieb und auch anderen Hunden gegenüber friedlich.

Manche Huskies haben auch blaue statt der üblichen braunen Augen. Es kommt sogar vor, daß ein Auge blau, das andere braun ist oder ein Auge sogar beide Farben aufweist.

Die Rüden der Sibirian Huskys sind in der Regel größer und schwerer als die Hündinnen (vgl. Größen- und Gewichtsangabe). ■

Grönlandhund

- ***Größe:** Rüden max. 68 cm, Hündinnen max. 63 cm*
- ***Gewicht:** 30–40 kg*
- ***Farbe:** alle Farben möglich*
- ***besonderes Merkmal:** Rute rollt er seitwärts über den Rücken*

Dieser spitzartige Hund wird vor allem in Dänemark gezüchtet; in Grönland hat er hervorragende Arbeit als Schlittenhund geleistet.

Der Grönlandhund ist ausdauernd, sehr stark und wenig empfindlich. Das wärmende, doppelte Haarkleid kommt dieser Hunderasse ganz besonders in dem bitterkalten Klima ihrer Heimat und anderen kühlen Regionen sehr zustatten: Unter dem steifen, rauhen Oberhaar, das sich nicht kräuselt oder wellt, sondern bürstenartig absteht, trägt der Grönlandhund eine weiche und dichte Unterwolle.

Der Körperbau des Grönlandhundes ist von kräftiger Konstitution.

Seine Pfoten sind groß und rund, und die Rute, die er seitwärts über den Rücken rollt, ist kurz und kräftig.
Der Grönlandhund darf laut Zuchtverordnung alle Fellfarben tragen, also sowohl ein- als auch mehrfarbig sein.
Albinos sind bei dieser Hunderasse allerdings nicht erwünscht.
Da er für das Schlittenziehen und für das Tragen von Lasten gezüchtet wurde, ist es verständlich, daß auf einen kräftigen, gesunden Körper dieser Rasse mehr Wert gelegt wird als auf bestimmte Fellfarben.
Dem Menschen gegenüber zeigt sich der Grönlandhund im allgemeinen unkompliziert, ruhig und selbstbewußt. Seinem Herrn dient er bedingungslos, und der Familie ist er sehr zugetan.
Insgesamt gesehen, ist er ein pflegeleichter Hund, da er sich wegen seines warmen Pelzes vorzugsweise draußen oder in kühlen Räumen aufhält und lieber nicht im Wohnzimmer.
Der Grönlandhund ist zudem sehr geduldig, zum Beispiel dann wenn ihn Kinder zum Spielen einspannen, freut sich aber auch, wenn er seine Ruhe hat.
Da er zu den Spitzverwandten gehört, ist er häuslich und wildert also auch nicht. ■

Karelischer Bärenhund

- ***Größe:*** *48–60 cm*
- ***Gewicht:*** *max. 30 kg*
- ***Farbe:*** *schwarz bis schwarzbraun, deutliche, begrenzte weiße Abzeichen*
- ***besonderes Merkmal:*** *ausgesprochen temperamentvoll und mutig*

Dieser Vertreter der Spitze und nahe Verwandte der Laiki ist in Karelien beheimatet.
In diesem Gebiet, das in Finnland und Nordrußland liegt, wird der starke Hund mit seinem überaus feinen Geruchssinn für die Jagd auf Elche, Luchse und Bären eingesetzt. Vor allem aber stöbert er die Winterlager der in dieser Region lebenden Bären auf – daher auch sein Name.
Zwar wird der Karelische Bärenhund auch heute noch für die Jagd gebraucht, doch manche Hundeliebhaber schätzen ihn allein wegen seines hübschen Aussehens und seines überaus mutigen Wesens.
Das Temperament dieses Hundes ist denn auch dementsprechend feurig und stürmisch.
Er benötigt also viel Zuwendung und ausreichenden Auslauf.
Für den Schlittenhundesport läßt sich der Karelische Bärenhund am besten als Einzeltier vor einer sogenannten Pulka (das ist eine Kunststoffwanne) einsetzen, die er mit großer Energie zieht.
Für das sommerliche Training bietet es sich an, ihn vor dem Fahrrad laufen zu lassen. Beides kommt seiner eigenständigen Art sehr entgegen. Er ist ein Individualist, der sich nicht so leicht in einer Gruppe anderer Schlittenhunde einfügt.
Sein ausgesprochenes Draufgängertum zeigt sich allerdings nicht nur dem Jagdwild, sondern auch anderen Hunden gegenüber. Als Begleithund kann der Karelische Bärenhund darum unter Umständen ziemlich problematisch sein.
Dieses vierbeinige Temperamentsbündel benötigt aus diesen Gründen unbedingt eine zwar liebevolle, aber auch sehr feste und konsequente Hand sowie straffe Führung, da dieser Hund sich sonst sehr eigenwillig gibt.
Mit einer Schulterhöhe von 48 – 60 cm ist der Karelische Bärenhund recht stattlich.
Sein steifes, volles Haar ist schwarz oder schwarzbraun und weist deutlich begrenzte weiße Abzeichen auf. ■

Lundehund

- **Größe:** *32–39 cm*
- **Gewicht:** *um 6 kg*
- **Farbe:** *schwarz, grau sowie braun mit weiß*
- **besondere Merkmale:** *sechs Zehen an jedem Fuß; der Hund kann die Gehörgänge verschließen*

Dieser fuchsgesichtige und schlanke Hund stammt aus Nordnorwegen und wurde dort seit alters als Jagdhund gehalten. Er suchte auf den der Küste vorgelagerten Vogelfelsen nach den Jungen brütender Papageientaucher. Diese nisten dort, wo Gras wächst. Sie graben bis zu 2 m lange Bruthöhlen in den Boden, in denen die Jungen heranwachsen. Fast ausgewachsen, aber noch flugunfähig, sind sie eine leichte Beute für den Lundehund.

Man ließ die zierlichen Hunde in die Bruthöhlen hinein, um die jungen, etwa 400 g schweren Vögel herauszuholen, die eine willkommene Abwechslung im Speiseplan der dort lebenden Menschen waren. Sie nannten die Papageientaucher „Lunde“, ihre kleinen Hunde folglich „Lundehunde“. Heute ist diese Art der Jagd verboten, wodurch die Lundehunde fast ausgestorben sind. Der Lundehund hat sechs Zehen an jedem Fuß, eine Besonderheit, die bei keiner anderen Hunderasse zu finden ist. Das weist auf ein sehr hohes Alter dieser Rasse hin. Neben der Anpassung an die Jagdweise „unter Tage“ sind auch seine außerordentlich beweglichen Nacken- und Schultergelenke interessant. Zudem ist dieser Hund fähig, seine Gehörgänge zu verschließen, um nicht Erde und Dreck in die Ohren zu bekommen, wenn er sich in den Brutkammern der Lunde aufhält. ■

Samojede

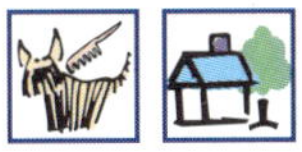

- **Größe:** *50–60 cm*
- **Gewicht:** *20–32 kg*
- **Farbe:** *weiß, cremefarben*
- **besonderes Merkmal:** *typischer, gleichsam lächelnder Gesichtsausdruck*

Aus dem nordwestlichen Asien und dem nordöstlichen Europa stammt der Samojedenspitz. Diese Hunderasse wird von dem Stamm der Samojeden zum Hüten ihrer Rentierherden und außerdem als

Wachhund gehalten. Darüber hinaus ist der Samojede als Schlittenhund sehr zuverlässig, stark und ausdauernd, so daß er bei zahlreichen Arktis- und Antarktisexpeditionen eingesetzt wurde.
Angenehm für die Haltung als Haushund an ihm ist, daß er keinen Jagdtrieb entwickelt hat und sich auch anderen Haustieren gegenüber freundlich zeigt.
In Alaska wurde der Samojedenspitz ebenfalls als Schlittenhund heimisch gemacht. In den USA und in verschiedenen europäischen Ländern wird diese Hunderasse jetzt hauptsächlich als Haus- und Begleithund gezüchtet.
Mit seinem typischen „lächelnden" Gesichtsausdruck (siehe Bild auf der Vorseite: Der Samojede sieht wirklich so aus, als würde er immer lächeln), seinem reichen weißen Haarkleid, das bei einigen Hunden auch cremefarben sein kann, hat der Samojede schon viele Liebhaber gefunden.
Die Haarpflege macht allerdings einige Arbeit. Diese Hunderasse ist für ihre Treue, ihre Anschmiegsamkeit sowie ihre Gehorsamkeit bekannt und beliebt. Außerdem sind Hunde dieser Rasse auch gute Wächter.
Der Samojede steht dem Wolfsspitz hinsichtlich seiner Größe in nichts nach. ■

Chow-Chow

- ***Größe:** 45–60 cm*
- ***Gewicht:** bis ca. 30 kg*
- ***Farbe:** rotbraun, sandfarben, blau oder schwarz*
- ***besonderes Merkmal:** blaue Zunge*

Schon vor 2000 Jahren sah dieser ursprünglich aus China stammende Hund genauso aus wie heute. Er wurde als Haus- und Wachhund zur Jagd, als Woll-, Pelz- und sogar als Fleischlieferant, aber auch als Lastenschlepper und Schlittenhund gehalten. Nach Europa kamen die ersten Vertreter dieser Rasse erst im 19. Jh., fanden aber dann rasch viele Freunde.

Der Chow-Chow ist ein charakterfester, eigenwilliger Hund, der sich nur einer Person unterordnet. Er akzeptiert diese nur, wenn er sie als „Leittier" anerkennen kann, sich also unterordnen muß. Das verlangt von seinem Besitzer konsequente, gleichbleibende Behandlung, andernfalls kann der Hund aufsässig und zum Tyrannen werden.
Sonst ist er von ruhigem Wesen, Fremden gegenüber zurückhaltend und sehr wachsam. Er kann zu einem furchtlosen Angreifer werden, wenn er seinen Herrn oder dessen Besitz bedroht glaubt. Der Chow-Chow bellt allerdings kaum, sondern läßt als Warnung oft nur ein kurzes, tiefes Grollen hören. Es ist ratsam, ihn nicht zu provozieren, sondern ihm gelassen zu begegnen, möglichst in Anwesenheit seiner Bezugsperson.
Er haart viel und fühlt sich bei Hitze nicht wohl. Das üppige, dichte Haar steht vom Körper ab und bildet an Hals und Nacken eine Löwenmähne.
Typisch ist das Blau der Zunge (siehe oben im Bild), der Lefzen und des Gaumens. Die tiefliegenden Augen sind mandelförmig, die Rute wird überm Rücken aufgeringelt getragen. ■

Eurasier 

- ***Größe:*** *48–60 cm*
- ***Gewicht:*** *26–32 kg*
- ***Farbe:*** *rot bis falbfarben, wolfsgrau, schwarz, auch schwarz mit Abzeichen (Augen, Unterpartien)*
- ***besonderes Merkmal:*** *idealer Haus- und Familienhund*

Erst in den fünfziger Jahren ist diese Rasse entstanden. Zuchtziel war, die guten Eigenschaften von Wolfsspitz und Chow-Chow in ihm zu vereinen. Auch der Samojede (vgl. S. 19), wurde eingekreuzt. Es kam also nicht darauf an, eine spezielle Eigenschaft zu betonen, wie dies bei den anderen Rassehunden der Fall ist, sondern den Idealtyp des Hundes schlechthin zu finden.
So konnte mit dem Eurasier ein mittelgroßer Hund entstehen, der kräftig, wachsam, doch ruhig, ausgeglichen, gut von der ganzen Familie zu führen, treu und leicht zu pflegen sein sollte.
Die Ausgangsrassen, also Chow-Chow und Wolfsspitz, erfüllten nicht alle diese Voraussetzungen. Zum einen ist der Chow-Chow ein Einmannhund, der sich anderen Mitgliedern der Familie kaum unterordnet (vgl. S.20). Andererseits kann beim Wolfsspitz dessen Kläffen, seine Hektik sowie seine Schärfe lästig sein. Schließlich sei die Jagdleidenschaft des Samojeden erwähnt. Diese für einen Familienhund negativen Eigenschaften der beteiligten Rassen konnten weitgehend kompensiert, die guten erhalten beziehungsweise noch gesteigert werden.
Durch die ausgewogene Mischung verschiedener Temperamente ist der Eurasier eine der erfolgreichsten jüngeren Hundezüchtungen. ■

Wolfsspitz  

- ***Größe:*** *45–55 cm*
- ***Gewicht:*** *ca. 20–30 kg*
- ***Farbe:*** *wolfsgrau, weißliche oder silbergraue Läufe*
- ***besondere Merkmale:*** *Hals- und Brustmähne*

Er ist ein Nachfahre des Torfspitz (vgl. S. 11), dem er sehr ähnlich sieht – also eine urwüchsige, kaum veränderte Rasse, die als treu, zuverlässig und wachsam gilt.
Der Wolfsspitz ist Fremden gegenüber mißtrauisch und unbestechlich. Sein Gehör ist sehr fein. Wenn er Haus und Besitz seiner

Familie in Gefahr sieht, kann er den Eindringling angreifen und sich an ihm festbeißen.
Der Wolfsspitz weiß sich hervorragend anzupassen, Aufgaben zu übernehmen und ist anderen Haustieren gegenüber freundlich, hütet und treibt das Vieh. Dagegen läßt Wild ihn kalt – er wildert also nicht.

Der Wolfsspitz ist der größte der Deutschen Spitze. Sein wolfsgraues, seidiges Haar bildet an Brust und Hals imposante Mähnen (vgl. zweifarbige Mähne des Wolfspitzes auf S. 21). Die buschige Rute wird überm Rücken aufgerollt und ist wie die Läufe weißlich oder von silbrigem Grau. ■

Deutscher Großspitz

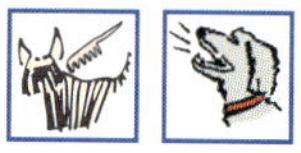

- **Größe:** *40–50 cm*
- **Gewicht:** *ca. 18 kg*
- **Farbe:** *weiß, braun oder schwarz*

Dieser Spitz ist mit seiner Schulterhöhe bis zu 50 cm beinahe so groß wie der Wolfsspitz.
Wesentliches Unterscheidungsmerkmal gegenüber seinem Verwandten ist die Farbe seines üppigen Haarkleides. Es darf bei ihm allerdings ausschließlich weiß, braun oder schwarz sein.
Natürlich erweist er sich als ein ebenso unbestechlicher und mutiger Wächter von Haus, Hof und Besitz wie sein wolfsgrauer Bruder und der mit 22–28 cm Schulterhöhe wesentlich zierlichere Kleinspitz. Den Kleinspitz darf es dagegen auch in den Farben Orange und sogar graugewolkt geben, denn eine Verwechslung mit dem Wolfsspitz kann es wegen des erheblichenGrößenunterschieds ja nicht geben. ■

Zwergspitz

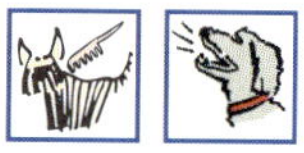

- **Größe:** *max. 22 cm*
- **Gewicht:** *2–3 kg*
- **Farbe:** *rot, orange, biberfarben, creme, weiß sowie braun, schokoladenbraun, graugewolkt, zobelfarben, blau und schwarz, ferner zweifarbig; außerdem weiß mit einer der anderen Farben*

Vor ca. 100 Jahren begann man in England den Zwergspitz zu züchten. Nachdem er dort und in den USA zu einem der beliebtesten Zwerghunde geworden war, kam er unter dem Namen „Pomeranian" auf das europäische Festland zurück.
Die dichte, weiche Unterwolle läßt die festen, gera-

den Deckhaare dieser Miniaturausgaben flauschig abstehen.
Inzwischen ist der Zwergspitz bereits in den Farben Rot, Orange sowie in Biberfarben, Creme über Schokoladenbraun bis hin zu Blau und Schwarz gezüchtet worden, ebenso zweifarbig, Weiß zusammen mit einer der übrigen Farben. Der kleine Kerl ist ein temperamentvoller, intelligenter Haushund. Seine Anhänglichkeit, Verspieltheit und Treue sind sprichwörtlich. Leider kläffen einige Zwergspitze recht häufig. ■

Basenji

- **Größe:** *40–43 cm*
- **Gewicht:** *9,5–11 kg*
- **Farbe:** *rot-weiß, schwarz-(lohfarben)-weiß*
- ***besonderes Merkmal:*** *kann nicht bellen*

Schon zu Zeiten der alten Ägypter war der Basenji als Verwandter des Pharaohhundes bekannt und geschätzt. Im zentralen Afrika wurde er von verschiedenen Stämmen als lautloser Spürhund – er kann nicht bellen! – mit hervorragender Nase und hervorragendem Sehvermögen eingesetzt. Unmut tut er knurrend kund, und wenn er sich freut, kann er einen hellen Ton ausstoßen, den man „Jodeln" nennt. Um sich verständlich zu machen, benutzt er meist seine die Pfoten, was sich auch beim Spiel wie beim federnden Gang und Galopp zeigt. Geschätzt wird die ihm angeborene Sauberkeit: Wie eine Katze putzt er ausgiebig sein seidiges Fell. Die Hündin kommt nur einmal im Jahr in Hitze.
Der Basenji ist ein sehr anhänglicher, hochintelligenter Hund mit Familiensinn. Am wohlsten fühlt er sich zu zweit oder mehr innerhalb des Menschenrudels. Eigensinnig wird er nur, wenn er viel alleingelassen und/oder sich selbst überlassen wird. Die Brust und das Ende der Ringelrute sollen stets weiß sein. ■

Pharaoh Hound

- **Größe:** *53–63 cm*
- **Gewicht:** *14–22 kg*
- **Farbe:** *lohbraun mit weißen Abzeichen (Blesse im Gesicht, Stern auf der Brust, weiße Zehen und weiße Rutenspitze)*

Nur der von Malta stammende ***Kelb tal Fenek*** trägt heute den englischen Namen Pharaoh Hound. Er wurde für diese Rasse beim englischen Kennel Club und bei der FCI eingetragen. Auch die ande-

ren stehohrigen Windhunde (Podenco Ibicenco, Cirnego dell'Etna) werden irrtümlicherweise oft Pharaonenhunde genannt. Zweifellos aber haben alle drei den altägyptischen Pharaonenhund als gemeinsamen Ahnen.
Die maltesische Rasse ist auf die gleiche Weise auf diese Mittelmeerinsel gekommen wie die anderen nach Sizilien oder auf die Balearen: Ägypter, Phönizier, Griechen, Karthager und Römer haben Malta als Stützpunkt für ihre Eroberungszüge benutzt. Heute werden diese Hunde zur Jagd gebraucht. Außerdem ist er ein guter Wachhund. In England ist diese Rasse seit Anfang der sechziger Jahre heimisch. ■

steht doch der Unterschied, daß er weniger mit dem Auge jagt, wie dies die Windhunde tun, sondern mit der Nase. Er ist also eher ein Laufhund oder ein Bindeglied zwischen Lauf- und Windhunden.
In seiner Heimat wird der Cirnego dell'Etna vor allem für die Jagd auf Kaninchen verwendet.

Der Cirnego dell'Etna ist ein mittelgroßer Hund. Der Rüde ist in der Regel etwas größer als die Hündin. Charakteristisch sind der flache Kopf, die rosa bis dunkelbraune Nase und die bernsteinfarbenen Augen. Die Rute ist schlank, nach hinten gestreckt, bei der Jagd oft auch über dem Rücken nach vorne gebogen. ■

Cirnego dell'Etna

- ***Größe:** 42–52 cm*
- ***Gewicht:** 8–14 kg*
- ***Farbe:** weiß oder fahlrot, evtl. weiße Abzeichen an Kopf, Hals, Brust, Bauch, Pfoten oder Rutenspitze*
- ***besonderes Merkmal:** langer, flacher Kopf mit hochangesetzten Ohren*

Der aus Sizilien stammende Cirnego dell'Etna wird auch *Sizilianischer Laufhund* oder *Sizilianischer Windhund* genannt. Sein Vorfahre ist der Pharaoh Hound (S. 23), der schon 400 Jahre v. Chr. auf sizilianischen Münzen abgebildet war. Obgleich seine Erscheinung an einen Windhund erinnert, so be-

Podenco Ibicenco

- ***Größe:** 60–66 cm*
- ***Gewicht:** 19–23kg*
- ***Farbe:** rotbraun-, weiß- oder gelbgescheckt; einfarbig weiß, rotbraun, gelb*
- ***besonderes Merkmal:** breite Stehohren*

Der Podenco Ibicenco ist ein großer Laufhund, der auf Ibiza beheimatet ist und dort vor ca.100 Jahren von Zoologen und Kynologen als direkter Nachkomme der altägyptischen Tesem bzw. Pharaonenhunde entdeckt wurde. Seine lange und dünne Rute trägt der Podenco Ibicenco gerade nach hinten oder leicht sichelförmig, doch niemals aufgerollt.

Als Kaninchenfänger hat sich dieser Hund schon seit über 2000 Jahren auf den spanischen Mittelmeerinseln bewährt.
Bei der Jagd arbeiten noch heute ein Rüde und mehrere Hündinnen als Meute zusammen und treiben sich die Beute gegenseitig zu. Diese Art der Jagd wurde mit diesen schnellen, intelligenten Hunden auch auf dem spanischen Festland sowie in Südfrankreich betrieben. Zu uns kamen sie erst in den zwanziger und dreißiger Jahren unseres Jahrhunderts.
Der Podenco Ibicenco bewegt sich in leicht federndem Trab, springt aus dem Stand beachtlich hoch und ist ein unentwegter Stöberer. Er jagt vornehmlich nach Gehör und Geruch und ist dabei sehr leise. Erst wenn er das Wild sieht, gibt er Laut. Beim Stöbern wedelt er ständig mit der Rute, und das um so heftiger, je „heißer" die Fährte ist. Auch als Retriever ist er zuverlässig.
Als Haushund ist der Podenco Ibicenco sehr angenehm. Er bellt kaum und ist doch wachsam. Wenn er auch etwas zurückhaltend wirkt, so erwidert er doch die Zuneigung seiner Familie und fühlt sich in ihrer Nähe wohl. Fremde beachtet er nicht, außer sie werden aufdringlich; dann zeigt er als Warnung sein starkes Gebiß. ■

Podenao Portugueso Medio

- ***Größe:** 50–55 cm*
- ***Gewicht:** 10–15 kg*
- ***Farbe:** orange, weiß, selten ganz einfarbig*
- ***besonderes Merkmal:** besondere Jagdleidenschaft*

Diese spanische Hunderasse ist mittelgroß, schlank, kurzhaarig, mit schmalem Kopf, Stehohren und langer Haken- oder Ringelrute. Der Podenao Portugueso Medio ist nicht ganz so schlank und hochbeinig wie sein Verwandter, der Podenco Ibicenco, der auf Ibiza und anderen Baleareninseln beheimatet ist. Dort soll er schon weit vor unserer Zeitrechnung durch Kreter und Karthager heimisch gemacht worden sein. Er stammt direkt von den altägyptischen Hunden ab und wird darum ***Pharaonenhund*** (vgl. S. 24) genannt. Auf den Balearen wurde er vor allem zur Jagd auf Kaninchen eingesetzt. Von manchen wird er als Laufhund angesehen, von anderen jedoch als Windhund. Er erreicht die Schnelligkeit anderer Windhunde, doch jagt er nicht wie jene hauptsächlich mit dem Auge, sondern mehr nach Gehör und Geruchssinn.
Der kleinere, etwas stämmige Podenao Portugueso Medio ist überall auf der Iberischen Halbinsel, vor allem in Portugal zu finden, ebenfalls häufig in Andalusien, weshalb er auch ***Podenco Andaluz*** genannt wird.
Er hat viel mit dem Verwandten von den Mittelmeerinseln gemein, auch die Jagdleidenschaft, vor allem auf Kaninchen.
Seine Lebhaftigkeit, die Schnelligkeit und Sprungkraft machen ihn als Haushund etwas anstrengend, doch gleicht er das mit seinem liebenswürdigen, anhänglichen Wesen wieder aus. Seine Intelligenz ist groß, deshalb benötigt er eine feste, konsequente Führung, sonst nimmt er sich allerlei Dinge heraus, die er eigentlich nicht darf.
Auch die Jagdpassion des Podenao Portugueso Medio kann sein Herrchen zuweilen manchmal zur Verzeiflung treiben, wenn er beispielweise versucht, Kühe und Pferde, Schafe oder Schweine zu jagen. Rüden balgen sich gerne und oft mit anderen Rüden, selbst wenn sie weitaus größer und kräftiger sind.
Der Podenao Portugueso Medio kommt meistens in den Farben Orange und Weiß vor, seltener in einfarbig Weiß oder einfarbig Orange. Meistens findet sich auf orangefarbenem Grund eine Blesse und ein Brustfleck; die Pfoten sind weiß. ■

Pinscher und Schnauzer

Die Hunde dieser Rassengruppe sind seit alters in Deutschland beheimatet, wenn auch erst in jüngerer Zeit in ihrer jetzigen, veredelten Erscheinungsform. Sie waren einfache, robuste Hunde mit ganz verschiedenfarbigem Fell und unterschiedlicher Haarlänge.
Als Hunde europäischen Ursprungs stammen sie von den Torfspitzen ab, deren Überreste man vor allem in Süddeutschland fand. Von dort stammen auch die pinscher- und schnauzerartigen Hunde, die für die Reinzucht der Rassen, die gegen Ende des vorigen Jahrhunderts begann, benötigt wurden.
Im Jahr 1895 wurde der „Pinscher-Schnauzer-Klub" gegründet, dessen Mitglieder die Existenz der uns so vertrauten Rassen Riesenschnauzer, Mittelschnauzer, Zwergschnauzer, Deutscher Pinscher, Zwerpinscher und Affenpinscher in ihrer jetzigen Erscheinungsform zu verdanken ist. Es sind Hunde für jeden Zweck, für jede Wohnung, für jedes Temperament dabei.

Rehbrauner Zwergpinscherwelpe beim ersten Erkundungsgang durch den Garten

Bekannt sind Mut, Unbestechlichkeit und Temperament dieser Hunde. Fremden gegenüber mißtraurisch, sind sie hervorragende Bewacher von Haus und Besitz sowie zuverlässige Begleithunde, ihrem Herrn und der Familie treu zugetan, den Kindern liebevolle Spielgefährten.
Darüber hinaus sind Pinscher und Schnauzer auch noch hervorragende Mäuse- und Rattenfänger. Dies war einer der Gründe für ihre recht zahlreiche Haltung in früheren Zeiten, vor allem auf dem Lande, in Bäckereien und anderen Orten, die diese schädlichen Nagetiere bevorzugen.
Ihr Name „Pinscher" soll von der Tatsache abgeleitet worden sein, daß diese Hunde ihre Beutetiere Ratten und Mäuse häufig mit den Pfoten fangen und halten, bevor sie sie totbeißen. Früher nannte man übrigens auch die rauhhaarigen Schnauzer Pinscher. Wegen ihres typischen Schnauzbartes kamen sie erst später zu ihrem heutigen Namen.
Alle Pinscher und Schnauzer sind sehr „pflegeleichte" Hunde. Während die kurzhaarigen Pinscher ein dichtes, glänzendes Haarkleid tragen, das außer regelmäßigem Bürsten keinerlei Pflege bedarf, müssen die Schnauzer fachgerecht getrimmt werden, um gepflegt auszusehen. Getrimmtes Drahthaar ist das wohnungsfreundlichste, das sich denken läßt. Diese Hunde haaren nicht, sie tragen somit auch kaum Schmutz in die Wohnung. Gegen Kälte und Hitze sind getrimmte Schnauzer ausgezeichnet geschützt.

Dobermannrüde mit unkupierten Ohren. Auf das Beschneiden von Ohren und Schwanz wird bei den meisten Hunderassen gemäß Tierschutzgesetz vom 1. Januar 1987 verzichtet (vgl. dazu auch Seite 180f.).

Dobermann

- **Größe:** *60–70 cm*
- **Gewicht:** *20–26 kg*
- **Farbe:** *schwarz, braun sowie blau mit rostbraunen Abzeichen*

1860 kreuzte der Hundefänger und Abdecker Karl Dobermann aus Apolda in Thüringen Pinscher, große blaue Doggen und andere Hunde, um einen scharfen, gewandten und schönen Wach- und Begleithund zu bekommen – den Dobermann.
Hunde dieser Rasse sind besonders mutig, intelligent, temperamentvoll und doch – bei entsprechender Führung – gehorsam. Wegen dieser Eigenschaften sowie seinem ausgezeichneten Geruchssinn fand er bei der Polizei so großen Anklang, daß er bald „Gendarmenhund" genannt wurde. Auch heute stehen viele Hunde dieser Rasse in Diensten der Polizei, des Grenzschutzes und des Zolls.
Der Dobermann braucht eine konsequente Ausbildung und eine Aufgabe. Bei ungerechter, falscher Behandlung kann er unberechenbar werden, und so kommt es dann zu der Behauptung, der Dobermann sei „falsch". Von Natur ist er jedoch ein ganz zuverlässiger, seiner Familie gegenüber gutmütiger und treuer Gefährte.
Der Dobermann wirkt kraftvoll, doch leichtfüßig wie ein Rennpferd. ■

Affenpinscher

- **Größe:** *25–28 cm*
- **Gewicht:** *3–4 kg*
- **Farbe:** *schwarz, auch schwarz mit gelb gebrannt, gelb, gelbrot, rot und grau*
- ***besonderes Merkmal:*** *affenähnliches Gesicht*

Dieser kleinste Vertreter der Pinscher gehört zu einer alten Rasse, die mit dem Belgischen Griffon nahe verwandt ist.
Seinen Namen trägt er seines kurzen, runden, „affenähnlichen" Gesichts wegen. Hunde seiner Art sind schon seit dem Mittelalter bekannt. Man kann sie auf Gemälden und Holzschnitten abgebildet sehen.
Der Affenpinscher erreicht eine Schulterhöhe von max. 28 cm und wird bis zu 4 kg schwer. Sein Fell ist meist schwarz, kann aber auch Schwarzschattierungen aufweisen.
Sein Gang ist trippelnd, die Hinterhand steht steil. Der Fang ist kurz, der Kopf kugelig. Manchmal treten Atemwegsprobleme auf.
Seinem Herrn ist dieser temperamentvolle Zwerg ein anhänglicher Gefährte, kann aber Fremden gegenüber recht „giftig" werden. ■

Deutscher Pinscher

- **Größe:** *40–48 cm*
- **Gewicht:** *9–16 kg*
- **Farbe:** *schwarzrot, rot, „Pfeffer und Salz"*
- **besonderes Merkmal:** *guter Rattenfänger*

Es gab in Deutschland schon seit langem glatthaarige Pinscher, auch Rattler und Rattenfänger genannte Hunde, die sehr häufig auf Höfen und bei Fuhrleuten anzutreffen waren.
1895 wurde der „Pinscherklub" gegründet, dessen Mitglieder es sich zur Aufgabe machten, den Pinscher einheitlich als Rasse zu züchten. Bis dahin waren die Hunde noch recht unterschiedlich in Typ, Farbe und Größe. Heute ist der Deutsche Pinscher allerdings seltener zu sehen.
Er ist ein kurzhaariger Hund mit glänzendem Haar, dessen Farben Schwarzrot, Rot und „Pfeffer und Salz" sind. Der Deutsche Pinscher ist ein sehr lebhafter Hund, intelligent, anhänglich, Fremden gegenüber mißtrauisch und sehr wachsam, manchmal auch ein Kläffer. Als Rattenfänger ist er unübertroffen. Er braucht viel Platz und genügend Auslauf.

Zwergpinscher

- **Größe:** *25–30 cm*
- **Gewicht:** *3–4 kg*
- **Farbe:** *rehbraun, schwarzrot mit gelben bis rotbraunen abzeichen, „Pfeffer und Salz"*

Dieser kleine Pinscher macht seinem Namen alle Ehre, denn er ist Fremden gegenüber recht scharf und „pinscht" gerne ins Bein oder in die Hose. Dabei will er nur sein Herrchen oder Frauchen verteidigen, denen er sich eng anschließt.
Ältere Menschen halten den Zwergpinscher besonders gern, weil er sehr aufmerksam ist, durch sein scharfes Gehör auf ungewöhnliche Geräusche und das Klingeln aufmerksam macht und außderdem ein treuer Begleiter und Gefährte ist. Er liebt es aber auch, mit Kindern herumzutollen. Besonders viel Platz braucht er nicht, wenn er nur nur täglich seinen Auslauf oder Spaziergang bekommt.
Mit 25–30 cm Schulterhöhe ist dieser Hund der kleinste der Pinscher.
Er kommt in Rehbraun, Schwarz mit gelben bis rot-braunen Abzeichen und in „Pfeffer und Salz", einem schwarz gesprenkelten Grau (wie bei den Schnauzern) vor.
Das Haar ist kurz und glänzend.

Riesenschnauzer

- ***Größe:** 60–70 cm*
- ***Gewicht:** 35–50 kg*
- ***Farbe:** „Pfeffer und Salz", schwarz*
- ***besonderes Merkmal:** starker Gebrauchs- und Rettungshund*

Der Riesenschnauzer stammt aus Bayern. 1909 wurden die ersten „Bärenschnauzer" ausgestellt und der „Klub für Münchener Schnauzer" gegründet. 1925 wurden die Riesenschnauzer bereits als Diensthunde, speziell als Schutzhunde anerkannt.

Manche sehen im russischen Oftscharka, einem großen Hirtenhund, seinen engsten Vorfahren. Andere halten sie für Nachfahren der römischen Treibhunde, die in Süddeutschland während der Eroberung durch Rom, in Bayern zu dem großen, kräftigen und rauhhaarigen Hüte- und Hofhund geführt haben. Als dritte Möglichkeit soll der in Württemberg herausgezüchtete Schnauzer (der heutige Mittelschnauzer) mit großen Treibhunden und, in geringem Maße, auch mit Deutschen Doggen gekreuzt worden sein, um den Riesenschnauzer zu erzielen. Wahrscheinlich ist es gegen Ende des 19. Jh. zu einem recht einheitlichen Hundeschlag gekommen, als große, kräftige und scharfe Hunde zur Bewachung von Viehhöfen sowie von Brauereien im Münchener Raum benötigt wurden.

Die Hunde trugen anfangs den Spitznamen „Bierschnauzer", wurden aber auch „Russerl" genannt, was einerseits auf ihre schwarze Farbe, andererseits auf eine russische Abstammung zurückgeführt werden könnte.

Der Riesenschnauzer ist außerordentlich stark und Fremden gegenüber mißtrauisch. Seinem Herrn ist er treu ergeben, anhänglich und zärtlich. Den anderen Familienmitgliedern ist er eher ein stets gut gelaunter Beschützer und Spielkamerad. Verspielt bleibt er bis ins hohe Alter.

Der Riesenschnauzer ist sehr intelligent und lerneifrig. Seine Ausbildung sollte mit viel Liebe vorgenommen werden. Bei zu harter und falscher Behandlung kann er leicht zu scharf werden. Wer ihn richtig führt, wird in ihm einen treuen und unbestechlichen Freund und Beschützer haben.

Als größter Vertreter dieser Rassengruppe ist der Riesenschnauzer von wuchtigem Körperbau, stark und doch gewandt. Sein Haarkleid ist drahtig, mit dichter, weicher Unterwolle. Eine gute Trimmfrisur macht den Riesenschnauzer pflegeleicht und trägt ebenso wie die vollen Augenbrauen und der kräftige Backenbart zu seiner imposanten Erscheinung bei. Die Haarfarbe ist „Pfeffer und Salz" und schwarz. ■

Mittelschnauzer

- **Größe:** *45–50 cm*
- **Gewicht:** *15–17 kg*
- **Farbe:** *„Pfeffer und Salz", schwarz*
- **besonderes Merkmal:** *kinderlieber Familien- und Wachhund*

In Württemberg gab es schon seit Jahrhunderten schnauzerartige Hunde. Sie wurden zum Viehtreiben, als Wachhunde und vor allem als Rattenvertilger gebraucht. Bauern und Fuhrleute waren fast immer in Begleitung dieser schnauzbärtigen, rauhhaarigen Hunde zu sehen. Bis gegen Ende des vorigen Jahrhunderts blieb ihre Haltung auf die ländlichen Gegenden begrenzt. Dann wurde man sich ihrer allgemeinen Nützlichkeit bewußt und erkannte ihr ausgeglichenes, fröhliches Wesen sowie ihre Treue, Charakterfestigkeit und ihren Mut.

1907 wurde der „Schnauzerklub" gegründet und damit eine zielstrebige Zucht nach einem einheitlichen Standard begonnen.

Es sollte sich lohnen, denn bald fanden die Schnauzer begeisterte Liebhaber weit über die Landesgrenzen Württembergs hinaus.

Heute sind sie überall als Begleit-, Wach- und vor allem Familienhunde zu finden. Mittelschnauzer passen sich allen Gegebenheiten gut an und sind sehr kinderlieb. ■

Zwergschnauzer

- **Größe:** *30–35 cm*
- **Gewicht:** *5–6 kg*
- **Farbe:** *„Pfeffer und Salz", schwarz*
- **besonderes Merkmal:** *Backenbart*

Dieser kleinste der drei Schnauzer steht seinen großen Brüden hinsichtlich Mut und Charakterfestigkeit in nichts nach. Auch das Erscheinungsbild des Zwergschnauzers und seine Farben sind gleich. Wegen seiner geringeren Größe ist er mit einer kleinen Stadtwohnung zufrieden. Er sollte allerdings viel Auslauf bekommen. Als Begleiter der Kinder ist er zuverlässig und wachsam. Seine Verteidigungsbereitschaft ist der der größeren Rassen durchaus ebenbürtig. Zwar läßt er öfter seine Stimme hören, doch kann er so erzogen werden, daß er kein Kläffer wird.

Wie die anderen Schnauzer, ist auch dieser kleine eine alte deutsche Rasse. Seine geringe Größe wurde durch Einkreuzen des Affenpinschers erreicht.

Er tritt in den Farben „Pfeffer und Salz" und in Schwarz auf.

Sein Haar ist drahtig und bildet im Gesicht einen beachtlichen Schnauzbart sowie buschige Augenbrauen.

Das Fell sollte ungefähr jedes Vierteljahr getrimmt werden. ■

Molosser

Weit vor unserer Zeitrechnung erlebte China eine hohe Stufe kultureller Blüte. Die galt unter anderem auch für die Tierzucht, insbesondere für die der Hunderassen.

Boxer-Hündin mit unkupierten Ohren

Tigerdogge

Vor allem Hunde mit kurzem, kräftigem Fang und starkem, breitem Körper kamen schon in frühen Zeiten von China ins Abendland. Es handelte sich dabei um doggenähnliche Hunde – der beliebteste Hundetyp im Reich der Mitte. Über die riesigen, breitbrüstigen Molosserhunde der Römer, die zur Großwildjagd, in Schlachten sowie als „Gladiatoren" in Tierkampfarenen eingesetzt wurden, bis hin zur Tibetdogge und auch manch andere frühere Hunderasse läßt sich die zentralasiatische Abstammung unserer heutigen Doggen und Doggenverwandten nachvollziehen.

Doch auch in anderen Teilen der Erde ist die Existenz doggenartiger Hunde schon weit vor unserer Zeitrechnung nachweisbar, so in Kleinasien Vorfahren des Mastiffs, die von dort bereits vor der Römerzeit in ähnlicher Form nach England gelangt sind. Schließlich ist gerade in England viel zur Entstehung unserer heutigen Doggenrassen getan worden, denken wir beispielsweise nur an die Englische Bulldogge. Aber auch die Deutschen Doggen und manch andere Rasse sind durch das Know-how englischer Züchter zu ihrem heutigen Aussehen gelangt. Nicht von ungefähr stammt auch das deutsche Wort „Dogge" vom englischen „dog" (Hund) ab.

Gemeinsame Kennzeichen doggenartiger Hunde sind ihr kräftiger, muskulöser Körper, ihre tiefe, breite Brust, ihr kurzer, kräftiger Fang, ihr massiger Kopf mit hohem Stirnabsatz und (oft) Gesichtsfalten sowie ihre breiten, meist halblangen Hängeohren. Bei der Deutsche Dogge und dem Boxer wurden die Ohren kupiert, was in Deutschland seit 1987 verboten ist. Doggenartige neigen zu Riesenwuchs (Bernhardiner, Deutsche Dogge, Mastiff, Neufundländer, Landseer).

Dogo Argentino

Bernhardiner

- ***Größe:** 70–80 cm, Hündin 65–73 cm*
- ***Gewicht:** 50–80 kg*
- ***Farbe:** weiß-rot (auch gelbrot, dunkel- oder graubraun); weiße Abzeichen*

Als Retter von Menschen aus Bergnot ist der Bernhardiner weltweit berühmt geworden. Urahnen dieser von Mönchen des Hospizes auf dem Großen Sankt Bernhard erstmals gezüchteten Hunde sind wahrscheinlich die römischen Molosser.

Früher war der Bernhardiner kurzhaarig. Um 1830 kam es durch Einkreuzung von Neufundländern zur halblangen, welligen Behaarung, die heute viel häufiger ist als die kurzhaarige, die nun wieder herausgezüchtet werden soll. Dieser ebenso mächtige wie gutmütige und gelehrige Hund läßt sich leicht lenken und erziehen. Manche Bernhardiner sind allerdings zu phlegmatisch und zu schwer, um gute Spielgefährten oder Wächter zu sein. Leider kommen bei dieser Rasse häufig entzündete Augen und starkes Speicheln vor.

Für eine Stadtwohnung eignet sich der Bernhardiner nicht. Er braucht ein großes Grundstück und viel Bewegung. Die laufenden Kosten sind ebenfalls beträchtlich. So wird der Bernhardiner ein Hund für Menschen bleiben, die viel Platz haben und ein entsprechendes Budget für ihren Pflegling aufbringen können.

Weder einfarbig weiße noch einfarbig rote Hunde sind erwünscht. ■

Landseer

- ***Größe:** 70–80 cm, Hündin 67–72 cm*
- ***Gewicht:** ca. 50–80 kg, Hündin weniger*
- ***Farbe:** schwarz-weiß gescheckt*
- ***besonderes Merkmal:** dem Neufundländer sehr ähnlich, aber zweifarbig und größer*

Erst im Jahre 1959 ist der Landseer als eigenständige Rasse anerkannt worden. Davor galt er als ein schwarz-weiß gescheckter Farbschlag des Neufundländers. Seinen Namen hat er dem englischen Maler E. H. Landseer zu verdanken, der ihn schon vor mehr als 100 Jahren auf vielen seiner bekannten Gemälde abgebildet hat. Wie der Neufundländer hat der Landseer eine besondere Leidenschaft fürs Wasser.

Auch in seinen Charaktereigenschaften und in seinem Wesen stimmt diese Rasse mit dem der Neufundländer überein. Er überbietet ihn jedoch in der Regel an Größe und Gewicht.

Hauptunterscheidungsmerkmal dieser beiden Hunderassen ist die generelle Zweifarbigkeit der Landseer – er ist stets schwarz-weiß gescheckt –, während das Haarkleid der Neufundländer ausschließlich einfarbig schwarz ist. ■

Neufundländer

- ***Größe:** 68–72 cm, Hündin 62–68 cm*
- ***Gewicht:** 50–68 kg, Hündin 40–55 kg*
- ***Farbe:** schwarz*

Als die Engländer 1497 nach Neufundland kamen, soll es diesen großen schwarzen Hund dort noch nicht gegeben haben. Woher er kommt oder von welchen Rassen er abstammt, blieb bisher ungeklärt. Erst im 18. Jh. wird der Neufundländer erwähnt. Seitdem sind viele Wunderdinge über ihn berichtet worden. Er ist ein großer Wasserfreund, der den Fischern durch Netzeschleppen und Taueziehen bei der Arbeit half und viele Menschen aus dem Wasser rettete. Ohne Ausbildung versteht es der Neufundländer, Ertrinkenden zu helfen. Er hält ihnen den Kopf über Wasser, während er sie ans Land schleppt.

Daß ein Hund, der solche Leistungen vollbringen kann, stark und ein außerordentlich guter Schwimmer sein muß, versteht sich von selbst. Sein stets schwarzes Haar ist lang und dick, die Unterwolle fein und sehr dicht.

Der Neufundländer ist ein sehr intelligenter, gelehriger und anpassungsfähiger Hund. Er ist treu, sehr selbständig, ruhig, freundlich, wo nötig aber auch wachsam und scharf. Ein geduldiger Spielkamerad der Kinder und deren Beschützer, doch braucht er viel Platz, um sich wohlzufühlen. ■

Hovawart

- ***Größe:** 60–70 cm, Hündin 55–65 cm*
- ***Gewicht:** 35–45 kg, Hündin 30–40 kg*
- ***Farbe:** blond (dunkel und hell, aber kein weißblond), schwarzmarken, markenschwarz und reinschwarz*

Im Mittelalter gab es einen Bauern- und Hirtenhund, der groß, kräftig, gewandt und wachsam war. Sein Äußeres war recht unterschiedlich: In der Farbe war er hell- oder mittelbraun, zuweilen auch schwarz, mit und ohne braunen Abzeichen im Gesicht und an den Läufen. Sein Haar war wellig, die Rute und die Läufe gut befedert, das heißt Fahnen bildend.

Mit Aufkommen der verschiedenen spezialisierten Hunderassen im vorigen und Anfang dieses Jahrhunderts verschwand dieser urwüchsige Hundeschlag fast völlig.

Vor ca. 60 Jahren begannen einige Hundezüchter, Tiere, die diesem alten Schlag entsprachen, aufzuspüren und mit ihnen eine neue Rasse zu begründen. Besonders im Harz, im Schwarzwald und auf Bauernhöfen in einsamen Gebirgsgegenden gab es noch Hunde, die den auf alten Gemälden abgebildeten glichen.

Bereits zur Zeit des Mittelalters wurde dieser Hundeschlag „Hovawart" genannt, was soviel wie Hofwächter heißt. Diesen Namen gab man auch der neu entstandenen Rasse, die 1936 Anerkennung fand. Das zeigt, wie bewährt und gefestigt das Erbgut dieser Rasse in den ersten Ahnen schon vorhanden war. Aber nicht nur das Erscheinungsbild des Hovawarts konnte zur Zufriedenheit erreicht werden, sondern auch Wesensfestigkeit, hervorragende Charaktereigenschaften und außerdem Vielseitigkeit. So erstaunt es nicht, daß der Hovawart 1964 in den kleinen Kreis der ausgezeichneten Schutzhunde aufgenommen wurde.

Der Hovawart läßt sich angenehm leicht führen und ist darüber hinaus anhänglich und gutmütig. Er gilt außerdem als ein geselliger, freundlicher Hund, der gern herumtollt und ein treuer Gefährte sowie ein guter Wächter ist. Als Beschützer der Kinder, mit denen er geduldig spielt, versteht sich der Hovawart ohnehin.

Besonders lobend zu erwähnen wäre noch, daß der Hovawart nicht wildert. Da er häufig große Grundstücke oder Bauernhöfe zu bewachen hat, ist es gut zu wissen, daß er sich von Wild nicht ablenken läßt und auch keinen Schaden anrichtet.

Der Hovawart behält länger sein jugendliches Aussehen und Benehmen als andere Rassen, da er erst verhältnismäßig spät die volle Erwachsenenreife erreicht. Seine Abrichtung sollte darum nicht zu früh beginnen.

Im Alter von zwei Jahren haben sich die hervorragenden Eigenschaften dieser Hunderasse, wie Mut, Unerschrockenheit, Härte und Widerstandfähigkeit sowie Schutz- und Hütetrieb, vollkommen ausgebildet.

Mit großem Eifer und Erfolg wird er nun die Aufgaben bewältigen, die ihm bei der Abrichtung gestellt werden.

Der Hovawart kommt in Blond (dunkel und hell, aber kein Weißblond), Schwarzmarken, Markenschwarz und in Reinschwarz vor.

Das Haar ist lang, grannig, schlicht gewellt, an Läufen und Rute in schöne Fahnen auslaufend. Mit einer Schulterhöhe von 60–70 cm und einem Gewicht von 35–45 kg ist der Hovawartrüde ein stattlicher Hund. Die Hündin erreicht eine Schulterhöhe von 55–65 cm und ein Gewicht von 30–40 kg, ist also etwas zierlicher, was auch in Kopfform und Körperbau zum Ausdruck kommt. Die Hüftgelenkdysplasie (HD) tritt beim Hovawart selten auf. Zudem ist sie durch strenge Zuchtauslese rückläufig. Darum Welpen nur beim integren Züchter kaufen! ■

Leonberger

- ***Größe:*** *72–80 cm, Hündin 65–75 cm*
- ***Gewicht:*** *45–60 kg, Hündin 40–55 kg*
- ***Farbe:*** *gelb bis rotbraun, auch sandfarben oder silbergrau*
- ***besondere Merkmale:*** *löwenähnliches Aussehen, schwarze Gesichtsmaske*

In der zweiten Hälfte des vorigen Jahrhunderts hat sich der Stadtrat von Leonberg, Heinrich Essig, die Aufgabe gestellt, einen Hund zu züchten, der dem Wappentier der Stadt, dem Löwen, möglichst ähnlich sieht. So schuf er aus Bernhardinern, Landseern und Pyrenäenhunden große gelbe bis goldgelbe Hunde mit löwenhaftem Aussehen. Er nannte sie natürlich Leonberger, züchtete sie in erstaunlichem Umfang und verkaufte sie in alle Welt. Diese gutmütigen Hunde fanden einige begeisterte Liebhaber.

Leonberger sind imposante Wachhunde und sollten nur dort gehalten werden, wo ein wirklich großes Grundstück zur Verfügung steht. Sie brauchen viel Platz und sind daher, obwohl sehr anschmiegsam und kinderlieb, relativ selten. ■

Rottweiler

- **Größe:** *60–66 cm, Hündin 50–62 cm*
- **Gewicht:** *um 50 kg*
- **Farbe:** *schwarz mit rotbraunen Abzeichen*
- **besonderes Merkmal:** *bellt fast nie*

Aus dem stämmigen Hüte- und Treibhund alter Zeiten ist in der schwäbischen Stadt Rottweil dieser geschätzte Diensthund gezüchtet worden. Bis auf die großen Treibhunde, die für die römischen Legionärsheere die Viehherden über die Alpen getrieben haben, kann die Ahnenreihe des Rottweilers zurückverfolgt werden. Bis zum vorigen Jahrhundert blieb das Viehtreiben seine Hauptaufgabe. Dann wurde er zum Zugtier für Rottweiler Metzger. Zu Anfang dieses Jahrhunderts entdeckte man seine Fähigkeiten als Dienst- und Schutzhund, denn er ist intelligent, nervenstark, unerschrocken und wachsam. So ist der Rottweiler heute ein unentbehrlicher Polizei-, Zoll-, Schutz- und Wachhund, der seine Aufgaben zuverlässig und mit Freuden verrichtet.
Seiner Familie ist der Rottweiler ein anhänglicher und gutmütiger Partner, der sich sogar verspielt zeigen kann. Er hat viele angenehme Seiten, ist pflegeleicht (schwarzes, glänzendes Kurzhaar) und bellt nicht. ■

Boxer

- **Größe:** *ca. 60 cm*
- **Gewicht:** *ca. 30 kg*
- **Farbe:** *verschiedene Gelbtöne*

Aus Bullen- und Bärenbeißern sowie Kampfhunden entstand im 19. Jh. der Boxer. 1896 gründeten die Freunde dieser Rasse den „Deutschen Boxer-Club". Danach ist aus den in Größe, Statur und Charakter sehr unterschiedlichen Hunden der liebenswerte, wachsame, wendige Boxer geworden, der allerdings zum Speicheln neigt.
Sein kurzes, hartes, glatt anliegendes Haar ist meistens von gelber Farbe verschiedener Tiefe. Viele Boxer sind dunkel gestromt. Weiße Abzeichen sind erlaubt. Eine schwarze Gesichtsmaske soll sich deutlich von der Grundfarbe abheben.
Mit dem Boxer wurde nicht nur ein furchtloser Schutz- und Diensthund erschaffen, sondern auch ein hervorragender Begleiter, kinderlieber Spielgefährte und Wachhund. Er ist mit einer Stadtwohnung zufrieden, solange er genügend Auslauf hat. Wegen seiner Intelligenz sollte er eine Schutzhundausbildung bekommen.
Eine konsequente Führung ist in jedem Fall notwendig, denn der Boxer ist sehr temperamentvoll und mischt recht gern bei Raufereien mit. ■

Deutsche Dogge

- ***Größe:** mind. 80 cm, Hündin mind.72 cm*
- ***Gewicht:** mind. 80 kg*
- ***Farbe:** gelb, schwarzweiß gefleckt (Tigerdoggen), blau, außerdem schwarz oder gestromt*

Die Doggen und ihre Verwandten haben ein ruhiges und ausgeglichenes Wesen. Ihr instinktiv empfundenes Gefühl der Stärke und Überlegenheit macht es ihnen leicht, gutmütig und freundlich zu sein. Doch im Ernstfall, wenn es beispielsweise gilt, Herr und Haus zu verteidigen, können sie zu gefährlichen Angreifern werden.

In den Tibetdoggen, den Molosserhunden, den anderen Kampf- und Hetzhunden sowie den englischen Hatzhunden, die Kreuzungen von Mastiffs und Irish Wolfhounds entstammen, sind die Vorfahren der Deutschen Dogge zu sehen. Bis es zu den stattlichen Hunden dieser Rasse kam, wie wir sie heute kennen, verging viel Zeit.

Erst 1880 wurde dieser Rasse der Name „Deutsche Dogge" offiziell gegeben, und 1891 dann ein Standard aufgestellt. Vorher wurden diese Hunde „Ulmer Doggen", „Tigerdoggen" oder „Dänische Doggen"genannt. Auch heute noch heißen sie in der englischen Sprache „Great Dane".

Ein so großer Hund wie die Deutsche Dogge (Rüden sollen eine Schulterhöhe von mindestens 80 cm erreichen, Hündinnen von mindestens 72 cm) braucht viel Platz. Am besten ist ein Einzelhaus mit großem Garten für sie geeignet. Viel Auslauf und Beschäftigung gehören ferner dazu.

Als besonders intelligenter und sensibler Hund sollte die Deutsche Dogge durch ihren Besitzer eine Schutzhundausbildung erhalten. Als Beschützer und Wächter wirkt dieser Hund allein durch seine Größe imponierend und respekteinflößend.

Durch die Ausbildung wird die Deutsche Dogge aber vor allem zu absolutem Gehorsam gegenüber ihrem Besitzer erzogen. Dieser muß von einem so starken Tier verlangt werden, da es andernfalls eine nicht geringe Gefahr bedeuten könnte.

Im Wesen ist die Deutsche Dogge ein freundlicher, lieber Hund, der Kinder mag und sehr anhänglich ist.

Deutsche Doggen sind in der Regel ruhig, bellen nur wenig und zeigen sich sehr selbstbewußt. Werden sie konsequent, aber mit leichter Hand geführt, erweisen sich diese stattlichen Hunde als ausgesprochen gehorsam und lernbegierig.

Die Deutsche Dogge kommt in verschiedenen Farben vor. Bei den gestromten Doggen ist das Fell goldgelb und weist kräftige schwarze Querbänderung auf. ■

Dogo Argentino

- **Größe:** *58–65 cm*
- **Gewicht:** *35–40 kg*
- **Farbe:** *weiß*

Diese Dogge wurde schon seit Jahrzehnten in Argentinien rein gezüchtet, bevor die ersten drei Exemplare 1968 vom Kynologen Erich Schneider-Leyer, nach Deutschland gebracht wurden. In Argentinien setzte man diese Hunde anfangs für die Jagd ein, vor allem auf Pumas. Bald erkannte man, daß er auch ein sehr zuverlässiger Wach- und Schutzhund mit ausgezeichneter Nase ist. Deshalb wird er heute überwiegend als Wach- und Polizeihund und bei der Zollbehörde eingesetzt. Er ist intelligent, leistungswillig, sehr schnell und gewandt, so daß er alle ihm gestellten Aufgaben mit Bravour bewältigt. Der Dogo Argentino ist kein angriffswütiger Hund, sondern eher zurückhaltend. Seine Familie und deren Besitz verteidigt er aber furchtlos; im Haus ordnet sich der Hund absolut unter.
Zu seinen Ahnen gehören die Deutsche Dogge und der Bullterrier. Von beiden hat er gute Eigenschaften geerbt. Der Dogo Argentino hat ein kurzes weißes Fell. ■

Englische Bulldogge

- **Größe:** *30–40 cm*
- **Gewicht:** *20–33 kg*
- **Farbe:** *alle Farben außer schwarz, gescheckt, gestromt*

Urahn dieser Rasse ist der Bullenbeißer, der jahrhundertelang von britischen Metzgern gehalten wurde. 1730–1835 mußte er in England in die Arena, um gegen Bullen zu kämpfen. Das schaurige Spiel ging auf Leben und Tod - den des Bullen oder den des Hundes. Als diese rohen Kämpfe verboten wurden, verstand man es, die Bulldoggen in wenigen Generationen zu sanften und gutmütigen Haushunden umzuwandeln. Aus dem britischen Nationalhund ist inzwischen ein bei Freunden des Grotesken weltweit beliebter Hund geworden.
Mit seinem „rollenden" Gang und seinem faltigen, „eingedrückten" Gesicht ist die Englische Bulldogge so häßlich, daß sie schon wieder als schön gilt.
Die Englische Bulldogge ist ein sehr kompakter, schwerer Hund. Sie kommt mit wenig Auslauf aus. Ihr kurzes, glattes Haar ist pflegeleicht. Es darf weiß, gelb, rot einfarbig, gescheckt oder gestromt sein, alle Farben sind erlaubt, außer Schwarz. ■

Mastiff

- **Größe:** *mind. 75 cm, Hündin 69 cm*
- **Gewicht:** *75–90 kg*
- **Farbe:** *silbrigbeige, orangebraun, hellbraun mit dunkler Stromung*

Wegen seines massigen Körperbaus und seiner imponierenden Größe wirkt der Mastiff gewaltiger als andere große Hunde. Er stammt von Molossern und Kampfhunden ab. Seit Jahrhunderten wird er in England gezüchtet, anfangs auch als Kampfund. Trotz seines furchteinflößenden Äußeren ist der Mastiff ein lieber, anhänglicher und ruhiger Hausgenosse, er gehorcht seinem Herrn ohne Widerstand, wenn dieser ihn konsequent erzogen hat. Den anderen Familienmitgliedern versteht er sich als Beschützer, besonders den Kindern. Ihnen gegenüber ist er sehr geduldig. Fremde sind ihm eher gleichgültig. Sieht er allerdings seine Angehörigen bzw. das Haus bedroht, ist seine Verteidigungsbereitschaft kaum zu bremsen. Das kurze, harte Fell ist silbrigbeige, orangebraun oder hellbraun mit dunkler Stromung. Schnauze, Nase, Augenumgebung und Ohren sollen dunkel sein, möglichst schwarz. ■

Pyrenäenhund

- **Größe:** *65–80 cm*
- **Gewicht:** *40–57 kg*
- **Farbe:** *weiß mit grauen oder braunen Abzeichen*

Schon im 15. Jahrhundert ist dieser große Hund mit den Abzeichen an Kopf, Behängen und Rutenansatz als zuverlässiger Schäferhund bekannt gewesen. Wie sein Name schon sagt, stammt er aus den Pyrenäen. Im Jahre 1675 fand König Ludwig XIV. Gefallen an ihm, weshalb er in Paris und bei den französischen Adligen sehr geschätzt wurde.
Heute ist der Pyrenäenhund vor allem wegen seiner Ruhe, seiner Treue und seiner Genügsamkeit in vielen Ländern Europas sehr beliebt. Er eignet sich gut als Haus- und Wachhund. Er ist zwar massig, doch wirkt er nicht so schwerfällig wie Hunde manch anderer Rassen gleicher Größe. ■

Mastin Español

- **Größe:** *65–75 cm*
- **Gewicht:** *50–65 kg*
- **Farbe:** *wolfsfarben, rötlich, reinweiß, weiß mit schwarzen Platten, schwarz-weiß gescheckt und rotweiß gescheckt*

Diese ausgesprochen große Hunderasse aus den spanischen Bergen blickt höchstwahrscheinlich auf eine mehr als viertausendjährige Geschichte zurück, deren Ursprung in den Gebirgen Tibets liegen soll.
Schon der große Philosoph Aristoteles habe auf die gewaltige Größe dieser Hunde hingewiesen und Marco Polo ihre Kraft und Furchtlosigkeit am Hofe des Großmoguls bewundert – so die „Asociacion Español del Perro Mastin Español".
Die Mitglieder dieses Vereins haben es sich zur Aufgabe gemacht, die Rasse, die fast in Vergessenheit geraten war, wieder zu vermehren.
Die wenigen Exemplare des Mastin Español, die es Mitte dieses Jahrhunderts noch gab, taten ihren Wach-, Schutz- und Hütedienst in einsamen Gegenden. Sie hüteten zuverlässig Rinder und beschützten das Anwesen ihres Herrn.
Ohne Zögern nahmen sie außerdem den Kampf mit Wölfen und Bären auf, wenn es Schutzbefohlene zu verteidigen galt.
Früher sollen diese tapferen Hunde im Krieg auch als Kampfhunde sowie zum Schleppen und zum Tragen von Lasten gedient haben.
Trotz ihres recht furchteinflößenden Äußeren sind die Mastin Español den Mitgliedern ihrer Menschenfamilie sehr zugetan und Liebkosungen durchaus nicht abgeneigt.
Gehorsam ist bei liebevoller, gerechter und konsequenter Erziehung selbstverständlich. Im vollen Bewußtsein ihrer Stärke zeigen sich die Mastin Español sehr gelassen. Ihre Stimme, die sie eher selten hören lassen, klingt kaum wie ein Bellen, sondern eher wie ein tiefes Grollen.
Gewaltige Hunde also, die es in fast allen Farben gibt. Es kommen neben wolfsfarbenen Hunden auch rötliche, reinweiße, weiße mit schwarzen Platten, schwarzweiß gescheckte und rotweiß gescheckte vor. ■

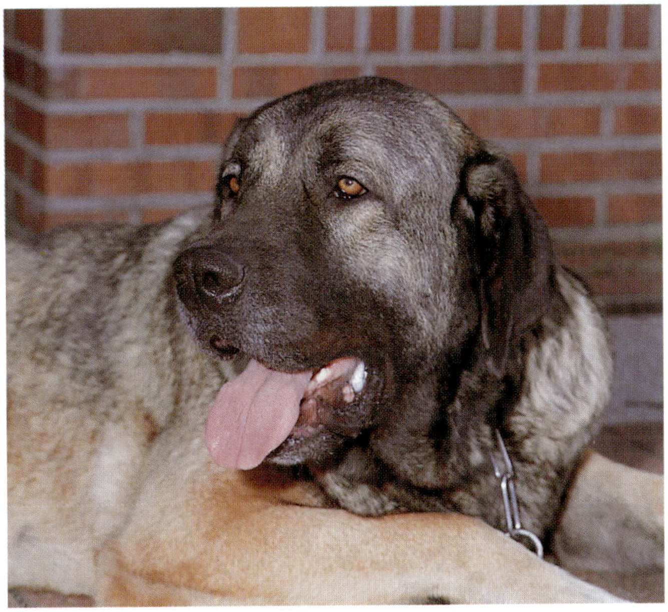

Mastino Neapoletano

- **Größe:** *70–76 cm, Hündin 60–66 cm*
- **Gewicht:** *bis 80 kg*
- **Farbe:** *grau, schwarz, manchmal gestromt, evtl. kleine weiße Abzeichen*

Als Nachkommen römischer Kampfhunde, der Molosser, haben einige der gewaltigen Hunde als Wächter auf neapolitanischen Bauernhöfen überlebt.
Die Ahnentafel dieser Hunde geht vermutlich noch weiter, nämlich bis auf die Tibetdoggen zurück, die seit Jahrtausenden im Himalayagebiet leben. Alexander der Große brachte sie von seinen Asienfeldzügen mit und ließ sie in griechischen Molossern gezielt weiterzüchten.
Unter dem Namen Molosser wurden sie dann im römischen Reich bei Schlachten und in Arenen eingesetzt. In reinster Form haben sich die Molosser im Mastino Neapoletano erhalten. Diese Rasse ist heute nur noch in wenigen hundert Exemplaren zu finden, die überwiegend in Italien leben. Sie sind hervorragende Wach- und Schutzhunde, die keine Ausbildung brauchen. Mit ihrem Aussehen und ihrer Größe verschaffen sie sich schon genügend Respekt. Ihrer Bezugsperson ordnen sie sich absolut unter, wenn diese konsequent und gerecht mit ihnen umgeht. Der Familie und besonders den Kindern sind sie liebevoll zugetan.

Das Fell ist grau oder schwarz, manchmal gestromt; es darf kleine weiße Abzeichen an Brust und Zehen aufweisen. Der Kopf hat viele Falten und wird durch eine doppelte Wamme vom Körper abgesetzt. ■

Tibet Mastiff

- **Größe:** *mind. 65 cm, Hündin etwas kleiner*
- **Gewicht:** *ca. 65 kg*
- **Farbe:** *schwarz mit lohfarbenen Abzeichen auf Stirn, Brust, Läufen und Pfoten*
- **besonderes Merkmal:** *die Rute wird über den Rücken gerollt getragen*

Schon Aristoteles hat diese mächtigen Hunde Tibets gekannt und beschrieben. Wer ihre Ahnen sind und wie sie nach Europa kamen, ist bislang unbekannt. Ihr Blut findet sich aber bei den römischen Molossern, bei den ungarischen und norditalienischen Hirtenhunden, Pyrenäenhunden,Bernhardinern, Schweizerischen Sennenhunden und Rottweilern.
Heute lebt der Tibet Mastiff auch in Bhutan, Sikkim, Nepal und in indischen

Himalayadörfern, wo er als Wach- und Hirtenhund gebraucht wird. Früher war er wohl nur in südwestlichen Teilen Tibets Jagdgefährte und Hütehund der Nomaden.
In Europa gibt es nur wenige Hunde dieser Rasse, was auf ihre langsame Vermehrung zurückzuführen ist. Tibet Mastiff-Hündinnen haben nur eine Hitze im Jahr, und sie nehmen nicht unbedingt den Rüden an. Die Anzahl der Welpen ist oft gering.
Tibet Mastiffs sind imposante Tiere mit ungeheuren Kraft. Sie zählen zu den selbständigen und eigenwilligen Hunden, die eine feste Hand brauchen. Meistens ordnen sie sich nur einem Menschen unter (Einmannhunde) – ähnlich wie die Chow-Chows, die vom Tibet Mastiff abstammen sollen.
In der Gemeinschaft mit Menschen sind die Hunde liebenswürdig und anhänglich, im Umgang mit Kindern geduldig und verspielt. Fremden treten die Tibet Mastiffs mißtrauisch entgegen. Einbrechern, die sie provozieren, können sie gefährlich werden, denn bei der Verteidigung ihrer Familie und deren Besitz kennen sie keine Rücksicht. Ihre Stimme, die wie ein tiefer Gong klingt, ist furchteinflößend.
Einige Hunde sind ganz schwarz oder haben nur lohfarbene Pfoten, selten sind goldbraune Tiere. ■

Shar Pei

- ***Größe:** 45–50 cm*
- ***Gewicht:** 18–25 kg*
- ***Farbe:** sandfarben, reh- oder dunkelbraun, schwarz*
- ***besonderes Merkmal:** weites, faltiges Fell*

Der Shar Pei, auch chinesischer Faltenhund genannt, ist eine alte Rasse aus dem Reich der Mitte. Schon vor mehr als 2000 Jahren hat es diesen Hund gegeben, wie Tonfiguren aus jener Zeit beweisen.
Der Shar Pei wurde als Wach- und Hütehund gehalten, aber auch zu Kämpfen mit Artgenossen abgerichtet, oft aber auch einfach gegessen.
Heute ist der Faltenhund in China sehr selten. In Hongkong waren einige Züchter bemüht, die Rasse zu vermehren. Da das in dem engen Stadtstaat nicht leicht war, wurden einige Shar Peis 1973 in die USA verkauft. Die Zucht gelang dort auf Anhieb gut, so daß heute fast 500 dieser Hunde in Amerika leben. Nach Deutschland kamen die ersten Faltenhunde 1979.
Sein bürstenartig abstehendes Haar ist meistens sandfarben– Shar Pei heißt auf Deutsch „sandfarbener Hund". Die rassetypischen Falten seines Fells geben ihm ein ausgesprochen ungewöhnliches und drolliges Aussehen. Besonders als Welpe sitzt seine Haut so locker, als wäre sie einige Nummern zu groß für ihn.
Der Shar Pei hat ein sehr liebenswertes Wesen. Er freut sich über jede Zuwendung und Liebkosung und ist sehr verspielt. Wachsam wird er erst als erwachsener Hund, doch meistens bleibt er auch Fremden gegenüber freundlich. ■

Schweizer Sennenhunde

Merkwürdigerweise hat es lange gedauert, ehe die Schweizer Sennenhunde über die Grenzen ihrer Heimat hinaus bekannt und beliebt wurden.
Jahrhunderte hindurch führten sie in den Tälern und auf den Almen ein eher verborgenes Leben.
Nach Meinung der meisten Kynologen stammen sie von den Molossern der Römer ab. Auf Ihren Eroberungszügen durch Gallien und Germanien führten sie Treib-, Wach- und Kampfhunde mit. Einige dieser Tiere blieben an Alpenpässen oder in Tälern zurück. In den voneinander nahezu isolierten Tälern konnten sich die vier verschiedenen Rassen entwickeln.

Entlebucher Sennenhund – Hündin mit jungem Rüden

Schweizer Sennenhunde sind bodenständige Treibhundrassen mit starkem Hütetrieb, also „lammfromm" gegenüber allen Tieren, die zu Haus und Hof gehören. Sie wildern auch nicht, sondern übernehmen lieber die Bewachung von Haus und Gut, sind allen Fremden gegenüber mißtrauisch.
Die überaus intelligenten Sennenhundrassen eignen sich hervorragend als Rettungshunde, vor allem als Lawinenhunde. Sie sind auch schon als Blindenführer eingesetzt worden. Eine Schutzhund-Ausbildung können sie zwar erfolgreich bestreiten, aber eigentlich ist sie für diese Hunde überflüssig. Ratsam ist stattdessen eine Ausbildung zum verkehrssicheren Begleithund. Diese macht den Sennenhunden Spaß und trainiert sie zum sicheren Verhalten in verkehrsreicher Umgebung.
Alle vier Sennenhunde sind hervorragende Familienhunde. Sie sind treu, anhänglich und sehr aufmerksam, außerdem kinderlieb, wobei sie neben dem Spielen zugleich auf die Kleinen aufpassen. Besonders die großen Rassen ziehen auch gern einmal einen Kinderschlitten.
Einfaches Spazierengehen allein reicht den Sennenhunden nicht. Neben viel Auslauf brauchen sie Anregungen und Spiel. Sie lieben es auch, kleine Aufgaben zu erfüllen. Es sollten also sinnvolle Spiele mit jedem größeren Spaziergang verbunden werden.

Portrait eines Berner Sennenhundrüden

Im Haus sind die Sennenhunde sehr angenehm, weil sie sich problemlos unterordnen und ruhig sind. Ihre tief klingende Stimme lassen sie nur dann hören, wenn es die jeweilige Situation erfordert, beispielsweise um einen herannahenden Fremden zu melden.

Jeder Sennenhund ist durch sein typisches Aussehen als solcher unverkennbar. Da es ihn in verschiedenen Größen und Temperamenten gibt, ist er für viele verschiedene Hundefreunde interessant. Ihr Fell ist glänzend schwarz. Sie haben eine weiße Blesse sowie weiße Partien an Hals, Brust, Fang und Pfoten. Eine weiße Rutenspitze gehört ebenfalls dazu, außer beim Entlebucher, der von Geburt an einen Stummelschwanz hat.
Schweizer Sennenhundrassen haben gelbe bis rostbraune Flecke über den Augen. Ferner sind ebenso gefärbte Abzeichen oder Partien im Gesicht, an der Brust und an den Läufen. Sie liegen stets zwischen dem Schwarz und dem Weiß.
Die Läufe all dieser Hunde sind vor allem an den Innenseiten bis zum Körper hinauf von leuchtend rotbrauner Farbe. ■

Berner Sennenhund

- **Größe:** *58–70 cm*
- **Gewicht:** *bis 45 kg*
- **Farbe:** *schwarz mit gelben bis rotbraunen Abzeichen (Augen, Gesicht, Brust, Läufe), weiße Abzeichen und Rutenspitze*
- **besonderes Merkmal:** *langes gewelltes Haar*

Der Berner Sennenhund, der bis 1908 „Dürrbächler“ genannt wurde, ist der bekannteste und beliebteste der vier – nicht nur in der Schweiz, sondern auch in vielen anderen europäischen Ländern, den USA und Kanada. Er ist ein großer, massiger Hund.
Sein langes, gewelltes Haar braucht regelmäßige, gründliche Pflege mit Kamm und Bürste, zur Zeit des Haarwechsels jeden Tag. ■

Großer Schweizer Sennenhund

- **Größe:** *60–70 cm*
- **Gewicht:** *bis 60 kg*
- **Farbe:** *schwarz mit gelben bis rotbraunen Abzeichen (siehe Berner Sennenhund)*

Der Große Schweizer Sennenhund ist der größte des Rassequartetts der Schweizer Berner Sennenhunde. Dieser stämmige Hund ist kurzhaarig, sein

Fell dicht mit weißer Rutenspitze.
Das Fell bedarf nur wenig Pflege. Es glänzt auch ohne das sorgfältige tägliche Bürsten.
Früher wurde der Große Schweizer Sennenhund hauptsächlich als Zughund eingesetzt, doch auch zum Viehtreiben.
Viel hätte nicht gefehlt, und dieser stattliche Hund wäre ausgestorben. Auf den einsamsten Bauernhöfen wurde schließlich nach ihm gesucht, mit dem Ergebnis, daß nur noch 7 bis 8 typische Vertreter gefunden wurden, die ab 1910 den Stamm dieser Rasse bildeten. ■

Appenzeller Sennenhund

- ***Größe:*** *48–58 cm*
- ***Gewicht:*** *22–30 kg*
- ***Farbe:*** *siehe Berner*

Der Appenzeller Sennenhund ist etwas kleiner als die anderen Sennenhunde. Er fällt durch seine Ringelrute auf, die auf Verwandtschaft mit östlichen spitzartigen Hunden schließen läßt. Seine sehr behende und trittsichere Art hat den Appenzeller Sennenhund zum unentbehrlichen Helfer der Gebirgsbauern werden lassen, da er Ziegen hütete und sogar leichte Karren zum Markt zog. ■

Entlebucher Sennenhund

- ***Größe:*** *40–50*
- ***Gewicht:*** *25–30 kg*
- ***Farbe:*** *schwarz mit gelben bis rotbraunen Abzeichen (Augen, Gesicht, Brust, Läufe), weiße Abzeichen und Rutenspitze*
- ***besonderes Merkmal:*** *Stummelrute von Geburt an*

Der Entlebucher Sennenhund ist mit 40–50 cm Schulterhöhe zwar der kleinste der Schweizer Sennenhunde, aber von kräftiger Statur, was sein Gewicht von 25 bis 30 kg bestätigt.
Bei Viehhändlern, Hirten und Bauern mit Rindern tat er seine Arbeit, die vor allem im Hüten und Treiben des Viehs bestand.
Trotz seiner kurzen Läufe ist der Entlebucher Sennenhund äußerst flink und reaktionsschnell. Er hat eine angeborene Stummelrute und daher natürlich auch keine weiße Rutenspitze. Ansonsten entsprechen Fell, Farbe und Körperbau des Entlebuchers denen der übrigen Sennenhunde. ■

Hüte- und Treibhunde

Deutscher Schäferhund – schwarzer Rüde und schwarz-gelb Altdeutscher Schäferhund

Der zeitliche Ursprung der Treib-, Hirten- und Schäferhunde liegt in der Bronzezeit (1900–800 v. Chr.), in der der Mensch begann, mit Hilfe des Metalls bessere Geräte zu schaffen. Dadurch wurde er in zunehmendem Maße als Ackerbauer und Viehzüchter seßhaft. Zum Bewachen und Verteidigen seiner Herden wurden kräftige, schnelle und ausdauernde Hunde gebraucht. Diese scheinen im Himalayagebiet, entweder in Tibet oder in der Gegend des Kaspischen Meeres, beheimatet gewesen zu sein. Die Doggenartigen stammen ebenfalls aus Asien und kamen über Griechenland und Rom nach Mitteleuropa und sind mit großer Wahrscheinlichkiet Ahnen der Rottweiler und der Sennenhunde.
Die anderen Hütehunde sind eher den kaukasischen und transkaspischen Oftscharki ähnlich, wie der ungarische Kuvasz, der polnische Tatrahund oder der Pyrenäenhund – übrigens alles weiße Hunde, die im Dunkeln vom Vieh sowie von den Wölfen zu unterscheiden waren.

Junge Sheltie-Hündin und (rechts unten) Berger des Pyrénées-Hündin

Aber auch der jugoslawische Hirtenhund, der französische Briard und seine nahen Verwandten, der schottische Collie, der Bobtail, der deutsche Hovawart und nicht zuletzt der Deutsche und der Belgische Schäferhund gehören alle dieser großen Gruppe der Hüte- und Schäferhunde an. Daß sie nach ihren Aufgaben in schwereren oder leichteren Schlägen, als kräftigere oder schnellere Hunde gezüchtet wurden, ist verständlich. Die Einheitlichkeit der einzelnen Rassen ist erst in den letzten achtzig Jahren angestrebt und erzielt worden, denken wir nur an den langhaarigen Collie und an den Deutschen Schäferhund. Was die Hütehunde in ihrer Gesamtheit auszeichnet, sind ihre Fähigkeiten und Charaktereigenschaften. In ihrer jahrhundertelangen Arbeit für die Herden sind sie geformt und gestählt worden. Ihre Unerschrockenheit und ihren Mut haben sie bei der Verteidigung und beim Beschützen der Herden erlangt. Vielseitigkeit und schnelles Erfassen von Situationen waren für das Zusammenhalten und Lenken der anvertrauten Tiere notwendig und führten zu der erstaunlichen Intelligenz dieser Hunde. Schnelligkeit und Ausdauer wurden täglich aufs neue gefordert, besonders, wenn die Herden getrieben werden mußten. Den Tieren der Herde gegenüber mußten sie konsequent und mit genügend Härte auftreten, um Respekt einzuflößen. Aus einem Anstoßen oder Kneifen durfte aber kein Beißen oder sogar Reißen werden. Rücksicht und Einfühlungsvermögen waren also weitere Eigenschaften dieser ihrem Herrn gegenüber treuen und anschmiegsamen Hunde. In den heutigen Nachfahren der Hütehunde sind alle diese Vorzüge vorhanden. Sie gehören auch aus diesem Grund zu den fähigsten und beliebtesten Rassen.

Bearded Collie

- **Größe:** *50–55 cm*
- **Gewicht:** *25–30 kg*
- **Farbe:** *grau, blau, schwarz, sandfarben; weiße Abzeichen*
- **besonderes Merkmal:** *„Ziegenbart"*

Schon vor mehr als vierhundert Jahren soll der sogenannte „Bärtige Collie" in Schottland als Hütehund gehalten worden sein. Es wird aber darüber hinaus angenommen, daß der Bearded Collie seinen Ursprung in Polen gehabt hat.

Mit seinem zottigen Fell sieht der Bearded Collie recht wild und robust aus. Widerstandfähig und unempfindlich gegen Witterungseinflüsse ist er durchaus, doch alles andere als wild. Vielmehr ist er aufmerksam, anpassungsfähig, intelligent und von kraftvoller Ruhe. Diese Eigenschaften braucht er, um seinen Aufgaben beim Hüten der Schafe nachkommen zu können. Vor allem in Nordamerika wird er aus diesem Grunde sehr viel gehalten.

Sein mittellanges Haar ist grau, blau, schwarz oder auch sandfarben und trägt weiße Abzeichen. Eine dichte Unterwolle läßt den Hund Kälte und Nässe so gut ertragen. Ein „Ziegenbart" unterm Kinn hat ihm seinen Namen eingebracht. ■

Bobtail

- **Größe:** *53–61 cm*
- **Gewicht:** *35–40 kg*
- **Farbe:** *brau, grau; meliert, marmoriert; weiße Abzeichen und Platten*
- **besonderes Merkmal:** *tänzelnder Gang*

Dieser große, urwüchsig aussehende Hund ist in Wirklichkeit ein charmanter, lieber und verspielter Kumpel. Kinder liebt er besonders und geht sehr zart mit ihnen um. Er ist – wenn entsprechend erzogen – sehr gehorsam und wachsam, allerdings in der Wohnung manchmal impulsiv und ungeschickt, was Vasen u. ä. Zerbrechlichem ein kurzes Leben bescheren kann. Sein langes, zottiges Haar bedarf intensiver Pflege: Es verfilzt sonst leicht.

Aus altenglischen Schäferhunden, unter Einkreuzung russischer und französischer Hirtenhunde, wurde vor gut 100 Jahren der moderne Bobtail gezüchtet. Er wird manchmal mit Stummelschwanz geboren, sonst in den ersten Lebenstagen kupiert (vgl. S. 180f.). Auffällig ist der tänzelnde Gang und sein Laufen im Paßgang. Hündinnen sind kleiner und zierlicher als Rüden. Manche Hunde sind ganz weiß oder haben nur wenig Grau und Blau aufzuweisen. ■

Collie

- **Größe:** *51–61 cm*
- **Gewicht:** *18–30 kg*
- **Farbe:** *gelb-weiß, graubraun-weiß, auch dreifarbig mit Schwarz; rotgelb (lohfarben) oder graubraun sowie blaumarmoriert*

Der *Schottische Schäferhund*, *Colley-dog*, kurz „Collie" genannt, hat die Herzen vieler Hundefreunde erobert. Nicht nur seiner Eleganz verdankt er die große Beliebtheit, sondern auch seiner Intelligenz und seiner Treue. Doch darf man seine Fähigkeiten nicht vermenschlichen und falsch beurteilen, wie das in den Filmen mit „Lassie" geschieht. Auch ohne dies sind seine Leistungen enorm. Ganz allein auf sich gestellt, hüten Collies Schafherden, auch in Nord- und Südamerika und besonders in Australien.
Als Familien-, Haus- und Wachhund ist der Collie ebenso zuverlässig. Er braucht allerdings eine gute Erziehung und eine sehr konsequente, feste, zugleich stets gerechte und liebevolle Hand. Hündinnen sind in der Regel etwas kleiner und leichter als Rüden.
Die Pflege des üppigen Haars ist nicht ganz einfach. Es muß regelmäßig gebürstet werden. Es gibt übrigens auch kurzhaarige Collies. Nach Auslauf in schlechtem Wetter hilft das Abreiben mit einem feuchten Tuch, sonst nur das Bad mit rückfettendem Hundeshampoo.
Die Ohren werden nach hinten, bei Aufmerksamkeit aufrecht getragen.
Der Collie sollte viel Platz und reichlich Aulauf haben, denn sein Bewegungsbedürfnis ist groß. Auf jeden Fall braucht er Aufgaben, damit seine hervorragenden Fähigkeiten nicht verkümmern. ■

Sheltie  

- **Größe:** *max. 38 cm*
- **Gewicht:** *10–18 kg*
- **Farbe:** *gelb rotbraun, schwarz oder blau; weiße oder lohfarbene Abzeichen*

Auf den Shetlandinseln ist diese kleine Schäferhundrasse entstanden, die wie eine verkleinerte Ausgabe des Collies aussieht. Der Sheltie stammt aber nicht vom Collie ab. Beide Rassen haben wahrscheinlich nur die gleichen Vorfahren. Auf seinen Heimat inseln wird dem Sheltie das Hüten der dort ebenfalls kleineren Schafe anvertraut. Der hochintelligente, mutige und schnelle Hund kommt dieser Aufgabe völlig selbständig nach.

Früher sah der Sheltie nicht ganz so elegant aus wie jetzt. Seine Haarfülle mit den schönen Farben Gelb, Rotbraun, Schwarz und Blau ist meistens von weißen und/oder lohfarbenen Abzeichen unterbrochen. Die Kippohren und der schlanke Fang verleihen ihm ein kesses Aussehen. Mit rund 35 cm Schulterhöhe ist der Sheltie wesentlich kleiner als der Collie.

Als kleiner Hund kann der Sheltie auch in der Etagenwohnung gehalten werden. Er braucht aber dennoch eine Menge Bewegung und Auslauf. Seiner Menschenfamilie gegenüber ist er rührend anhänglich, Fremden gegenüber jedoch distanziert. Als Wachhund steht er seinen Mann, ist aber kein lauter Hund oder gar ein Kläffer. ■

Welsh Corgi

- **Größe:** *25–30 cm*
- **Gewicht:** *8–11 kg*
- **Farbe:** *rotgescheckt, blaumarmoriert, rot, braungrau, rehbraun, schwarz mit roten oder weißen Abzeichen am Oberkörper*

Dieser Hütehund aus Wales zeigt trotz seiner kurzen Läufe Ponys und Rindern, wo es langgeht - falls notwendig mit einem Biß in die Fesseln. Seine kurzen, aber ausdauernden und flinken Läufe lassen keines der Tiere entkommen. Seit Jahrhunderten wurde er in Wales gezüchtet. Durch das englische Königshaus ist diese Rasse bekannt geworden. Der Welsh Corgi soll die gleichen Ahnen wie der Dackel haben.

Lustig, gelehrig, wachsam und anhänglich, hat der Welsh Corgi schon viele Herzen erobert.

Es gibt zwei verschiedene Schläge, den stummelschwänzigen Pembroke und den langschwänzigen Cardigan. Während das Fell des Cardigan meist rotgescheckt oder blaumarmoriert ist, sind viele Pembroke einfarbig rot, braungrau oder rehbraun. Andere sind schwarz und haben rote oder weiße Abzeichen an Kopf, Brust und Nacken. ■

Deutscher Schäferhund

- **Größe:** *ca. 60–65 cm, Hündin 55–60 cm*
- **Gewicht:** *30–35 kg*
- **Farbe:** *einfarbig schwarz, eisen- oder aschgrau oder mit regelmäßigen braunen, gelben oder weißgrauen Abzeichen, auch mit schwarzem Sattel, gewolkt wolfsgrau*

Unser Schäferhund ist für die meisten der Inbegriff des Hundes schlechthin: groß, stark, intelligent, zuverlässig und treu. In ihm zeigt sich am meisten das Erbe des Urahnen Wolf: Farbe, Körper- und Kopfform, die Gesamterscheinung verraten es: Durch Jahrhunderte war er als Hütehund und Beschützer ein unentbehrlicher Helfer und Begleiter.
Schon früh haben sich die hervorragenden Eigenschaften des Schäferhundes entwickelt und gefestigt. Doch erst im vorigen Jahrhundert ging man daran, die unterschiedlichen Schläge der Hüte- und Schäferhunde in deutschen Landen einander anzugleichen. 1899 wurde ein Standard seiner Rassenmerkmale aufgestellt und der „Verein für Deutsche Schäferhunde e. V." gegründet. Seither ist der Deutsche Schäferhund immer mehr zu einem Gütezeichen deutscher Gebrauchshundezucht geworden. Er wird zurecht als einer der besten Polizei-, Schutz-, Zoll-, Blinden-, Sanitäts- und Lawinenhunde überall auf der Erde geschätzt. Alle ihm gestellten Aufgaben erfüllt der Deutsche Schäferhund mit Eifer. Seine Auffassungsgabe ist so hervorragend, daß er Erziehung und Abrichtung sozusagen spielend schafft.
Jedem Besitzer oder Käufer eines Schäferhundes ist zu raten, seinem Tier eine Gehorsamsausbildung zu geben. Er muß sich auf seinen Hund völlig verlassen können, was nur nach einer solchen Ausbildung möglich ist.
Der Deutsche Schäferhund braucht viel Bewegung. Er muß sich täglich wenigstens zwei Stunden intensiv bewegen können. Außer bei der Ausbildung findet er diese Bewegung beim Spielen mit seinem Herrchen oder Frauchen. Gern läuft er auch neben dem Fahrrad.
Wird dem Schäferhund der nötige Auslauf geboten, kann er durchaus in einer Stadtwohnung gehalten werden, zumal er sehr ruhig ist und nicht unnötig bellt. Besser ist es allerdings, wenn sein Besitzer ein Haus mit Garten hat, was aber nicht die persönliche Beschäftigung mit dem Hund einschränken darf.
Den Deutschen Schäferhund gibt es langhaarig (**Altdeutsch**, oben ein Welpe) und stockhaarig. Durch die stark abfallende Rückenlinie ist die erbliche Hüftgelenkdysplasie (HD) beim Deutschen Schäferhund weit verbreitet, jedoch wegen strenger Bestimmungen durch Zuchtverbände inzwischen rückläufig. Welpen sollten Sie nur von Züchtern mit garantiert HD-freien Elterntieren kaufen. ■

Belgische Schäferhunde

- **Größe:** *56–66 cm*
- **Gewicht:** *28–32 kg*
- **Farbe:** *schwarz, braun, rotbraun, zuweilen mit schwarzer Stichelung*

Die Belgischen Schäferhunde sind schon seit alters bekannte, große, schlanke Hütehunde, die als Rassen bereits 1868 anerkannt und standardisiert wurden.
Vier Spielarten dieser Rasse sind erfaßt: zunächst der langhaarige, schwarze ***Groenendael*** (links oben), der ebenfalls langhaarige, rotbraune ***Tervueren*** (unten rechts), der rotbraune kurzhaarige ***Malinois*** (unten links) mit schwarzer Stichelung und Maske, und schließlich der rauhhaarige ***Laekenois*** (Mitte links), der auch eine rotbraune Farbe hat und nur am Fang und an seiner Rute gestrichelt erscheint.
In der Größe sind alle vier Spielarten gleich.
Trotzdem sind Belgische Schäferhunde keine schweren Hunde, sondern leichtfüßig, flink und lebhaft. Sie zeigen sich sehr aufmerksam, lernwillig, anhänglich, lieb und treu.
Im Hause passen sich diese Hunde rührend an, was aber nicht bedeutet, daß sie in einer Stadtwohnung und ohne Aufgaben gehalten werden sollten.
Sie brauchen viel Bewegung und wollen gefordert werden.
Im allgemeinen sind die Belgischen Schäferhunde leicht zu führen und schaffen eine Ausbildung ohne Schwierigkeiten. ■

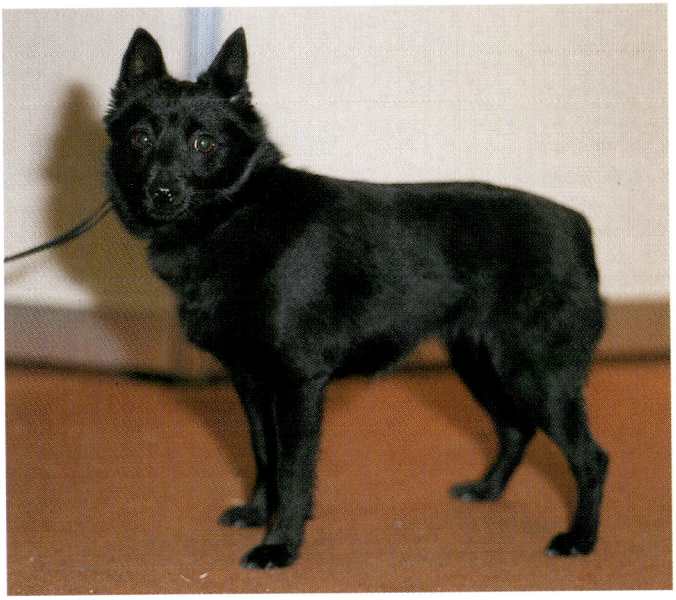

Schipperke

- **Größe:** *bis 30 cm*
- **Gewicht:** *max. 9 kg*
- **Farbe:** *schwarz*
- **besonderes Merkmal:** *schwanzlos*

Belgische Binnenschiffer haben diesen schwarzen Spitz bekannt gemacht: Auf ihren Kähnen fuhr er überallhin mit.
Dieser eifrige Rattenvertilger und Wachhund gehört auch heute noch zur Besatzung vieler belgischer Rheinschiffe.
Der Schipperke sieht keck aus mit seinem Fuchsgesicht, seinen spitzen Ohren, seiner Brustmähne und dem von Natur fehlenden Schwanz.
Seine Aufmerksamkeit ist bemerkenswert. Kindern gegenüber ist er ausgesprochen lieb und geduldig, Fremden dagegen begegnet er mit großem Mißtrauen. Wo es darauf ankommt, greift er jeden Feind unerschrocken an und kämpft verbissen.
Schon seit 500 Jahren soll der Schipperke bekannt sein, doch erst seit 1904 wird er als Rassehund nach einheitlichem Standard gezüchtet.
Nach diesem darf er eine Schulterhöhe von 30 cm nicht überschreiten und höchstens 9 kg wiegen.
Der Zwergschipperke soll es dagegen nur auf 3–6 kg und 24 cm Schulterhöhe bringen.
Der Schipperke wirkt wie eine verkleinerte Form des Groenendal. Tatsächlich nimmt man an, daß er früher auch als Hütehund gedient hat. ■

Owczarek Podhalanski

- **Größe:** *60–70 cm*
- **Gewicht:** *40–55 kg*
- **Farbe:** *weiß*

Dieser große, schneeweiße Hund stammt aus Podhae im Tatragebirge und wird deshalb auch einfach ***Tatra*** oder ***Tatrahund*** genannt. In seiner Heimat wird er als Hof-, Wach- und Hütehund gehalten. Er ist sehr gelehrig und übernimmt die ihm gestellten Aufgaben beim Hüten selbständig. Furcht vor Wölfen oder Bären kennt er nicht.
Der Podhalanski eignet sich gut als Familienhund, da er als anhänglich, kinderlieb und einfühlsam gilt. Fremden gegenüber zeigt er Zurückhaltung und gesundes Mißtrauen.
Er bellt nicht viel, sondern schlägt nur kurz an. Wenn er seine Familienmitglieder gefährdet sieht, ist allerdings nicht mit ihm zu spaßen.
Das mittellange weiße Fell des Owczarek Podhalanski wellt sich leicht. Die Hängeohren sind dreieckig und ebenfalls gut behaart. Seine lange und behaarte Rute hängt gewöhnlich leicht herab. Bei Erregung steht die Spitze steil empor. Die Umrandung der dunkelbraunen, etwas schräg sitzenden Augen, die Lefzen sowie der Nasenspiegel sind schwarz. Hündinnen sind kleiner und leichter als Rüden. ■

Komondor

- **Größe:** *65–80 cm, Hündin über 55 cm*
- **Gewicht:** *40–60 kg*
- **Farbe:** *weiß (gelblich, grauweiß)*
- **besonderes Merkmal:** *ungewöhnlich langes, zottiges Fell*

Nicht viel anders als die Schafe, die er bewachen und hüten soll, sieht der zotthaarige Komondor aus.
Dieser Hund stammt aus Ungarn, wo er vor allem die Rinderherden vor Wölfen zu schützen hatte. Schon vor mehreren hundert Jahren war er bekannt, wie aus den verschiedenen Überlieferungen hervorgeht. Ein Standard für diese Rasse wurde erst 1954 aufgestellt. Danach sollen Rüden 65 cm, Hündinnen über 55 cm messen.
Das Haar soll lang und zottig sein und zu Platten oder Schnüren unentwirrbar verfilzen. Die Farbe ist weiß, sieht aber eher gelblich oder grauweiß aus, ähnlich wie das Haar von Wollschafen.
Der Komondor ist ein sehr mutiger Hund, der zumindest eine Aufgabe als Wächter erhalten sollte. Ausgelastet ist er nur, wenn er viel Bewegung und Beschäftigung hat. Seinem Herrn und der Familie gegenüber ist er anhänglich und treu. ■

Kuvasz

- **Größe:** *66–75 cm*
- **Gewicht:** *40–55 kg*
- **Farbe:** *weiß*

Fast wäre der Kuvasz durch die Wirren des Zweiten Weltkriegs und des Aufstands 1956 in Ungarn ausgestorben. Mit Hilfe von Hunden, die Liebhaber des Kuvasz aus dem Ausland zur Verfügung stellten, konnte dieser schöne Hund in seiner ungarischen Heimat wieder gezüchtet werden. Dort wurde er nicht nur als Hirtenhund, sondern auch als Jagd- und als Wachhund gebraucht. Er ist ein ruhiger, gutmütiger Hund, der zu unterscheiden weiß, wem er trauen kann und wem nicht. Eine liebevolle, aber feste Führung ist notwendig, eine Ausbildung selten. Auch so lernt der Kuvasz, was von ihm verlangt wird und wie er sich zu benehmen hat.
So ein großer Hund sollte einen Garten zur Verfügung haben. Viel Auslauf muß ihm aber außerdem geboten werden.
In der Familie fühlt er sich wohl, ist den Kindern ein sehr geduldiger Spielkamerad und zuverlässiger Beschützer.
Seine sehr tiefe Stimme läßt der Kuvasz eher selten hören. Wie seine ost- und südeuropäischen Verwandten hat auch er schwarze Lefzen. ■

Puli

- **Größe:** *35–47 cm*
- **Gewicht:** *14 kg*
- **Farbe:** *schwarz, weiß, braun oder grau*
- **besonderes Merkmal:** *langes, zottiges Fell*

Als Hütehund für die großen Schafherden seiner ungarischen Heimat ist der Puli seit Jahrhunderten bekannt.
In seiner leichtfüßigen, sicheren und schnellen Art versteht er es, die Herde zusammenzuhalten, wobei er notfalls über die Rücken der Schafe läuft. Feinden gegenüber verteidigt er die Herde und bewacht sie unablässig.
Sein dichtes, verfilztes Haar machen den Puli sozusagen wetterfest, so daß er zu jeder Jahreszeit den Tag und die Nacht im Freien verbringen kann.
Heute wird der Puli als Schutz- und Wachhund gehalten. Diese Aufgaben erfüllt er ebenfalls zuverlässig. Er ist sehr treu und anhänglich, und so gibt es längst eine Anzahl von Liebhabern dieser Rasse. Damit er dann nicht ein verfilztes Haarkleid bekommt, ist häufiges Kämmen und Bürsten notwendig.
Der Puli hat langes, strähniges, zotteliges Haar von weißer, brauner, grauer Farbe. Vor allem aber kommt er mit schwarzem Fell vor. ■

Sarplaninac

- **Größe:** *55–70 cm*
- **Gewicht:** *40–55 kg*
- **Farbe:** *eisengrau; zuweilen weißer Brustfleck sowie weiße Abzeichen an den Läufen*
- **besonderes Merkmal:** *in der Regel eisengraues, über 10 cm langes, dichtes Haarkleid, schwarze Gesichtsmaske*

Der Sarplaninac wird in der deutschen kynologischen Literatur auch *Sarplanine* genannt, ist ein Hirtenhund aus dem Westen Makedoniens, das ehemals zu Jugoslawien gehörte.
Diese kräftigen, großen Hunde stammen aus dem Gebiet des Schargebirges, das östlich der albanischen Grenze in der Nähe der Städte Tetovo und Skopje liegt.
Diese große und schöne Hirtenhundrasse verdankt ihren Namen also ihrem Heimatgebirge, an dessen

karstigen Hängen zahllose Generationen dieser Hunde viele Jahrhunderte Schafe und Ziegen hüteten und sie vor Wölfen, Bären und Räubern schützten.

Als Abkömmlinge der alten römischen Kampfhunde, der Molosser, und langhaariger osteuropäischer Hirtenhunde sowie mit großer Wahrscheinlichkeit auch der gewaltigen, ebenfalls langhaarigen Tibetdogge konnten sich in den abgelegenen Tälern diese großen, aber behenden Hunde zu einer erstaunlich einheitlichen Rasse entwickeln.

Es kamen kaum andere Hunde in diese Gegend, und die Hirten betrieben eine reine Auslesezucht, das heißt, nur die ersten Rüden und die besten Hündinnen wurden für die Zucht zugelassen. Auch überließ man jeder Hündin nur drei Welpen, damit diese sich besonders gut entwickelten und kräftig würden.

So konnte im Jahr 1956 der Sarplaninac als Rasse ohne Schwierigkeiten anerkannt werden. Er wurde zu dieser Zeit verstärkt gezüchtet und auch als Polizei- und Armeehund in seiner Heimat ausgebildet und eingesetzt. Während er in der ehemaligen DDR schon bald danach bekannt wurde, lernte man ihn im Westen Deutschlands erst 1970 kennen. Doch danach züchtete man ihn dort ebenfalls. Seitdem wird diese Hunderasse gezielt gezüchtet, wobei der Hundezuchtverband in seiner Heimat äußerst streng darauf achtet, daß die Zuchttiere nicht nur körperlich hervorragend sind, sondern daß sie auch in charakterlicher Hinsicht alle Erwartungen erfüllen.

Treue und Zuverlässigkeit, Furchtlosigkeit und Gelassenheit sind auf diese Weise selbstverständliche Merkmale dieser Rasse geworden.

Wie einige seiner Vorfahren und Verwandten ist der Sarplaninac ein Hund, der nur einem Herrn gehorcht – ein Einmannhund also. Darum ist er, mehr als andere, ein Hund fürs Leben und braucht eine liebevolle, aber äußerst konsequente Führung.

Als Wächter für Haus und Hof eignet sich der Sarplaninac hervorragend. Allerding stellt er Fremde sofort, wenn diese das Grundstück betreten. Erst wenn sein Herr oder seine Herrin ihm zeigt, daß von diesen Menschen keine Gefahr ausgeht, wird er ihn dulden, aber dennoch fortfahren, ihn weiterhin kritisch zu beobachten, bis er endgültig von dessen „Harmlosigkeit" überzeugt ist.

Der Hund mit einer Schulterhöhe von 55–70 cm und einem Gewicht von 40–55 kg sollte unbedingt eine gute Gehorsamkeitsausbildung, unter anderem auch aus dem Grund erhalten, weil er sonst eventuell auf andere Hunde, die er nicht mag, losgeht. Darum sollte er auch nicht mit Kindern allein nach draußen gehen, denn sie könnten ihn im Ernstfall wahrscheinlich nicht zurückhalten. Sonst ist der Sarplaninac aber sehr lieb und geduldig im Umgang mit Kindern.

Im Haus merkt man ihn kaum, so problemlos ordnet er sich unter. Dafür kann er draußen um so lebhafter sein.

Da der Sarplaninac von Natur aus gewohnt ist, lange auf den Beinen zu sein, braucht dieser Hund viel Bewegung; kurze Spaziergänge reichen da nicht aus.

Eisengrau mit schwarzer Gesichtsmaske ist die übliche Farbe des Sarplaninac. Ein weißer Brustfleck und weiße Abzeichen an den Läufen sind erlaubt.

Das mehr als 10 cm lange Haar dieser Hunderasse ist sehr dicht und glatt. Die Haarpflege erweist sich bei ihm darum auch als nicht ganz unkompliziert, nur während der Zeit des Haarwechsels ist ein sorgfältiges Auskämmen erforderlich. ■

Berger des Pyrénées

- **Größe:** *38–50 cm*
- **Gewicht:** *9–18 kg*
- **Farbe:** *je nach Schlag schwarz oder grau, oder fahlrot vermischt mit schwarzen Haaren; weiße Abzeichen an Kopf, Brust und Pfoten*

In den Pyrenäen züchteten Hirten eine Reihe mittelgroßer Hütehunde, die sogenannten Bergers des Pyrénées. Deren gemeinsames Merkmal ist ein bärenartiger Gesichtsausdruck, ein „Bärenkopf". Die verschiedenen Schläge dieser Hunderasse unterscheiden sich in der Beschaffenheit ihres Haarkleides, in der Fellfarbe sowie in der Haltung der Ohren und der Rute. Die Ohren wurden in ihrer Heimat oft ziemlich kurz kupiert. Die Hunde haben entweder eine kurze Säbelrute, eine lang getragene mit Biegung an der Spitze oder eine angeborene Stummelrute.
Der Berger des Pyrénées ist ein sehr robuster Hund, zuverlässig, aufmerksam, flink und intelligent, dazu treu und wesensfest, Kindern gegenüber geduldig und gutmütig. Fremden begegnet er wachsam und zurückhaltend. ■

Berger de Brie, Briard

- **Größe:** *bis 68 cm*
- **Gewicht:** *30–40 kg*
- **Farbe:** *je nach Schlag schwarz oder grau, oder fahlrot vermischt mit schwarzen Haaren; weiße Abzeichen an Kopf, Brust und Pfoten*

Schon im 14.Jh. gab es Hunde in Frankreich, denen der heutige Briard sehr ähnelt. Er ist als Schäferhund, Wächter, Pack- und Meldehund der Armee und als Begleithund bekannt. Mit seinem langen und zottigen Haarkleid wirkt der große Briard urwüchsig, fast etwas wild. Er hat auch ein unbändiges Temperament, ist aber gutmütig und verspielt. Kinder liebt er sehr und beschützt sie mit größter Aufmerksamkeit. Der Briard, auch Berger de Brie genannt, hat ein besonders feines Gehör. Allerdings braucht er etwas Zeit, bis er auf die unterschiedlichen Signale richtig reagiert. Seine Ausdauer beim Laufen ist erstaunlich. Um diesen Hund gesund und fröhlich zu erhalten, braucht er sehr viel Bewegung. Am besten ist es, viel mit ihm herumzutollen oder ihn am Fahrrad mitlaufen zu lassen. ■

Terrier

Deutscher Jagdterrierrüde, schwarz mit lohfarben

Die Terrier stammen aus England, Schottland und Irland. Dort waren sie noch vor ca. 200 Jahren recht rauhe Gesellen, denen die Schönheit und Eleganz fehlte, die viele dieser Rassen heute auszeichnet.
Terrier gibt es in so unterschiedlicher Größe, mit derart verschiedenem Erscheinungsbild und Bewegungsanspruch, daß jeder Hundefreund unter ihnen mit großer Wahrscheinlichkeit den richtigen Gefährten finden wird.
In dem Wort „Terrier“ steckt eigentlich schon all das, was die Hunde dieser Rassengruppe besonders auszeichnet.
Als ehemalige Jagdhunde für die Erdarbeit bei der Fuchs- und Dachsjagd zeichnen sie sich als leidenschaftlich, stark und überaus mutig aus. Die Charakterfestigkeit und Treue der Terrrier ist schon fast sprichwörtlich.
Ein bißchen frech sind sie manchmal, dabei aber lieb und anschmiegsam. Allerdings fällt es nicht immer ganz leicht, die hochintelligenten und eigenwilligen Terrier zu erziehen. Es ist also nötig, bei liebevoller Erziehung sehr konsequent zu bleiben.
Diese Hunde haben viel Sinn für Spaß und Spiel und tollen am liebsten im Freien herum. Darum sind viele Terrier auch ganz hervorragende Kinderhunde.
Außerdem zeichnen sie sich als unbestechliche Wächter und Schutzhunde aus, besonders die größeren Rassen.

Großes Bild: West Highland White Terrier

Links unten: Kurzhaariger Foxterrier beim winterlichen Ballspiel

Rechts unten: Yorkshire-Terrier-Pärchen in Starpose

Airedale Terrier

- **Größe:** *max. 61 cm*
- **Gewicht:** *um 20 kg*
- **Farbe:** *schwarz, gelbbraun*

Dieser größte aller Terrier ist ein „Allroundhund". Er ist Jagdhund, besonders Wasserhund, Hüte-, Wach-, Schutz- und Polizeihund, Zollhund, Blindenführer und ein absolut zuverlässiger Begleithund. Intelligenz und Einfühlungsvermögen machen ihn zu einem unkomplizierten Hausgenossen. In der Wohnung ist der Airedale Terrier sehr angenehm, bellt nie grundlos, ist aber wachsam und kinderlieb. Wegen seines getrimmten Rauhhaares verliert er keine Haare, sondern sieht damit vielmehr stets elegant und gepflegt aus.
Als Rasse ist der Airedale Terrier seit ca. 120 Jahren bekannt. Seinen Namen hat er von der Stadt Aire in der Grafschaft Yorkshire, wo er ursprünglich beheimatet war. Damals hatte er zottiges Fell und wurde als Jagdhund eingesetzt. Wahrscheinlich sind Otterhund, Welsh Terrier und Collie seine Ahnen gewesen.
Alle Welpen sind zuerst völlig schwarz. ■

Irish Terrier

- **Größe:** *45 cm*
- **Gewicht:** *um 12 kg*
- **Farbe:** *rot bis gelbweizen*

Es gibt wohl keinen Terrier mit mehr Schneid als den rotbraunen Irish Terrier. Er scheint keine Furcht zu kennen, ist ein hervorragender Jagdhund, ein unerschrockener Wächter und zuverlässiger Begleithund.
Im Haus ordnet sich der Irish Terrier ohne Schwierigkeiten unter, ist anhänglich und kinderlieb. Draußen ist es schon etwas schwieriger mit ihm. Er braucht eine feste Führung, zumal er gern mit anderen Hunden zu streiten beginnt.
1879 wurde der „Irish Terrier Club" gegründet, dessen Mitglieder aus dem etwas gröberen Vorläufer den eleganten Hund unserer Tage geformt haben. Schon zu Beginn unseres Jahrhunderts war der Irish Terrier in Irland und England sehr beliebt, und er ist es bis heute geblieben.
Der Irish Terrier steht in der Größe nur dem Airedale Terrier nach, übertrifft ihn jedoch an Temperament und Schneid.
Sein hartes, drahtiges Haar ist rot bis gelbweizen ohne weiße Abzeichen. ■

Welsh Terrier

- **Größe:** *bis 43 cm*
- **Gewicht:** *9–10 kg*
- **Farbe:** *„black and tan“, graumeliert oder rotbraun*

Über die Abstammung dieses hübschen Terriers (oben ein vier Monate alter Rüde) wird viel gerätselt. Er ist wahrscheinlich eine sehr alte Rasse aus der Grafschaft Wales, wo er für die Jagd auf Fuchs, Dachs und Otter gezüchtet wurde. Früher wurde er als „Old English Black and Tan Terrier“ oder „Wire-Haired Terrier“ bezeichnet. Ab 1888 heißt er Welsh Terrier und wurde zum schlankeren, eleganteren Hund gezüchtet. Heute gehört der Welsh Terrier zu den beliebtesten und in Großbritannien häufigsten Hunden.

Als bewegungsfreudiger, fröhlicher und anhänglicher Spielkamerad für Kinder, als zuverlässiger Schutz- und Haushund, der Fremden gegenüber sehr mißtrauisch und scharf sein kann, und als aufmerksamer Begleithund ist der Welsh Terrier kaum zu überbieten. Bei der Jagd liegt ihm besonders die Wasserarbeit.

Gut getrimmt, ist der Welsh Terrier ein sehr pflegeleichter Hund, vergleichbar mit dem Foxterrier. Von Typ und Farbe her ist er aber anders, hat eine breitere Stirn, die Ohren tiefer angesetzt. ■

Deutscher Jagdterrier

- **Größe:** *36–40 cm*
- **Gewicht:** *7–9 kg*
- **Farbe:** *schwarz oder schwarzmeliert mit gelben bis rotbraunen Abzeichen*

Zu seinen Ahnen gehören Fox- und Welsh Terrier oder ähnliche Terrier mit schwarzer Decke und gelben bis roten Abzeichen. Die Jagdleidenschaft des Deutschen Jagdterriers macht ihn besonders bei der Fuchsjagd zum nützlichen Begleiter des Jägers. Auch als Apportierhund und sogar als Saupacker hat sich dieser mutige Terrier bewährt.

Bei viel Bewegung und Arbeit für seine feine Nase ist der Deutsche Jagdterrier aber auch ohne jagdlichen Gebrauch zu halten. So ist die Hündin oben liebenswerte Begleiterin einer älteren Dame. Diese macht mit ihr ausgedehnte Wanderungen und hält sie in einem Haus mit großem Garten. In einer Stadtwohnung und bei ungenügender Bewegung in freier Natur sollte der Deutsche Jagdterrier aber nicht leben müssen.

Das Haar – ob hart und rauh oder glatt – braucht nicht getrimmt zu werden. Es ist pflegeleicht. ■

Foxterrier

- ***Größe:** 36–39 cm*
- ***Gewicht:** 7–9 kg*
- ***Farbe:** weiß mit braunen und/oder schwarzen Abzeichen*

Dieser hübsche, liebenswürdige Terrier war in den zwanziger Jahren als Drahthaar (siehe oben) groß in Mode.
Der Foxterrier ist glatthaarig (vgl. S. 61) seit ca. 1800 und drahthaarig seit 1814 in England bekannt. Als „Fox" wurde er bereits im 14. Jh. schriftlich erwähnt. Damals diente er als Jagdhund bei der Fuchs- und Dachsjagd. Daneben war der Foxterrier als „Rattenbeißer" bekannt.
Seine Jagdleidenschaft blieb ihm erhalten, daneben auch seine Intelligenz und Gewandtheit.
Der Foxterrier ist ein anhänglicher, kinderlieber, gelehriger und wachsamer Hund. Er braucht viel Auslauf. Apportierspiele liebt er besonders. Seine kleinen Fehler, Kläffen, Raufen mit anderen Hunden und Eigenwilligkeit, kann man ihm bei konsequenter Erziehung abgewöhnen. Glatt- oder drahthaarig – der Fox ist ein hübscher Hund. Der drahthaarige muß gut getrimmt sein, dann ist er pflegeleicht und verliert kaum Haare. In den USA gibt es einen Zwergfox mit glattem Haar und hochstehenden Ohren. Er darf höchstens 3 kg wiegen, ist oft sogar nur halb so schwer. ■

Sealyham Terrier

- ***Größe:** max. 30 cm*
- ***Gewicht:** 9 kg*
- ***Farbe:** weiß; an Kopf und Ohren manchmal graue, gelbe oder rotbraune Abzeichen*

Um 1850 züchtete Capitain John Edwardes auf seinem Anwesen Sealyham in Pembrokeshire in Wales diese hübsche Terrierrasse heraus. Als Eltern gelten neben dem Dandie Dinmont Terrier der Foxterrier und der Bullterrier. Auch Bassets und andere kleine Terrier sollen an seiner Entstehung mitgeholfen haben. Damals wurde mit dem Sealyham Terrier ein reiner Jagdgebrauchshund geschaffen, der stark genug war, sich gegen Otter, Dachs und Fuchs in ihren Bauen durchzusetzen. Zwar soll er schon von Anfang an weiß gewesen sein, doch seine Schönheit erhielt er erst allmählich. Die Beliebtheit der Rasse nahm erst zu Anfang dieses Jahrhunderts zu. 1911 erkannte der britische „Kennel Club" den Sealyham Terrier als Rasse an.
Nicht nur als schneidiger Jagdhund hat sich der Sealyham Terrier bewährt, sondern auch als wachsamer, intelligenter und anschmiegsamer Haushund. Er ist von ausgeglichenem Temperament und ein guter Spielkamerad für die Kinder.
Sein drahtiges Haar mit der dichten Unterwolle ist weiß. ■

Kerry Blue Terrier

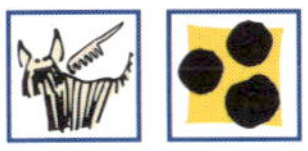

- ***Größe:*** *max. 48 cm*
- ***Gewicht:*** *max. 16 kg*
- ***Farbe:*** *graublau, als Junghund schwarz*

Dieser aus Irland stammende Terrier hat als Rasse schon eine mehr als einhundertjährige Geschichte. Auch heute noch zählt er in seiner Heimat zu den beliebtesten Rassen. Dort läßt man ihm sein langes, welliges und seidenweiches Haar, während er in anderen europäischen Ländern getrimmt wird. Durch die Frisur mit dem großen Schnauzbart und der Stirntolle sieht der Kerry Blue Terrier eleganter aus.

Er hat einen unbestechlichen Charakter, ist aber manchmal aufbrausend und anderen Hunden gegenüber kämpferisch veranlagt. Darum braucht der Kerry Blue Terrier eine freundliche, aber auch feste Hand sowie eine sorgfältige Erziehung, dann ist er gehorsam und ein treuer Begleiter. Als Schutz- und Wachhund ist er mit viel größeren Rassen vergleichbar. Der Kerry Blue Terrier wird schwarz geboren und färbt im Laufe von 15–18 Monaten in das aparte Graublau um. Viel Pflege ist bei dem weichen Fell nötig. ■

Jack Russel Terrier

- ***Größe:*** *23–38 cm*
- ***Gewicht:*** *5–8 kg*
- ***Farbe:*** *mind. 51 Prozent sind weiß, der Rest schwarz, braun, oder braun und schwarz*

Nach dem Pfarrer und begeisterten Fuchsjäger Reverend Jack Russel ist dieser kleine Terrier benannt worden.
Reverend Russel züchtete in der zweiten Hälfte des vergangenen Jahrhunderts aus kleinen Terriern, auch hellen Bullterriern sowie Beagles einen Hund für zwei ihm wichtige Aufgaben: Er sollte sowohl in der Lage sein, den größeren Foxhounds bei den Parforcejagden auf Füchse zu folgen, die in ihren Bau geflüchteten Tiere aber auch herauszutreiben können. Dieser Hund mußte also langbeinig genug für das Laufen über Stock und Stein sein, wiederum kurzbeinig genug, um in die Baue kriechen zu können. Jagdleidenschaft, Draufgängertum und Ausdauer gehörten ebenso zu den Zuchtzielen wie die körperlichen Voraussetzungen.
Wie gut dem Erzüchter der Rasse das gelungen ist, sehen wir an dem heutigen Terrier, den wir bis vor wenigen Jahren außerhalb

Großbritanniens kaum kannten und beim ersten Sehen für einen kleinen Mischlingshund hielten. Dieser Eindruck wird auch durch die Tatsachen bestärkt, daß es bis auf den heutigen Tag kurz- wie langbeinigere sowie rauh- und glatthaarige Vertreter dieser Rasse gibt.
Die Beliebtheit des Jack Russel Terriers ist in den letzten Jahren sprunghaft gestiegen. Das liegt hauptsächlich an seinem fröhlichen Wesen, dem überschäumenden Temperament, seiner Wachsamkeit, Intelligenz und der Liebe zu seinen Menschen. Eine liebevoll-konsequente Erziehung ist bei diesem gewitzten Energiebündel unverzichtbar.
Beim Herumtoben mit Kindern und Jugendlichen ist er unermüdlich.
Seine größte Leidenschaft aber ist die Jagd, und wenn nicht mehr auf Fuchs und Otter, so auf Mäuse und Ratten. Besonders gern gehalten wird der Jack Russel Terrier darum auf Reiterhöfen. ■

Cairn Terrier

- **Größe:** *24 cm*
- **Gewicht:** *6,5 kg*
- **Farbe:** *alle Farben erlaubt; oft weiß, sandfarben; oft gestromt*
- **besondere Merkmale:** *Ohren, Nase und Schwanzspitze sind dunkel*

Von vielen wird dieser kleine zottige Hund als Promenadenmischung angesehen. Dabei ist er in Großbritannien einer der häufigsten Terrier.
Der Cairn Terrier stammt aus dem Westen des schottischen Hochlandes und der Insel Skye, von wo auch sein Verwandter, der Skye Terrier kommt.
Beide Rassen wurden zur Fuchs-, Dachs- und Otterjagd eingesetzt. Sie verfolgten sie über die schottischen „cairns" (Steinwälle) und machten ihnen oft den Garaus. Nur die wenigsten Cairn Terrier werden heute für die Jagd gebraucht. Dafür wird seine Häuslichkeit, seine große Anhänglichkeit, seine Intelligenz und sein lustiges Wesen von immer mehr Hundefreunden geschätzt. Er ist ein temperamentvoller Haus- und Begleithund sowie ein sehr aufmerksamer Wächter. ■

Cesky Terrier

- **Größe:** *27–35 cm*
- **Gewicht:** *6–9 kg*
- **Farbe:** *silberblau, hellkaffeebraun*

Diese im deutschen Sprachraum auch *Tschechischer* oder *Böhmischer Terrier* genannte Schönheit hat seinen Ursprung in Tschechien, wo sie von 1949 bis 1959 von Frantisek Horak aus Sealyham und Scottish Terriern herausgezüchtet worden ist. Es entstand ein kräftiger, aber kurzläufiger Jagdhund, der Fuchs und Dachs aus dem Bau treiben kann. Auch beim Stellen und Verbellen von Wild ist der Cesky Terrier zuverlässig. Als Jagdhelfer ist er überaus eifrig und geschickt, wenn auch nicht der Schnellste.

Daneben ist er in seinem seidig glänzenden, gewellten Langhaar eine wahre Schönheit. Eine entsprechende Schur mit Trimmen betont die Vorteile dieses langen, kurzbeinigen Terriers.
1963 fand er Anerkennung durch den Welthundeverband (FCI) und konnte sich seither auf vielen internationalen Ausstellungen zeigen.

Im Schauring konnte er schon viele Erfolge verbuchen. Seine guten Eigenschaften beschränken sich nämlich nicht auf die gute Jagdtauglichkeit, sondern haben mit seinem vorzüglichen Charakter zu tun.
Der Cesky Terrier ist lieb, gehorsam, mag gern mit Kindern spielen und bewacht diese ebenso gewissenhaft wie Haus und Hof. ■

draußen und wandert unverdrossen mit großer Ausdauer. Andererseits fügt er sich auch in eine kleine Wohnung ein. Seiner Familie gegenüber ist er sehr aufmerksam und lieb. Als Wachhund hat ihn schon mancher unterschätzt, denn mit seinen 8–10 kg Gewicht und einer Schulterhöhe von 28 cm gehört der Scottish Terrier zu den ausgesprochen kleinen Rassen. Dabei hat er enorme Kraft und eine gehörige Portion Mut. Mit seinen spitzen, hochgestellten Ohren, seinem großen Schnauzbart und der aufrecht getragenen Rute ist der Scottish Terrier ein Unikum. Sein drahtiges Haar ist schwarz, grau, sandfarben, weizenfarben oder in diesen Farben gestromt. ■

Scottish Terrier

- ***Größe:** 25–28 cm*
- ***Gewicht:** 8–10 kg*
- ***Farbe:** schwarz, grau, sandfarben, weizenfarben; auch gestromt*

Der Scottish Terrier ist eine alte schottische Rasse, die früher größer und langbeiniger war als heute und bei der Fuchsjagd (Erdarbeit in Fuchsbauten) diente. Erst vor 100 Jahren wurde der Typ des Scottish Terriers geschaffen, wie wir ihn heute kennen: kurzbeinig und mit dem überlangen Fang.
Nicht nur im Aussehen ist der „Scottie“, wie er von seinen Freunden liebevoll genannt wird, ein Clown, sondern auch in seinem Wesen. Er ist immer guter Dinge und tollt gern mit Kindern herum. Gern ist er

Norfolk Terrier

- ***Größe:** 25 cm*
- ***Gewicht:** 5 kg*
- ***Farbe:** meist rot, rotgelb (weizenfarben), schwarz mit roten Abzeichen (black and tan) sowie grau und braun gestromt*

Erst im Jahre 1964 ist der Norfolk Terrier als eigenständige Rasse vom „English Kennel Club“ anerkannt worden. Davor gehörte er zur ebenfalls noch jungen Rasse der Norwich Terrier. Diese gibt es seit 1932 in zwei Versionen: mit kurzen Stehohren und mit Hängeohren. Die mit den Hängeohren bilden heute die Rasse der Norfolk Terrier. Es ist ein kleiner Hund mit nur 25 cm Schulterhöhe und einem Gewicht von

5 kg. Sein hartes und drahtiges Haar trägt er gerade und eng anliegend. Die Fellfarbe ist meistens rot. Es kommen aber auch Hunde mit weizenfarbenem, schwarzem mit roten Abzeichen (black and tan) sowie grau und braun gestromtem Fell vor.
Der Norfolk Terrier hat einen breiten Kopf und einen schmalen und fuchsartig zugespitzten Fang mit einem kräftigen Scherengebiß. Sein Körper ist kompakt und stark, die Läufe und Pfoten sind kräftig. Die in seinem Heimatland oft kurz kupierte Rutehält er aufrecht.
Zuchtziel bei der Züchtung von Norwich- und Norfolk Terriern war ursprünglich ein passionierter Erdhund. Er sollte trotz seines kleinen Wuchses den Schneid haben, Fuchs, Dachs und Otter aus ihren Bauen zu treiben. Die Erwartungen seiner Züchter hat er mehr als erfüllt.
Der temperamentvolle Hund ist darüber hinaus wachsam und scharf; sein Terrierblut kann er eben nicht verleugnen.
In der Familie zeigt er sich anpassungswillig und liebenswert. Er ist sehr aufmerksam und anhänglich; mit Kindern kommt er bestens aus und tollt gerne draußen mit ihnen herum. Durch sein pflegeleichtes Haarkleid ist der Norfolk Terrier auch in der Wohnung problemlos zu halten. ■

Silky Terrier

- **Größe:** *22,5–25 cm*
- **Gewicht:** *4–5 kg*
- **Farbe:** *hellgrau, dunkelgrau und lohfarben*

Schon zu Beginn dieses Jahrhunderts hat man in Sydney diesen hübschen Hund mit seinem seidenweichen Haar gezüchtet. Er ist ein gelungenes Kreuzungsprodukt zwischen Australian Terrier und Yorkshire Terrier. Lange Zeit kannte man ihn nur in Australien, und erst allmählich gewann er Liebhaber in Amerika und England. Ab 1960 kam der Silky Terrier dann häufiger auch nach Europa.

Auf den ersten Blick kann man den Silky Terrier mit dem Yorkshire Terrier verwechseln. Dieser ist jedoch etwas größer und kräftiger im Körperbau. Sein Haar erreicht eine Länge von 15 cm und wird vom Kopf bis zum Schwanz in der Mitte gescheitelt getragen. Die aufrecht stehenden, v-förmigen Ohren haben, im Gegensatz zum Yorkshire, keine langen Haare. Auch in der Haarfarbe und in der Anordnung der Gesichtsfrisur bestehen Unterschiede. Während beim Yorkshire vom Hinterkopf bis zur Rute ein dunkles Stahlblau ohne schwarze oder helle Haarbeimischungen erwünscht ist, zeigt der Silky Terrier helleres oder dunkleres Grau und lohfarbenes Haar. Auch der gescheitelte Haarschopf kann graublau oder lohfarben sein. Beim Yorkshire wird der Schopf nach hinten gekämmt und meistens in ein Schleifchen gebunden. Brust und Vorderpfoten sind bei beiden Rassen lohfarben, beim Silky gibt es auch Abweichungen zum Graublau.
Der Silky zeigt viel Temperament und Schneid; er ist ein guter Wachhund. Seinen Bezugspersonen gegenüber ist er fröhlich und anschmiegsam; mit Kindern versteht er sich ausgezeichnet. Er ist kein Kläffer und kann deshalb gut in einer Stadtwohnung gehalten werden. ■

Skye Terrier

- ***Größe:** 25 cm*
- ***Gewicht:** 10–12 kg*
- ***Farbe:** grau, blau, schwarz, silber, hellbraun und cremefarben*

Diese über 400 Jahre alte Rasse der Insel Skye war früher kleiner und kurzhaariger. Sie war für die Jagd auf Fuchs und Dachs bestimmt. Neben dem schottischen Hochland ist Skye auch Heimat des mit dem Skye Terrier nahen verwandten Cairn Terriers. Zur Zeit Elisabeths I. wurden sie sozusagen gesellschaftsfähig und dank ihres intelligenten und fröhlichen Wesens schnell zu Lieblingen am englischen Hofe.
Heute ist der Skye Terrier mit seinem langen, drahtigen Haar in den Farben Grau, Blau, Schwarz, Silber, Hellbraun und Creme eine ganz besondere Schönheit. Die Nasenspitze, die Ohren und die Schwanzspitze müssen immer schwarz sein. Die Hündin ist etwas kleiner als der Rüde.
Als Haushund ist der Skye Terrier sehr angenehm. Zu häufiges Bellen kann ihm schnell abgewöhnt werden. Er liebt seine Familie innig, möchte überallhin mitgenommen werden und ist trotz seiner kurzen Läufe ausdauernd.
Das Reich der Familie sowie sein Herrchen und Frauchen verteidigt er bedingungslos, wenn er diese in Gefahr wähnt, denn mit seinem Mut und seinem kräftigen Gebiß weiß er sich Respekt zu verschaffen. ■

Dandie Dinmont Terrier

- ***Größe:** 20–28 cm*
- ***Gewicht:** 8 kg*
- ***Farbe:** pfeffer- bläulich (schwarz bis silbergrau) oder senffarben (rötlich-braun bis creme)*

Seinen hübschen Name verdankt der Dandie Dinmont Terrier dem englischen Dichter Sir Walter Scott (1771–1832), der in seinem Roman „Guy Mannering" (1814) den Farmer Dandie Dinmont mit seinen sechs kleinen Erdhunden beschreibt.
In Wirklichkeit hieß dieser Farmer allerdings Mr. Davison und wurde, genauso wie seine Hunde, danach verständlicherweise nur noch Dandie Dinmont genannt. An der Entstehung dieser Hunderasse sollen altschottische Rauhhaarterrier, Otter- und Dachshunde sowie Welsh Terrier beteiligt gewesen sein.
Das Erscheinungsbild dieses kleinen Terriers war anfangs noch sehr unterschiedlich. Erst als im Jahre 1876 der „Dandie Dinmont Club" entstand und man einen Standard aufstellte, wurden die Rassemerkmale einheitlich festgehalten.
Der Dandie Dinmont Terrier sieht unserem Rauhhaardackel recht ähnlich. Seine Schulterhöhe beträgt 20–28 cm, sein Gewicht etwa 8 kg. Das Haar dieses Hundes ist ungefähr 5 cm lang, bildet auf dem Kopf einen seidigen Schopf und ist auf dem

Rücken härter als auf der Unterseite.
Das Haarkleid des Dandie Dinmont Terriers ist pfeffer- oder senffarben.
Dabei variieren die Pfefferfarben von einem bläulichen Schwarz bis zu hellem Silbergrau. Am wertvollsten sind die Farbtöne dazwischen.
Die Senffarbenen kommen in rötlichem Braun bis hin zu Creme vor.
Unterseite, Läufe und Pfoten sowie der Kopf sind heller gefärbt als die Oberseite. Auf der Brust des Dandy Dinmont Terriers ist meistens ein kleiner weißer Fleck.
Die Rute dieses Hundes ist nicht sehr lang und wird säbelartig, also in leichtem Bogen nach oben getragen. Sie hat die gleiche Farbe wie der Rücken, läuft aber in einer hellen Spitze aus.
Mit seinen großen, dunkelbraunen Augen kann der Dandie Dinmont Terrier ausgesprochen unschuldig dreinblicken, dabei ist er ein ziemlicher Schelm, der immer wieder versucht, seinen Kopf durchzusetzen. Dabei ist er aber immer lieb und anhänglich.
Als Jagdhund kann dieser Terrier sehr temperamentvoll und mutig sein. Ohne zu zögern, begibt er sich mit Feuereifer in Dachs- und Fuchsbaue und leistet darüber hinaus auch auf der Fährte von Wild gute Dienste. ■

West Highland White Terrier

- **Größe:** *ca.28 cm*
- **Gewicht:** *ca. 8 kg*
- **Farbe:** *reinweiß*

Mit dem Scottish Terrier zusammen bildet der West Highland White Terrier ein interessantes und bekanntes Paar.
Die Heimat des West Highland White Terriers sind das westschottische Hochland und die Hebriden. Dort wurde er als Jagdhund verwendet und mußte Füchse, Dachse und Otter aus ihren Bauten treiben.
Seinen Schneid und sein Temperament hat der West Highland White Terrier bis heute behalten, was ihn zu einem mutigen und zuverlässigen Wachhund im Kleinformat und darüber hinaus zu einem interessanten und verspielten Begleiter und Kumpel macht.
Als anspruchsloser, fröhlicher und trotz des weißen Haarkleides pflegeleichter Hund (der Westie auf diesem Bild ist ungewaschen und nicht gekämmt) kann der West Highland White Terrier bestens empfohlen werden.
Er paßt sich relativ problemlos allen Wohnverhältnissen an, auch der kleinen Stadtwohnung, solange er genügend Auslauf erhält.
Das harte, gerade Deckhaar des West Highland Terriers soll mindestens 5 cm lang sein. Darunter trägt er feine weiche Unterwolle.
Bei einer Schulterhöhe von ungefähr 28 cm hat der West Highland White Terrier kurze, starke Läufe und einen kräftigen, muskulösen Körper.
Seine Stehohren sind kurz, sein nicht kupiertes, recht kurzes Schwänzchen trägt er aufrecht. ■

Yorkshire Terrier

- ***Größe:** max. 25 cm*
- ***Gewicht:** max. 3 kg*
- ***Farbe:** stahlblau mit goldfarben*

Schottische Weber siedelten um 1850 nach Yorkshire um und brachten Skye Terrier mit. Diese wurden mit dem Waterside Terrier gekreuzt, um einen kleinen „Rattenbeißer" zu erzielen, den sie in ihren ärmlichen Behausungen dringend brauchten.
Auch kleine Mischlingshunde walisischer Bergleute sollen zu den Ahnen des Yorkshire Terrier gehören. 1886 erhielt die neue Rasse ihren Namen. Das stahlblaue Haar vom Nacken bis zur Schwanzwurzel steht in herrlichem Kontrast zum goldfarbenen Ton von Kopf, Brust und Pfoten. Das Fell braucht tägliche Pflege mit einer weichen Bürste.
Der Yorkshire Terrier ist alles andere als ein Schoßhündchen und Stubenhocker. Er tobt gern draußen herum, vor allem im Gras oder im Schnee. Wenn dadurch das Haarkleid leidet, so sollte es in Kauf genommen werden, denn der Yorkshire Terrier ist ein Vollbluthund. Er zeigt Mut und Selbstbewußtsein. Frauchen und Herrchen gegenüber ist er treu und anhänglich, aber auch nicht ohne Schalk. Darum ist er ein unterhaltsamer und wegen seiner Wachsamkeit auch nützlicher kleiner Begleiter. ■

Bedlington Terrier

- ***Größe:** 39–42 cm*
- ***Gewicht:** 8–10 kg*
- ***Farbe:** blau, leberfarben, auch loh- oder sandfarben*

Dieser lammähnlich aussehende Hund war vor ca. zweihundert Jahren noch recht kurzbeinig und stämmig und ein ausgezeichneter „Rattenbeißer". Durch Einkreuzen von Whippets erhielt er sein heutiges Erscheinungsbild. Er wird geschoren, wobei das Haar von der Nase zur Stirn sowie je eine Locke an den Ohren stehenbleibt.
Äußerlich unterscheidet sich der Bedlington Terrier sehr von den übrigen Terriern, hat er doch einen abgerundeten Rücken, aufgezogene Lenden und Hasenpfoten. Im Wesen ist er jedoch Terrier mit viel Mut und Treue geblieben. Durch seine Erscheinung und seine zierlichen Bewegungen wird er meistens gründlich unterschätzt. Im Hause und seiner Familie gegenüber ist er sehr lieb, rücksichtsvoll und leise. Daß der Bedlington Terrier wenig bellt, verdanken wir auch dem Einkreuzen der Whippets. ■

Border Terrier

- ***Größe:*** *25–30 cm*
- ***Gewicht:*** *5–7 kg*
- ***Farbe:*** *rot über braun bis zu weizenfarben, auch braunrot meliert oder blau*

Diese urwüchsige Terrierrasse hat ihren Ursprung im Grenzgebiet zwischen England und Schottland. Daher stammt auch der Name Border Terrier.
In den Cheviot Hills wurde er für die Jagd auf Fuchs, Dachs und vor allem auf Otter gebraucht. Dafür hatte dieser eher unscheinbare Hund hervorragende Eigenschaften aufzuweisen, die er auch heute noch hat. So ist er beispielsweise in der Lage, sowohl mit der Meute zu jagen und Fährtenarbeit zu leisten als auch in den Bau von Fuchs, Dachs und Otter zu schlüpfen. Sein Deckhaar ist drahtig und dick, die Unterwolle dicht und fest anliegend. Das schützt ihn vor Bissen, aber auch vor Wind, Wetter und Wasser. Im feuchten Element fühlt er sich besonders wohl, weshalb er leidenschaftlich gern Wasserwild apportiert.
Mit seinem kurzen, aber starken Fang und dem kräftigen Zangengebiß kann er sehr gut zupacken und festhalten.
Weitere äußere Merkmale des Border Terriers sind sein runder, otterähnlicher Kopf, die kurzen, v-förmigen und eng anliegenden Ohren und die dicke, mittellange und säbelartig getragene Rute.
Die Fellfarbe reicht beim Border Terrier von Rot über Braun bis zum Weizenfarbenen, ferner kommen braunrot melierte und auch blaue Tiere vor. Der Nasenspiegel soll nach Möglichkeit schwarz sein, ist aber auch leber- und fleischfarben erlaubt.
Das Gewicht des Border Terriers beträgt 5–7 kg.
Da es heute immer weniger Füchse, Dachse und Otter zu jagen gibt, ist der Border Terrier mehr und mehr zum Haushund geworden. Er fühlt sich wohl in seiner Familie, ist treu und immer fröhlich. Mit Kindern kommt er ganz besonders gut aus. Man schätzt ihn auch als zuverlässigen Wächter und Begleiter, der sich anderen Hunden gegenüber verträglich und freundlich zeigt.
Er braucht nicht getrimmt zu werden; Bürsten und Kämmen genügt. Ein pflegeleichter Hund, der kaum Haare verliert. ■

Bullterrier

- ***Größe:*** *40–55 cm*
- ***Gewicht:*** *max. 30 kg*
- ***Farbe:*** *weiß, schwarz, gelb, braun oder braungestromt; oft auch mit weißen Abzeichen*
- ***besonderes Merkmal:*** *typische Kopfform*

Dieser stämmige Hund mit der eigenartigen Kopfform ist ein ehemaliger Kämpfer, der aus Bulldoggen und altenglischen weißen Terriern herausgezüchtet wurde. Es entstand ein starker, muskulöser, jedoch wendiger und springgewaltiger Hund, der auf keinen Gegner gut zu sprechen war. Hundekämpfe gehören zum Glück auch in England der Vergangenheit an. Geblieben ist uns der Bullterrier mit seinen hervorragenden Eigenschaften, die ihn zu einem liebenswerten und nützlichen Haus- und Begleithund machen. Als Schutzhund wird er von Einbrechern gefürchtet. Er ist unberechenbar in seiner Angriffstaktik. Trotz seines schweren Körperbaus ist der Bullterrier erstaunlich wendig und springtüchtig. Laut gibt er kaum, doch Haus und Hof, die ganze Familie und besonders die Kinder stehen unter seinem Schutz. Nun ist er aber alles andere als ein böser Wächter. Vielmehr kann er mit den Kindern herumtollen, ist verspielt, sehr liebebedürftig und ein treuer Begleiter und lauffreudiger Wanderer.

Früher waren nur die reinweißen Bullterrier zu finden, doch seit ca. 1930 gibt es sie auch in anderen Farben, so schwarze, gelbe und vor allem braune und braungestromte, von denen viele weiße Abzeichen tragen. Er ist starkknochig und muskelbepackt, ohne dabei etwa vierschrötig zu wirken. ■

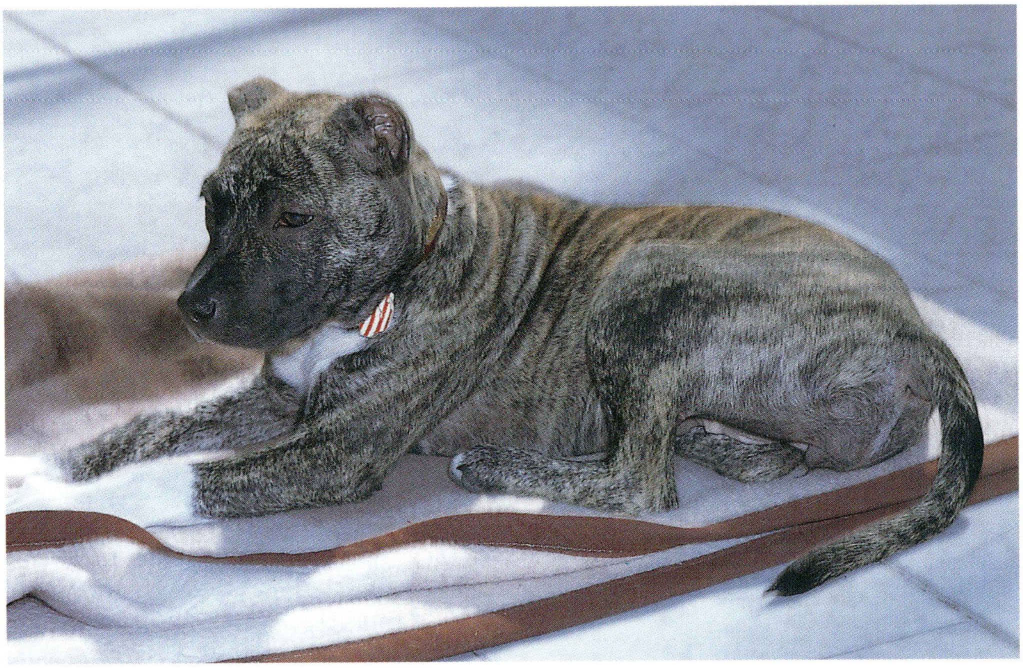

American Staffordshire Terrier

- ***Größe:** 43–48 cm*
- ***Gewicht:** max. 30 kg*
- ***Farbe:** braun gestromt mit weißen Abzeichen*

Dieser Hund stammt von den englischen Rassen Bullterrier und Staffordshire Terrier ab. Wie seine englischen Ahnen ist er in Amerika gezüchtet worden, um in einem „Pit" (einem mit Brettern umgebenen Ring) gegen einen anderen Hund zu kämpfen. Diese Hundekämpfe, die meist mit dem Tod eines der Kontrahenten endeten, waren früher sehr beliebt. Die Hunde waren mit einer solchen Schärfe herangezogen worden, daß sie von sich aus nicht mehr losließen, wenn sie erst einmal zugepackt hatten. Wegen der Kämpfe wurden sie ***American Pitbull, American Bullterrier*** oder auch ***Yankee Terrier*** genannt. Als die Hundekämpfe verboten wurden, hat man aus diesem Beißer einen zuverlässigen, mutigen Wachhund gemacht, der sich in der Familie unterordnet und anhänglich ist. Dafür waren einige Hundegenerationen notwendig, doch der Erfolg blieb nicht aus. Heute zeigen sich die meisten American Pitbull gehorsam, wenn auch manche noch zur Rauferei mit anderen Hunden neigen.

Der muskulöse Hund ist 8–10 cm größer als der englische Staffordshire Bullterrier. Er hat kurzes, festes Haar, das häufig braun gestromt ist. Mehr als 80 Prozent Weiß oder gar völlig weiße Hunde sind nicht erwünscht.

Der Fang dieser Hunde ist kurz, aber sehr kräftig, die Ohren sind entweder halbe Rosen oder zu sogenannten Prickohren kupiert (Ohröffnung liegt frei). Dies wurde früher praktiziert, um bei Kampfhunden zerfetzte Ohren zu vermeiden. Die natürlichen kurzen Kippohren stehen dem American Staffordshire Terrier viel besser. Ohnehin ist das Kupieren bei uns verboten (vgl. Seite 180f.). ■

Teckel

Kurzbeinige Hunde gab es, wie aus Zeichnungen von Pharaonengräbern und Skelettfunden in römischen Siedlungen hervorgeht, bereits vor Jahrtausenden. Ob diese jedoch schon zu den Vorfahren des Dachshundes, kurz Dackel oder Teckel genannt, zu zählen sind, wird sicher nie herauszufinden sein.
Sicher scheint aber, daß die Bracken, die seit alters für die Jagd gebraucht wurden, zu den Urahnen des Dackels gehören. Es gab und gibt denn auch recht kurzbeinige Bracken. Durch Auswahl der kurzbeinigsten von ihnen, aber auch durch eine zufällig aufgetretene und erbfeste Kurzbeinigkeit (Mutation) ist es zur Entstehung des Dachshundes gekommen.

Langhaardackelpärchen, hier in der Züchtung Zwergdackel/Tigerdackel

Langhaardackel und Rauhhaardackel beim klassischen Stöckchenspiel

Dachshund, Teckel, Dackel

- ***Größe:*** *20 – 27 cm*
- ***Brustumfang:*** *28–über 35 cm*
- ***Gewicht:*** *bis über 7 kg*
- ***Farbe:*** *rot, schwarz, braun, schwarz mit roten Abzeichen, rot oder braungrau mit gelben beziehungsweise roten Abzeichen, auch in den Farben „Pfeffer und Salz", Saufarben, ebenso gestromt, gestichelt; sogenannte Tigerdackel haben verschiedenfarbene Flecken und Platten*

Der Jäger erkannte seine Fähigkeiten, in Dachs- und Fuchsbaue hineinzukriechen. Da er ein mutiger und leidenschaftlicher Jagdhund war, erfüllte er diese Aufgabe mit großem Eifer. Von seinen Vorfahren, den Bracken, hat der Dachshund seine ungewöhnlich feine Nase geerbt, ist also auch ein hervorragender Schweiß- und Stöberhund.
Heute ist der Dackel in weit größerer Zahl Haus- und Familienhund. Durch seine Anpassungsfähigkeit findet er sich in jeder Situation zurecht. So ist er lausbübiger Spielkamerad der Kinder, geduldiger Begleiter älterer Menschen und mutiger Wächter.

Der Teckel braucht unbedingt eine konsequente Führung, der er sich gehorsam unterordnet. Spürt er jedoch Unentschlossenheit, nutzt er solche Situationen aus und macht was immer ihm gerade durch seinen Hundekopf schießt. Es ist nicht immer einfach, mit einem Dackel zurechtzukommen, denn seine lustige Schalkhaftigkeit soll ihm ebensowenig abgewöhnt wie Ungehorsam erlaubt werden. Und es ist bei diesem gewitzten, treuherzigen Hund schwer, dazwischen die Grenzen zu ziehen.
Beim Dackel wird nicht die Schulterhöhe gemessen, wenn diese bei normal großen Tieren auch zwischen 20–27 cm liegt. Vielmehr ist der Brustumfang maßgebend, in welche ***Kategorie*** der Hund einzustufen ist. Es gibt neben dem normalen Dackel mit einem Brustumfang von mehr als 35 cm auch ***Zwergdackel*** (im Bild unten als Tigerdackel), die einen Brustumfang von 30–35 cm aufweisen, ferner die sogenannten ***Kaninchendackel*** mit weniger als 30 cm Brustumfang. Kaninchendackel sind klein genug, in Kaninchenbaue zu schlüpfen und deren Bewohner hinauszutreiben, daher der Name.
Trotz seiner kurzen Beine ist der Dackel ein flotter und auch ausdauernder Spaziergänger. Er sollte viel Bewegung bekommen, denn für seinen überlangen Rücken ist es besonders wichtig, daß er fit ist und gestählte Muskeln hat.
Die Farben des Dachshundes sind Rot, Schwarz, Braun, Schwarz mit roten Abzeichen, Rot oder Braungrau mit gelben beziehungsweise roten Abzeichen, „Pfeffer und Salz", Saufarben, Gestromt, Gestichelt.
Die sogenannten ***Tigerdackel*** (im Bild unten als Zwergdackel) haben verschiedenfarbene Flecken und Platten.
Ursprünglich gab es nur ***Kurzhaardackel***. Durch Einkreuzen kleiner, rauhaariger englischer Terrier wurde der ***Rauhhaardackel*** gezüchtet, der sich vor allem bei den Jägern großer Beliebtheit erfreut. Auch der Zwergschnauzer soll daran mitgeholfen haben.
Den ***Langhaardackel***, der übrigens seit langem zu den beliebtesten Haushunden gehört, schuf man durch Einkreuzen des langhaarigen Wachtelhundes und des roten Spaniels. Wenn er in einer Stadtwohnung lebt und täglich viele Stufen zu erklimmen hat, sonst aber wenig Bewegung bekommt, ist das seinem Rücken nicht zuträglich. Dackellähme ist eine gefährliche Krankheit, die die Folge von zu vielem Treppensteigen bei gleichzeitigem Übrgewicht und zu wenig Fitneß sein kann. ■

Links: Saufarbenes Rauhhaardackelpärchen beim Rendezvous auf der Parkbank

Unten: Roter Langhaardackel

Unten: Kurzhaardackel, zugleich Zwerg- und Tigerdackel (diese beiden letzteren „Spielarten"gibt es auch bei allen anderen Dackelschlägen; es gibt also beispielsweise auch Langhaardackel als Tigerdackel und/oder Zwergdackel usw.)

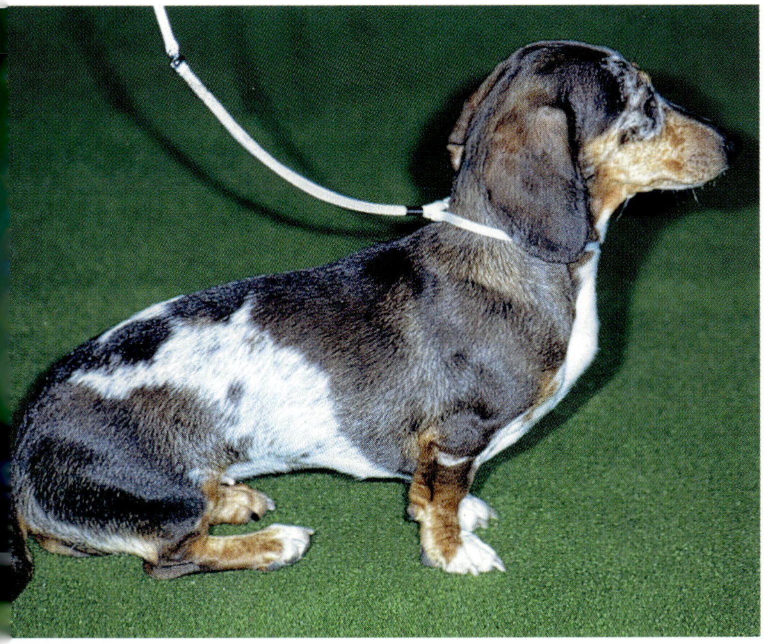

Lauf- und Schweißhunde

Als Lauf- und Schweißhunde werden seit alters bekannte Hunde bezeichnet, die aufgrund ihrer besonders feinen Nase und ihres Jagdeifers auf die Fährten verschiedenen Wildes angesetzt werden. Dessen Spur folgen sie unter heulendem, weithin vernehmbarem Bellen, dem der Jäger meist zu Fuß folgt. Ein anderes Gebell lassen diese Hunde hören, wenn sie das Wild gestellt haben. Besonders die Suche nach angeschossenem Wild gehört mit zu dem Aufgabenbereich dieser Hunde.

Wurde zuvor die Arbeit des speziell dafür ausgebildeten Einzelhunds beschrieben, so gehören auch die in der Meute jagenden Hunde in diese Gruppe. Ihnen folgen zumeist berittene Jägern in roten Röcken. Diese sogenannte Parforcejagd ist eine Hetzjagd, die heute bei uns glücklicherweise verboten ist, mit Wildattrappen und -geruch als Sport aber noch durchgeführt wird. Die Meutehunde wurden in Zwingern aufgezogen und zumeist vom Landadel mit großen Ländereien gehalten. Neben den langbeinigen, größeren Rassen gibt es auch kurzbeinige Schläge des gleichen Typs, die Niederlaufhunde.

Als Welpen ins Haus aufgenommen und liebevoll aufgezogen, können diese Hunde anhängliche Familienhunde werden, die ihren Jagdeifer allerdings kaum ablegen.

Oben links: Portrait eines Beaglerüden
Oben rechts: Bloodhound

Großes Bild: Zwei Dalmatinerhündinnen warten gespannt auf Herrchens Befehl

Basset Hound

- **Größe:** *28–36 cm*
- **Gewicht:** *ca. 30 kg*
- **Farbe:** *stets dreifarbig weiß, rot- oder gelbbraun und schwarz*
- **besondere Merkmale:** *besonders lange Hängeohren*

Mit seinen superlangen Hängeohren, den kurzen, oft auch krummen Beinen und dem langen, walzenförmigen Körper ist der Basset ein Unikum unter den Hunden.
Sein mal distinguiert-überlegener, dann wieder fast ironischer Gesichtsausdruck, dazu sein fröhlich geschecktes Fell in den Farben Rotbraun, Schwarz und Weiß und die Art, wie er sich bewegt, haben etwas Clownhaftes an sich. Er ist treu, lieb und folgsam, kann aber auch so tun, als sei er schwerhörig, besonders dann, wenn er nicht tun mag, was er tun soll.
Im Umgang mit Bassets muß man freundlich, aber auch sehr konsequent sein. Schlau wie er nun einmal ist, nutzt er jede Unsicherheit und Inkonsequenz aus.

Der Basset stammt aus Frankreich, wo er als niedrige Bracke zum Aufstöbern von Wild und zum Hinaustreiben von Fuchs und Dachs aus ihren Bauen verwendet wurde. Derzeit war er aber noch kleiner, drahtiger und nicht ganz so lang wie heute.
In England und in den USA ist er zu dem uns jetzt bekannten und oft belächelten Original herausgezüchtet worden.
Seine Schulterhöhe beträgt 28–36 cm.
Heute ist der Basset kaum noch Jagd-, sondern vielmehr Familienhund. Er ist ein angenehmer Kumpel und lieb zu „seiner" Familie, Fremden gegenüber jedoch zurückhaltend und im Hause wachsam.
Seine Stimme, die der Basset eher selten hören läßt, klingt wie ein ganz tiefes Läuten. ■

Beagle

- **Größe:** *ca. 38 cm*
- **Gewicht:** *10–18 kg*
- **Farbe:** *dreifarbig weiß, schwarz, rot, auch zwei- oder einfarbig*

Als Haus-, Begleit- und Kinderhund hat der Beagle während der vergangenen Jahre erheblich an Beliebtheit gewonnen.

Überall scheint dieser kleine, lustige Hund die Herzen der Menschen im Sturm zu erobern.
In Amerika gehört er schon zu den meistgehaltenen Hunden. Von Jugendlichen läßt er sich leicht führen, wenn er auch seinen eigenen Kopf zuweilen durchsetzen möchte.
Der Beagle ist anhänglich, treu, verträglich im Umgang mit anderen Hunden und immer zu Spiel und Bewegung aufgelegt. Diese sollte ihm reichlich geboten werden, denn als Laufhund bei Jagden auf Hasen und Kaninchen konnte er sich jederzeit nach Herzenslust austoben.
In England ist er bereits im 15. Jh. für die Jagd auf Kleinwild, wie Kaninchen usw., gezüchtet worden, denn es gibt Überlieferungen, daß der Beagle zu den Favoriten Königin Elisabeths I. (1533–1603) zählte.
Über seine Abstammung und Herkunft gibt es keine genaueren Hinweise, die Aufschluß geben. Den Beagle gibt es in zwei Formen, den normalen mit einer Schulterhöhe von ca. 38 cm und den ***Zwergbeagle,*** der nicht mehr als 33 cm messen darf.
Das Fell des Beagles ist meistens schwarz-weiß-rot, kann aber auch zwei- beziehungsweise einfarbig sein, jedoch stets mit weißer Rutenspitze. ■

Bloodhound

- ***Größe:** 64–72 cm*
- ***Gewicht:** 35–49 kg*
- ***Farbe:** schwarz mit roten Abzeichen, auch rot oder gelbrot mit schwarzen Abzeichen*

Schon im 11. Jh. ist der Bloodhound nach zuverlässigen Überlieferungen durch die Normannen nach England gekommen. Seitdem ist er dort rein weitergezüchtet worden. Sein Name soll darauf hindeuten, daß er von altem, reinem Blut ist, aber auch auf seinen hervorragenden Spürsinn verweisen. Es heißt nämlich, der Bloodhound habe den besten Geruchssinn aller Hunde. So wird er auf Fährten angeschossenen Wildes angesetzt, das Blutstropfen (Schweiß) verliert. Bei der Suche zeigt sich der Bloodhound als unfehlbar.
Eins ist dieser Hund mit dem traurigen Gesichtsausdruck auf keinen Fall: ein blutrünstiger Angreifer. Vielmehr ist er sehr gutmütig, freundlich und liebevoll, auch Kindern gegenüber. Als Haus- und Begleithund eignet er sich allerdings nur dort, wo Haus und Grundstück groß genug für sein ausgiebiges Bewegungsbedürfnis sind. Wegen seiner hervorragenden Nase wird der Bloodhound in England bei der Jagd sowie als Polizei- und in Schottland als Lawinenhund eingesetzt.
Die Schulterhöhe des Bloodhound beträgt 64–72 cm. Das harte Kurzhaar ist meistens schwarz mit roten Abzeichen. Weiße Flecke auf Stirn, Brust und Läufen sind zulässig. ■

Deutsche Bracke

- **Größe:** *max. 39 cm*
- **Gewicht:** *ca. 15 kg*
- **Farbe:** *rot und gelb, weiße Abzeichen (Blesse, weißer Fang, Brust), weißer Halsring unbedingt erwünscht*
- **besondere Merkmale:** *schwarzer Sattel und weißer Halsring, weiße Rutenspitze*

Erst im Jahre 1955 wurden durch den „Deutschen Brackenclub" die vielen verschiedenen Brackenschläge unter der Bezeichnung Deutsche Bracke zusammengefaßt und für diese ein Standard aufgestellt.

Gemäß dieses Standards soll die Bracke eine Schulterhöhe unter 40 cm aufweisen. Das Kurzhaar ist sehr dicht und hart und soll die Farben Rot und Gelb haben. Dabei sind als weiße Abzeichen eine Blesse, der Fang, die Brust und ein Halsring erwünscht.

Ein schwarzer Sattel soll ebenfalls als Rassekennzeichen für die Deutsche Bracke dazugehören. Die Läufe und die Rutenspitze sind wiederum weiß.

Früher wurden Bracken in Meuten gehalten und hatten die Aufgabe, das Wild mit Spurlaut zu jagen und es auf diese Weise dem Jäger zuzutreiben.

Ähnlich wie Foxhound und Beagle wurden Bracken auch für die Parforcejagd eingesetzt, bei der sie das Wild bis zur Erschöpfung hetzten und die Jäger zu Pferde folgten.

Glücklicherweise ist diese völlig unwaidmännische Jagdweise mittlerweile verboten.

Heute wird die Bracke meistens einzeln als vielseitiger Helfer des Jägers gehalten. Dabei kommen ihm ihr ausgezeichneter Geruchssinn, ihre Jagdleidenschaft und ihr unüberhörbarer, voller Spurlaut sehr zugute.

Dalmatiner

- ***Größe:** 56–61 cm*
- ***Gewicht:** 27 kg*
- ***Farbe:** schwarz-weiß, auch braun-weiß*
- ***besondere Merkmale:** typische schwarz-weiße Zeichnung*

Obwohl der Dalmatiner ein Laufhund ist, läßt sich bei ihm kaum noch Jagdeifer erkennern. Nur selten wird er daher noch jagdlich abgerichtet. Dagegen fühlt er sich als Familienhund wohl, der treu und anpassungsfreudig ist. Er benimmt sich tadellos und lernt sehr bald, was von ihm erwartet wird. Für die Stadtwohnung ist der Dalmatiner zu empfehlen, wenn ihm ausreichend Bewegung verschafft wird. Gern läuft er neben seinem radfahrenden oder reitenden Besitzer her. Als Wachhund ist der Dalmatiner brauchbar, doch ist er nicht scharf und bellt wenig. Kindern gegenüber ist er geduldig, doch wenig verspielt. Ein etwas reservierter, aber unproblematischer Hund also. Der typische „Hundegeruch" ist bei ihm kaum wahrnehmbar.

Der Namen Dalmatiner deutet zwar auf die Abstammung des Hundes hin, doch belegbar ist dies nicht. Bekannt ist lediglich, daß er im 19. Jahrhundert in Frankreich und England als Begleithund für Kutschen, oft zu mehreren, verwendet wurde. In Amerika war er ebenfalls bald beliebt und vor allem als Begleiter der Feuerwehren gesehen.

Heute ist er in ganz Europa und Nordamerika ein beliebter Haushund.

Wie schon erwähnt, ist das kurze, dichte Fell des Dalmatiners weiß und trägt möglichst gleichmäßig verteilte schwarze oder braune Tupfen. Die Hängeohren dürfen mehr Schwarz aufweisen, der Kopf sollte dagegen weniger stark gezeichnet sein. Die Rute wird in elegantem Bogen nach oben getragen. Mit einer Schulterhöhe von 56–61 cm und einem Gewicht von 27 kg beim Rüden ist der Dalmatiner ein gut mittelgroßer Hund. Hündinnen sind 2–5 cm kleiner und bis 3 kg leichter. ■

Vorstehhunde

Große schwarzweiß getüpfelte Münsterländerhündin

Gordon Setter (Rüde)

Einige unserer bekanntesten Jagdhunde sind die sogenannten Vorstehhunde. Das bedeutet, daß sie Nieder- oder auch nur Federwild nach der Suche mit erhobener Nase nicht hetzen bzw. aufscheuchen, sondern ihm vorstehen. Diese ungeheure Gehorsamsleistung bedeutet, daß sie stehenbleiben, anstatt das aufgespürte Wild zu hetzen, was jeder andere Hund instinktiv tun würde. Mit ihrem überaus feinen Geruchssinn finden Vorstehhunde dagegn nicht nur das Wild, sondern zeigen auch konzentriert und in typischer Pose dem Jäger an, wo es sich befindet. Erst auf einen entsprechenden Befehl hin stoßen sie voran, um das Wild auffliegen bzw. fortlaufen zu lassen. Nach dem Schuß suchen und apportieren die meisten Vorstehhunde auch das Wild. Von den britischen Vorstehhunden, den Settern und dem Pointer, wird das meistens nicht verlangt, sondern dafür Spaniels oder Retriever eingesetzt.

Die kontinentalen Vorstehhunde erhalten in der Regel eine vielseitigere Ausbildung, folgen angeschossenem Wild, stellen, töten und bringen es dem Jäger, oder sie rufen ihn durch ihr Gebell herbei. Auch Wasserarbeit leisten diese Hunde hervorragend.

Darüber hinaus erweisen sich die attraktiven und eleganten Vorstehhunde als sehr freundlich und anhänglich. So werden sie heute viel zahlreicher als Familien- und Begleithunde gehalten als für die Jagd. Mit diesem Leben scheinen sie auch ganz zufrieden, vor allem die Setter sowie der Kleine Münsterländer, solange ihnen ausreichend Bewegung, Apportier- und Suchspiele geboten werden. Zudem wollen diese körperlich robusten, aber recht sensiblen Hunde mit sanfter Hand geführt werden – dann tun sie alles für ihr geliebtes Herrchen oder Frauchen.

Kleiner Münsterländer

- ***Größe:*** *48–56 cm, Hündin 44–52 cm*
- ***Gewicht:*** *ca. 24 kg*
- ***Farbe:*** *weiß mit braunen Flecken und Platten*

Dies ist, worauf sein Name bereits hindeutet, der kleinere Bruder des Großen Münsterländers, der immerhin eine Schulterhöhe von bis zu 65 cm erreicht und ein weißes Fell mit schwarzen Abzeichen und Platten hat.
Weil er besonders häufig in der Lüneburger Heide gehalten und zur Jagd auf Federwild, vor allem auf Wachteln, eingesetzt wurde, erhielt er auch den Namen ***Heidewachtel***.
Münsterländer sind für den Einsatz sowohl als Vorsteh-, Apportier-, als auch als Stöber- sowie als Fährtenhund gleichermaßen gut geeignet.
In letzter Zeit ist der Kleine Münsterländer immer mehr zu einem Haus- und Begleithund geworden.
Er scheint sich in dieser Rolle durchaus wohlzufühlen, solange er regelmäßig ausreichend Auslauf und Beschäftigung bekommt.
Er ist sehr kinderlieb und freundlich, und bei richtiger Erziehung kann er sogar ein guter Wachhund werden, obwohl diese Aufgabe nicht gerade zu den Stärken eines Jagdhundes gehört.
Der Kleine Münsterländer hat eine Schulterhöhe von 48–56 cm beim Rüden und 44–52 cm bei der Hündin.
Das lange gewellte, aber anliegende Haar ist weiß mit braunen Flecken und Platten.
Wie unterschiedlich die Zeichnung sein kann, zeigen die beiden Bilder von Münsterländern auf dieser Seite:
Im großen Bild links ist ein ein leberbrauner Münsterländerrüde mit weißen Abzeichen abgebildet.
Das Bild unten zeigt eine ebenfalls leberbraune Münsterländerhündin mit weißen Abzeichen. ■

Großer Münsterländer

- ***Größe:*** *58–65 cm*
- ***Gewicht:*** *ca. 28 kg*
- ***Farbe:*** *weiß mit schwarzen Flecken und Platten*

Die langhaarigen Stöberhunde Karls des Großen und die altdeutschen Habichtshunde sollen zu den Vorfahren des Münsterländers gehören.
Habichtshunde, auch Vogelhunde oder Wachtelhunde genannt, hatten die Aufgabe, bei der Jagd mit Habichten oder Falken das Wild aus dem Gebüsch aufzustöbern, damit die Greifen es schlagen konnten.
Der Große Münsterländer ist also eine alte Rasse mit hervorragenden Fähigkeiten als Stöber-, Vorsteh- und Apportierhund. Trotzdem war er gegen Ende des vorigen Jahrhunderts sehr selten geworden. Im Laufe der letzten 30 Jahre hat man Große Münsterländer jedoch wieder häufiger zu Gesicht bekommen, vor allem in Niedersachsen und im Münsterland.
Liebhaber dieses bildschönen Jagdhundes sind von seinen Charaktereigenschaften und seinem Wesen begeistert. Er ist sehr treu, aufmerksam, lerneifrig und von ruhiger, ausgeglichener Art. Wachsamkeit gehört ebenso zu seinen Tugenden wie Kinderliebe.
Damit er sich rundum wohlfühlt, braucht der Große Münsterländer viel Auslauf und eine gute Ausbildung.
Die Haltung dieses gut mittelgroßen Hundes sollte möglichst seinen natürlichen Veranlagungen entgegenkommen. Sein Haar ist dicht anliegend, lang und etwas wellig. Die Farbe des Großen Münsterländers ist weiß mit schwarzen Flecken und Platten. Die Rute wird waagerecht getragen und ist „befedert", bildet also eine Fahne. ■

Deutsch Drahthaar

- ***Größe:*** *60–65 cm*
- ***Gewicht:*** *30 kg*
- ***Farbe:*** *braun oder braunschimmel sowie schwarz oder schwarzschimmel*

Diese mit dem Deutsch Kurzhaar nahe verwandte Rasse geht auf alte deutsche Bracken und rauhhaarige Hütehunde zurück.

Im vorigen Jahrhundert waren diese Hunde aufgrund der Bevorzugung englischer Vorstehhunde fast in Vergessenheit geraten.
Durch eine scharfe Zuchtauslese und vor allem durch schwere Leistungsprüfungen begann man zu Anfang unseres Jahrhunderts den zuverlässigen, widerstandsfähigen Gebrauchshund für die Jäger zu züchten.
Inzwischen ist der Deutsch Drahthaar bereits häufiger als der Deutsch Kurzhaar anzutreffen.
Im Charakter ist der Deutsch Drahthaar äußerst zuverlässig. Für seinen Herrn tut er alles. Er ist außerdem sehr kinderlieb und paßt sich im Haus so gut an, daß er kaum zu bemerken ist, geschweige denn stört. Fremden gegenüber ist er mißtrauisch aufmerksam.
Das Haarkleid des Deutsch Drahthaar ist dicht und drahtig mit einer weichen, feinen Unterwolle. Die Farben sind meistens ein unauffälliges Braun, Braunschimmel und Schwarzschimmel. Die Schulterhöhe soll zwischen 60 und 65 cm betragen.
Als weitere deutsche Vorstehhunde sind der ***Deutsch Langhaar*** und der ***Deutsch Stichelhaar*** bekannt, doch recht selten anzutreffen. In der Größe und im Wesen ähneln sie den beiden beschriebenen Rassen. ■

Deutsch Kurzhaar

- ***Größe:*** *60–70 cm*
- ***Gewicht:*** *27–32 kg*
- ***Farbe:*** *braun bis schwarz, oft mit weißen Platten oder Tupfen, auch weiß mit braunen/schwarzen Platten oder Tupfen*

Der bekannteste und häufigste der deutschen Vorstehhunde ist der Deutsch Kurzhaar. Er ist schon seit dem 17. Jh. bekannt und war damals bis Mitte des vergangenen Jahrhunderts ein schwerer und recht ruhiger Hund mit Brackenblut.
Bei allen Arten der Jagd war der Deutsch Kurzhaar stets zuverlässig. Durch das Einkreuzen englischer Setter und Pointer wurde er schneller, beweglicher und temperamentvoller. Er avancierte schließlich sogar zum idealen Jagdhund für die Feldarbeit und zeichnete sich durch seine flotte, weite Suche, ferner durch sicheres Vorstehen sowie zuverlässiges Apportieren aus. Und genauso kennen und schätzen Liebhaber dieser Rasse heute den Deutsch Kurzhaar.
Am wohlsten fühlten sich Hunde dieser Rasse damals wie heute bei ihrer Arbeit. Der Deutsch Kurzhaar ist nämlich nicht als Haus- und Begleithund gedacht, er braucht eine solide Ausbildung und die Nutzung seiner Fähigkeiten.
Seinem Herrn gegenüber ist der Deutsch Kurzhaar treu verbunden und gehorsam. Den anderen Familienmitgliedern gegenüber ist er freundlich und ruhig im Umgang, aber darüber hinaus auch ein sehr zuverlässiger Wächter.
Der Deutsch Kurzhaar ist ein großer, kraftvoller und schlanker Hund. Die Farben seines kurzen, dichten und harten Haarkleides sind Braun bis Schwarz, oft mit weißen Platten und Tupfen oder weiß mit braunen oder schwarzen Platten oder Tupfen.
Bei schwarzen Hunden ist manchmal gelbbraune Gesichts- und Pfotenzeichnung zu sehen, der sogenannte Brand. ■

Weimaraner

- **Größe:** *57–70 cm*
- **Gewicht:** *28–39 kg*
- **Farbe:** *einfarbig (hell)grau*
- **besonderes Merkmal:** *graues glänzendes Kurzhaar*

Am Hofe von Weimar wurden seit Ende des vorletzten Jahrhunderts große graue Jagdhunde gezüchtet, die sogenannten Weimaraner.
Lange waren diese außerordentlich fähigen Jagdhunde fast ausschließlich in Jägerkreisen bekannt und unverkäuflich.
Heute ist diese hübsche Hunderasse weitverbreitet. Besonders häufig trifft man die Weimaraner in den USA an.
Die Vorzüge dieses Hundes sind natürlich in erster Linie seine hervorragenden Jagdfähigkeiten. Er hat eine sehr feine Nase, ist ein guter Vorstehhund, ein zuverlässiger Apportierhund, sicherer Fährtenhund und ein schneller Stöberer.
Wo er nicht als Jagdhund gehalten wird, sollte er unbedingt adäquate Aufgaben bekommen. Zudem braucht der Weimaraner sehr viel Auslauf. ■

English Setter

- **Größe:** *60–68 cm*
- **Gewicht:** *25–30 kg*
- **Farbe:** *weiß mit schwarzen, gelben oder leberfarbenen Tupfen*

Der English Setter ist die älteste und ursprünglichste Setterrasse. Schon vor vielen Jahrhunderten machte man sich in England seine Jagdleidenschaft zunutze. Stöbern und Pointen auf Federwild sind seine Spezialität: Während sich das Wild drückt und auf den Hund achtet, kann sich der Jäger anschleichen.
Jagdliche Betätigung ist für diesen Hund ideal; hat er diese nicht, sollte man ihm zumindest viel Auslauf und Platz bieten, damit er seine Instinkte ausleben kann. Ein großer Garten ist die Mindestvoraussetzung für die Haltung des English Setters.
Seiner Familie ist er sehr zugetan und fühlt sich erst wohl, wenn er alle Angehörigen in seiner Nähe weiß. Typisch für diesen Hund ist das „Bettmachen", bevor er sich zur Ruhe legt. Selbst im Haus dreht er sich vorher an die zwanzigmal auf der Stelle. Das lange, seidige und gewellte Haar ist weiß mit schwarzen, gelben oder leberfarbenen Tupfen. Oft sind auch größere Flecke in den genannten Farben vorhanden, vor allem am Kopf und auf der Oberseite. Die gut befederte lange Rute wird waagerecht getragen. Zuchterfolge durch die Engländer Edward Laverack und R.L. Purcell Llewellin prägten den Standard dieser bildschönen Rasse. ■

Gordon Setter

- **Größe:** *58–68 cm*
- **Gewicht:** *23–32 kg*
- **Farbe:** *schwarz mit hellen oder dunklen rötlich-braunen Abzeichen*

Dieser große, schlanke Hund, der seinen Namen dem Herzog von Gordon verdankt, gehört zu einer altschottischen Setterrasse, die schon gegen Ende des 18. Jh. gezüchtet wurde. Bloodhounds und Collies soll er das besondere Aussehen und die vielen guten Eigenschaften verdanken. Bekannter wurde dieser schöne Setter allerdings erst, nachdem der 1927 gegründete „British Gordon Setter Club" einen Standard aufstellte und die Zucht förderte. Heute ist dieser Setter längst nicht nur in seinem Heimatland sehr beliebt, sondern auch bei uns. Natürlich fällt dieser glänzend-schwarze, elegante Hund mit den hell- oder kastanienbraunen oder auch mahagoniroten Abzeichen auf, erreicht er doch eine Schulterhöhe von 58–68 cm und ein Gewicht von 23–38 kg. Das Fell ist weich und seidig glänzend, gerade oder leicht gewellt. Die Behänge an der gerade nach hinten getragenen Rute, an der Rückseite der Läufe sowie an Brust und Hinterhand sind besonders lang. Ein weißer Brustfleck ist erlaubt.

Als Jagdhund ist der Gordon Setter sehr vielseitig und zuverlässig. Er kann sowohl apportieren wie auf der Fährte gehen. Seine größte Stärke liegt jedoch im Vorstehen, das er mit großer Geduld, Vorsicht und Zielsicherheit auszuüben vermag. Eine besonders gute Nase hat er für Federwild, dessen Verstecke er aus erstaunlicher Entfernung aufspürt.

Der Gordon Setter ist angenehm und ruhig, dabei aufmerksam und sehr anhänglich. Das macht ihn zu einem guten Haus- und Begleithund.
Seiner Bewegungsfreudigkeit sollte Rechnung getragen werden. Er braucht also viel Auslauf. Apportier- und Suchspiele helfen dabei, daß seine speziellen Eigenschaften nicht verkümmen. ■

Irish Setter

- **Größe:** *58–66 cm*
- **Gewicht:** *23–28 kg*
- **Farbe:** *rotbraun*

Der Irish Setter ist ein wunderschöner, eleganter und temperamentvoller Hund. In seiner Heimat Irland kam er früher fast ausschließlich gescheckt vor, und er ist dort heute noch häufig weiß und rotbraun gescheckt anzutreffen.
Bei uns in Deutschland ist der Irish Setter nur noch in der einfarbig roten Form zu finden.

Der Irish Setter zeichnet sich durch eine Menge guter Charaktereigenschaften aus. So ist er treu und anhänglich, sehr lebhaft, schnell, intelligent, stets zu Spaß und Spiel bereit.
Der Irish Setter ist von Natur aus kein besonders guter Wachhund, sondern muß erst dazu erzogen werden. Fremden gegenüber ist er in jedem Falle mißtrauisch und zurückhaltend.
Wichtig ist, daß man dem Irish Setter eine ebenso liebevolle wie konsequente Erziehung angedeihen läßt. Andernfalls könnte seine Jagdleidenschaft nämlich schnell mit ihm durchgehen, besonders dann, wenn er bei einem Spaziergang auf heiße Spuren stößt.
Der Spürsinn des Setters ist erstaunlich. Besonders Federwild bemerkt er schon aus verhältnismäßig weiter Entfernung. Als sicherer Vorsteh- und Apportierhund eignet er sich in jedem Fall als ein hervorragender Helfer des Jägers.
Als anhänglicher Haus- und Begleithund ist er ebenfalls sehr gut geeignet, solange man mit viel Auslauf und ihm entgegenkommenden Spielen (wie beispielsweise Such- und Apportierspiele) dafür Sorge trägt, daß seine hervorragenden Eigenschaften nicht ganz verkümmern. ■

Pointer

- **Größe:** *60–70 cm*
- **Gewicht:** *25–30 kg*
- **Farbe:** *meist weiß mit braunen, schwarzen, gelben oder orangen Platten und Tupfen; auch einfarbig*

„To point" heißt „zeigen" oder „hinweisen". Damit ist klar, für welche Aufgabe der Pointer gezüchtet wird. Er sucht mit seiner feinen Nase die Schlupfwinkel des Federwildes. Mit erhobener Nase, angehobener Vorderpfote und nach oben gerichteter Rute zeigt der Pointer dem Jäger, wo das Wild sich versteckt hält. Diese Eigenart ist ihm angeboren. Welpen beginnen oft schon mit 2–3 Monaten vorzustehen. Jäger wissen dieses Talent zu fördern, so daß der Pointer bald ein unentbehrlicher Helfer ist. Oft wird er auch zum Apportieren ausgebildet.
Als Vorfahr des Pointes wird der spanische Perdiguero angesehen. Gegen Ende des 17. Jh. kamen diese Vorstehhunde nach England. Durch Einkreuzen französischer Laufhunde und Foxhounds erhielt der Pointer sein jetziges Aussehen. Pointer sind recht unterschiedlich von Statur. Das trifft auch für die Farbe seines kurzen, harten glänzenden Fells zu.
Den Pointer nur als Haus- und Begleithund zu halten, ist nicht sinnvoll. Er braucht häufigen und ausgedehnten Auslauf.
Der Pointer sollte Gelegenheit haben, seine jagdlichen Fähigkeiten auszuleben. Wird er zu absolutem Gehorsam erzogen und möglichst an langer Leine geführt, kann er in Parks, in Grünanlagen und an Feldwegen Vögeln und Wildkaninchen vorstehen, ohne diese zu beunruhigen. Im Haus ist der Pointer ruhig, angenehm, anhänglich und kinderlieb. ■

Apportier-,

Stöber- und Wasserhunde

Junger Labrador Retriever

Gut aufs Gehorchen trainiert. Diese Golden Retriever scharen sich gehorsam um ihr Frauchen

Zu dieser Jagdhundgruppe werden die Retriever, die Spaniels sowie spezielle Wasserhunde gezählt, obgleich sich alle diese Hunde mit Begeisterung ins Wasser stürzen. Das Apportieren ist diesen Hunden angeboren, muß jedoch durch ständige Übungen verfeinert werden. So muß das vom Jäger erlegte Nieder- oder Federwild auf Befehl geholt und auf direktem Weg gebracht werden. Dafür setzt sich der Hund vor seinen Herrn und läßt dieses erst auf Kommando in die Hand des Hundeführers los. Es wird ferner darauf Wert gelegt, daß der Hund das Wild mit „weichem Maul" bringt, es also nicht zerbeißt oder zerdrückt.

Wichtig ist, das Apportieren schon früh mit dem Junghund zu üben, zuerst mit Stöckchen, Bällen oder Apportierholz. Auch versteckte Gegenstände sollte der Hund suchen und apportieren. Schließlich wird die Suche und das Apportieren auch auf das nasse Element ausgedehnt.

Das Stöbern, wenn auch angeboren, muß den Hunden ebenfalls beigebracht werden. Sie müssen das Wild selbständig in einem bestimmten Gebiet aus dem Dickicht auf den Jäger zutreiben. Dabei geben die Hunde ein läutendes Bellen von sich, den sogenannten Spurlaut.

Die meisten Vertreter dieser Gruppe werden heute als Familien- und Begleithunde verwendet. Die schönen, fröhlichen und anpassungsfähigen Hunde sind leicht zu halten und kinderlieb, brauchen allerdings sehr viel Bewegung und Beschäftigung. Einigen, so dem Golden und dem Labrador Retriever, konnten Aufgaben als Melde- und Sanitäts- und Lawinenhunde, als Polizei-, und Zollhunde übertragen werden. Manche von ihnen haben Ertrinkenden oder nach Erdbeben Verschütteten das Leben gerettet. Manche werden auch zu hervorragenden Blindenhunden.

Chesapeake Bay Retriever

- ***Größe:*** *53–65 cm*
- ***Gewicht:*** *29–34 kg*
- ***Farbe:*** *strohgelb, auch hell- bis mittelbraun und schokoladenbraun*

Dieser Hund ist in Europa nur selten zu finden. Seine Heimat ist Nordamerika, genauer die Chesapeake Bay an der Atlantikküste des amerikanischen Bundesstaates Maryland. Dort strandete im Jahre 1807 angeblich ein aus England kommendes Schiff, auf dem sich zwei Hundewelpen befanden. Diese sollen dem damaligen Neufundländer ähnlich, jedoch von rotbrauner Farbe gewesen sein.
Durch Kreuzungen mit dem blonden Labrador erhielt man einen sehr zuverlässigen Jagdhund, der sich vor allem für die Jagd auf Enten hervorragend eignete.
Der Chesapeake Bay Retriever war und ist für das Apportieren von Federwild selbst aus eisigkalten Gewässern bestens geeignet. Sein Fell hat zu diesem Zweck eine äußerst dichte Unterwolle, die ihn warm hält. Zusätzlich ist das Deckhaar leicht ölig und damit wasserabstoßend.
Der bis zu 65 cm (Schulterhöhe) große Chesapeake Bay Retriever ist als Jagdhund vielleicht etwas langsam, doch kann man sich auf ihn verlassen, da er sich durch nichts von der Erfüllung seiner Aufgaben abhalten läßt. Mit seiner Gemütsruhe und Ausgeglichenheit, die er vom Labrador wie vom Neufundländer geerbt haben mag, ist er ein überaus angehnehmer Begleiter, zudem sehr anhänglich, treu und ein angenehmer Haushund.
Die Farbe seines leicht welligen Fells reicht von Strohgelb über Hell- und Mittelbraun bis hin zum Schokoladenbraun. ■

Cocker Spaniel

- **Größe:** *42 cm, Hündin 37 cm*
- **Gewicht:** *12–15 kg*
- **Farbe:** *nahezu alle Farbschattierungen von Weiß bis Schwarz, einfarbig, gescheckt oder getupft; besonders häufig: blond und „Blauschimmel"*

Mit seinem seidenweichen, glatten Haar, seiner zärtlichen Anhänglichkeit und Verspieltheit ist der Cocker Spaniel sehr beliebt. Nicht sehr groß und sehr anpassungsfähig, läßt sich der Cockerspaniel gut in einer Stadtwohnung halten. Er braucht aber viel Bewegung.
Besonders liebt er Such- und Apportierspiele. Durch Spiel und Spaß kann so vermieden werden, daß Ihr Hausgenosse zum trägen Dickerchen wird. Das Fell verlangt tägliche Pflege, ebenso die langen Ohren. Er haart verhältnismäßig stark.
Die feuchten, großen Augen des Cocker Spaniels können so unschuldsvoll blicken, daß eine konsequente Erziehung vernachlässigt wird.
Genau diese aber ist für ihn unbedingt notwendig. Vor allem muß sein starker Jagdtrieb kontrolliert werden. Ist er erregt, neigt der Cocker zu vermehrtem Speichelfluß.
Der Cocker Spaniel stammt ebenso wie die anderen Spaniels wahrscheinlich von spanischen Hunden ab. Erst zu Beginn unseres Jahrhunderts ist er als eigenständige Rasse anerkannt worden. ■

English Springer Spaniel

- **Größe:** *50 cm*
- **Gewicht:** *22–25 kg*
- **Farbe:** *weiß mit schwarzen oder braunen Platten und Tupfen oder auch lohfarbenen Abzeichen*

Als altenglische Stöberhunderasse ist der English Springer Spaniel schon aus der Zeit des Mittelalters bekannt.
Bei der Beizjagd mit Falken und Habichten hatte er das Federwild aufzuja-

gen. Das machte er mit einem Sprung, was ihm den Namen eingebracht hat. Beim Stöbern in seiner eigenartigen Gangart, (Vorderläufe schwingen von der Schultern heraus nach vorn), ist er mit ganzem Herzen dabei. Er apportiert das geschossene Wild zuverlässig. Seit Anfang des Jh. ist der English Springer Spaniel auf Hundeausstellungen zu sehen. Stets zeigt sich dieser angenehme Haus- und Begleithund freundlich, unternehmungslustig, temperamentvoll und intelligent. Er bellt wenig. Seine Schulterhöhe beträgt rund 50 cm. Damit ist der Springerspaniel der größte dieser Rassengruppe. Er bringt es auf ein Gewicht von mindestens 25 kg. Sein Haar ist dicht und anliegend, weich, doch wetterfest. Die Farbe ist Weiß mit schwarzen oder braunen Platten und Tupfen oder lohfarbenen Abzeichen, vor allem im Gesicht. Auch alle anderen Spanielfarben sind anerkannt. ■

Golden Retriever

- **Größe:** *51–61 cm*
- **Gewicht:** *27–34 kg*
- **Farbe:** *goldbraun*

Der Schotte Lord Tweedmout fand einst in einem Wurf schwarzer Wavy Coatet Retriever einen goldgelben Welpen. Dieser wurde mit einem leberfarbenen Wasserspaniel verpaart. In Generationen harter Auswahlzucht entstand der Golden Retriever, wie wir ihn heute kennen. Er ist nicht nur ein hervorragender Apportierhund, sondern ebenso ein anhänglicher, lieber und gehorsamer Haus- und Familien- hund. Sogar zum Blindenhund eignet er sich. Sein goldfarbenes, halblanges und leicht wellige Haar verschafft dem Golden Retriever immer mehr Liebhaber. Das Fell ist dicht und wasserabweisend. Es darf nur goldbraun in verschiedenen Nuancen sein, aber nicht rotbraun oder gelb. ■

Labrador Retriever  

- ***Größe:** 54–57 cm*
- ***Gewicht:** 25–34 kg*
- ***Farbe:** schwarz, schokoladenbraun oder gelb*

Um 1835 kamen die ersten Labrador Retriever von Neufundland nach England. Dort erkannte man schnell den äußerst feinen Geruchssinn und die Wasserfreudigkeit dieses Hundes (rechts und oben links, mit Golden Retriever).
Da er viel Freude am Apportieren hat, wurde der stattliche Hund zum Spezialisten ausgebildet und weitergezüchtet: zum Retriever von geschossenem Nieder- und Federwild (vor allem von Enten u. a. Wasservögeln). Er scheut auch keine ausgedehnte Nachsuche in sumpfigem Gelände. Wegen seiner Intelligenz und Dressurfähigkeit werden Labrador Retriever gern zu zuverlässigen Polizei-, Zoll- und Blindenhunden ausgebildet.
Als Haushund ist der Labrador Retriever ausgesprochen angenehm. Er ist anhänglich, treu und sehr kinderlieb, sogar ein guter Wächter, wenn ihm genügend Mißtrauen gegenüber Fremden beigebracht wird. Trotz seiner kräftigen Statur ist der Labrador Retriever sehr temperamentvoll. Sein Haar ist kurz und dicht wie bei einem Otter, die Farbe oft schwarz, aber auch schokoladenbraun oder gelb. Häufig ist ein weißer Fleck auf der Brust. ■

Windhunde

Italienisches Windspielpärchen

Freundschaft kennt keine Rassenunterschiede! Afghanischer Windhund mit Yorkshire Terrier

Wer je die Gelegenheit hatte, Windhunde genauer kennzulernen und zu beobachten, der wird es gemerkt haben: Dies sind Hunde alter Rassen, gefestigt im Charakter, edel und zurückhaltend. Sie haben nur eine Leidenschaft, das Rennen!

Mit ihren Menschen verbindet sie eine große Liebe und Freundschaft. Sie sind folgsam, doch lassen sie sich nicht gern zu etwas zwingen. Was sie tun sollen, tun sie für ihren Herrn freiwillig – aus „Überzeugung" oder als Liebesdienst. Sie sind es durch Jahrhunderte gewohnt, Teil der Familie und wichtigster Partner und Begleiter des Menschen zu sein.

Vor mehr als 5000 Jahren wurden in Ägypten die zuweilen als heilig verehrten Pharaonenhunde auf vielen Darstellungen und als Mumien festgehalten. Ob sie zu den Ahnen der Wind- und der Laufhunde gehörten, ist unklar. Wann sich der Windhund vom Nasen- zum Sichttier gewandelt hat, wäre zur Beantwortung dieser Frage entscheidend.

Windhunde machten zusammen mit ihrem Herrn Jagd auf schnellfüßiges Wild und haben dadurch wesentlichen Anteil an der Ernährung der Familie gehabt. In Arabien und den großen Steppen- und Wüstengebieten Vorderasiens, woher die „südlichen" Windhundrassen stammen, wurden diese Hunde als Geschenk Allahs angesehen und entsprechend behandelt, ja verehrt.

Die Windhunde haben in den Steppen und Wüsten gejagt. Dazu war weniger eine Stöbernase notwendig, als vielmehr scharfe Augen, um das Wild schon in

Können diese Augen lügen?! – Irish Wolfhound beim Frontalangriff auf Frauchens entschiedenes „Nein, du hast genug Leckerlis gehabt!"

großer Entfernung erkennen zu können und ihm auf kürzestem Wege zu folgen. Auch heute noch wird auf der Rennbahn der „Hase" – zumeist ein helles Schafsfellstück – auch mit den Augen erfaßt.
Das Laufvermögen der Windhunde ist ihrem Körperbau zu verdanken. Muskeln, Sehnen, feine Glieder, eine tiefe Brust und der aufgezogene Bauch sind die sichtbaren Garanten ihrer Schnelligkeit. Dazu sind die inneren Organe, wie Herz und Lunge, groß und kräftig, der Schädel ist lang und schmal, gleichsam windschnittig.
Ihr Renneifer wird nicht selten derart übermächtig, daß Windhunde in einem unbewachten Moment auf die Rennbahn stürmen und einfach an einem gerade stattfindenden Rennen „teilnehmen" oder ganz allein eine Runde drehen.
Bei den Rennen der Sieger bringen es die Greyhounds auf über 60 Stundenkilometer. Sie legen die Rennstrecke von 480 Metern in weniger als 30 Sekunden zurück.
Bei den Windhundrennen konkurrieren jeweils nur Hunde der gleichen Rasse und des gleichen Geschlechts, da die Rassen unterschiedlich schnell und die Hündinnen etwas langsamer als die Rüden sind. Außer Windhundbegeisterten, die ihre Hunde trainieren und Rennen laufen lassen, sollten nur solche Hundefreunde einen Windhund halten, die sportlich sind und ausreichend Zeit und Freude daran haben, ihm tägliches strammes Laufen zu ermöglichen. Windhunde sind nicht nur elegante Begleiter beim Spazierengehen, sondern die „Hochleistungssportler" unter den Hunden. Werden Muskeln, Sehnen und Organismus der Windhunde nicht regelmäßig und ausreichend beansprucht, werden aus den edlen, stolzen und kraftvollen Tieren regelrechte „Ritter von der traurigen Gestalt".
Die Kynologen sind sich bis heute nicht darüber einig, ob die Windhunde einer oder zwei Urformen entstammen. Meinen die einen, alle Windhunde kämen aus Mesopotamien, dem Gebiet zwischen Euphrat und Tigris, so vermuten andere, es müsse außer der südöstlichen oder orientalen Form auch eine westliche oder okzidentale Form gegeben haben. Letztere sollen die Stammformen des Irish Wolfhound und des Deerhound gewesen und von den Kelten auf die britischen Inseln gebracht worden sein. Von diesen seien sie mit Galliern, Römern und Griechen aus den südrussischen Steppen gekommen. ■

Afghanischer Windhund

- **Größe:** *63–74 cm*
- **Gewicht:** *23–27 kg*
- **Farbe:** *alle Farben zulässig; häufig sandgelb*

Diese imposante Rasse kann auf eine lange Geschichte zurückblicken. Sie wurde für die Jagd auf Bergschafe und Gazellen eingesetzt und mußte mit Wölfen und anderen Raubtieren kämpfen. Die Stärke dieses Windhundes liegt in seiner Ausdauer. Er ermüdet das Wild bei einer Hatz über viele Kilometer. Seit einem Jahrhundert gibt es den Afghanischen Windhund auch in Europa. Er wird vor allem als eleganter Begleithund gehalten. Sein federnder Gang und sein langes Haar begeistern viele Liebhaber. Wichtig ist, daß er genügend Bewegung bekommt und nicht als Dekorationsstück gehalten wird. Er muß sich austoben können, was am besten beim Windhundtraining oder neben dem Fahrrad gelingt.
Am häufigsten kommt der Afghane in Sandgelb vor, doch sind alle anderen Farben zugelassen von Reinweiß bis Schwarz. ■

Saluki

- **Größe:** *58–71 cm*
- **Gewicht:** *18–25 kg*
- **Farbe:** *grau, graubraun, weiß, sandgelb, fuchsrot, rotbraun, tabakbraun und schwarz*

Seine überaus hohe Wertschätzung erlangte der in seiner persischen Heimat *Tazy* genannte Saluki, weil er als Hasen- und Gazellenjäger nicht selten Ernährer der Familie war.
Zu Beginn der zwanziger Jahre kam dieser schnelle Windhund erstmals nach Europa. Besonders auf Windhundrennbahnen ist er regelmäßig anzutreffen, wo er durch seine superschlanke Figur und sein schönes Haarkleid auffällt. Schwarze Hunde haben häufig lohbraune Abzeichen im Gesicht und an den Läufen. Das Haar ist seidig und im allgemeinen kurz. Nur die Hängeohren haben lange Behänge. Vorder- sowie Hinterläufe und die Rute sind befedert. Salukis brauchen viel und schnelle Bewegung.
Das Laufen am Fahrrad sollte diesem schnellen Hund mindestens geboten werden, am besten wäre regelmäßiges Windhundtraining. Im Haus ist der Saluki ruhig, angenehm und, im Gegensatz zu den meisten anderen Windhunden, wachsam. Seiner Familie gegenüber zeigt er sich sehr anhänglich und liebevoll. ■

Sloughi

- **Größe:** *ca. 68 cm, Hündinnen ca. 65 cm*
- **Gewicht:** *20–27 kg*
- **Farbe:** *sandgelb bis rotbraun, auch dunkel gestromt oder schwarz mit lohfarbenen Abzeichen*

Bei den Beduinen Nordafrikas und Arabiens ist ein großer, kurzhaariger Windhund zu Hause, der Hängeohren und zumeist eine dunkle Gesichtsmaske hat. Er ähnelt dem befiederten Saluki, ist jedoch in der Regel etwas kräftiger gebaut.
Der Sloughi ist ein derat schneller und ausdauernder Jäger, daß er ebenso problemlos wie der Saluki Hasen und Gazellen erbeuten kann. Früher hielten die Familien oder Stämme mehrere dieser für sie lebenswichtigen Hunde. Heute sind sie – wie bedauerlicherweise auch das Wild – selten geworden.
In den Farben der Wüste, von Sandgelb bis Rotbraun, ist der Sloughi meistens zu sehen. Er kann aber auch dunkel gestromt und sogar schwarz mit rotbraunen Abzeichen sein.
Die Schulterhöhe eines Rüden ist mit 68 cm ideal, die der Hündin mit 65 cm. Im Wesen und Charakter sowie seinem Bewegungsbedürfnis stimmt der Sloughi weitgehend mit dem Saluki überein. ■

Galgo Español

- ***Größe:** 60–71 cm*
- ***Gewicht:** 20–30 kg*
- ***Farbe:** zimt, beige, kastanienbraun, rot, schwarz und gestromt, Kombination dieser Farben, auch mit Weiß*

Dieser große, elegante Windhund stammt aus Spanien und wird daher auch *spanischer Windhund* genannt.
Der Galgo Español fällt durch seine Größe sofort auf. Nachdem der Galgo Español 1971 international als Rasse anerkannt wurde, gelten 65 cm Schulterhöhe für den Rüden und 60 cm für die Hündin als Idealmaß. Dadurch gleicht er in der Größe dem Greyhound, unterscheidet sich jedoch im Temperament. Bei Rennen ist der Galgo Español oft zu stürmisch und beginnt während des Rennens mit seinen Rivalen zu streiten. Dieses Verhalten, das beim disziplinierten Greyhound so gut wie nie vorkommt, führt natürlich zur Disqualifikation. Bei der Hetzjagd ist der Galgo Español ganz in seinem Element. Der Hase ist dabei das bevorzugte Wild.
Nicht nur im Aussehen ähnelt der Galgo Español dem Greyhound, er hat auch die gleichen Ahnen. Schon vor ca. 2000 Jahren sind diese Urwindhunde mit den Kelten nach Spanien gekommen. ■

Barsoi

- ***Größe:** 66–82 cm*
- ***Gewicht:** 34–48 kg*
- ***Farbe:** weiß bis gold, rot bis grau und schwarz; oft gestromt mit dunklen Streifen über dem Rücken; auch gescheckt in Weiß und Rot, Gelb, Grau, Braun oder Schwarz*

In Rußland wurden Barsois schon viele Jahrhunderte lang am Hofe der Zaren und auf den Gütern der Fürsten und Großgrundbesitzer als Jagdhunde gehalten. Diese Hunde jagten in Meuten oder paarweise Wölfe, Füchse und Hasen, aber auch Hirsche.
Ende des vergangenen Jahrhunderts kamen die ersten Barsois nach Deutschland, wo sie bald viele Freunde fanden. Heute allerdings sieht man sie nicht mehr so häufig, da Barsois verhältnismäßig anspruchsvoll in Haltung und Pflege sind.
Diese großen Hunde brauchen nämlich nicht nur viel Platz und Auslauf, sondern sie stellen auch hinsichtlich ihrer Ernährung und Pflege recht hohe Anforderungen.

Der Barsoi eignet sich also nicht für eine Stadtwohnung. Er braucht ein großes Haus mit Garten und täglich stundenlangen, flotten Auslauf. Am besten ist, wenn er regelmäßig in Hunderennen eingesetzt wird.
Das Wesen dieses Hundes ist geprägt von großer Gelassenheit und Ruhe.
Von seiten seines Herrn benötigt der Barsoi viel Aufmerksamkeit und Liebe. Fremden gegenüber bleibt er gleichgültig und bellt fast nie.
Die tägliche Pflege des langen seidigen, gewellten oder gelockten Haarkleides erfordert viel Zeit und geschieht am besten mit Kamm, Bürste sowie einem feuchtem Ledertuch. Besonders das dichte Schmuckhaar an Brust, Hinterseite der Läufe und an der Rute benötigt viel Aufmerksamkeit.
Die Farben des Barsois reichen von Weiß über Gold und Rot bis Grau und Schwarz. Häufig sind gestromte Tiere, bei denen dunkle Streifen über den Rücken verlaufen. Auch gescheckte Barsois in Weiß und Rot, Gelb, Grau, Braun oder Schwarz sind nicht selten. Die Schulterhöhe beträgt beim Rüden 70–82 cm und mehr, bei der Hündin 66–77 cm und mehr.
Auf der linken Seite/rechte Spalte sehen Sie eine weiße Barsoihündin, unten das Portrait eines schwarzweißen Rüden. ■

Deerhound

- **Größe:** *ab 76 cm, Hündinnen ab 71 cm*
- **Gewicht:** *38–48 kg, Hündinnen 30–36 kg*
- **Farbe:** *dunkel-blaugrau, grau, gelb, fahlrot; auch gestromt*

Bei dieser Rasse handelt es sich um den ***Schottischen Hirschhund***, der schon Anfang des 16. Jh. in der britischen Literatur erwähnt wird. Vermutlich ist er aber weitaus länger bekannt und bei Hofe für die Jagd auf Rehe, Dam- und Rothirsche gehalten worden.
Im vorigen Jahrhundert war der Deerhound sehr selten. Inzwischen sieht man ihn wieder häufiger, und zwar nicht nur in seiner Heimat, sondern auch in ganz Europa und in Amerika. Der Deerhound ist ein ruhiger, anhänglicher Windhund, außerdem gehorsam und zurückhaltend. Bei diesen Eigenschaften darf aber nicht vergessen werden, daß er von Natur ein Hetzhund ist, der viel Bewegung braucht. Als reiner Begleithund, der in der Stadtwohnung gehalten wird, eignet er sich nicht. Vielmehr sind ein Garten, ausgedehnter Auslauf und Renntraining erforderlich, damit er weiterhin gesund und zufrieden bleibt.
Das Haar ist zottig. Weiße Abzeichen, ganz besonders am Kopf, sind nicht erwünscht. ■

Irish Wolfhound

- **Größe:** *71–91 cm*
- **Gewicht:** *ca. 42–64 kg*
- **Farbe:** *grau, gestromt, rot gelblich, schwarz oder weiß*

Der Irische Wolfshunderüde ist der größte zur Zeit lebende Hund. Hündinnen dieser Rasse dürfen etwa 10 cm kleiner und 13 kg leichter sein.
Der einstige Irische Wolfshund, der schon zur Zeit der römischen Besetzung Irlands erwähnt wurde, scheint in der ersten Hälfte des vorigen Jahrhunderts ausgestorben zu sein.
Um 1860 begann der Züchter Graham die Rasse neu zu entwickeln. Mit wolfshundblütigen Hunden, Deerhonds, Deutschen Doggen und Barsois schaffte er es innerhalb von zwanzig Jahren, den rauhhaarigen heutigen Irischen Wolfshund herauszuzüchten. Ob diese Rasse früher genauso ausgesehen hat oder glatthaarig gewesen ist, darüber streiten die Kynologen heute allerdings noch immer.
Für die Haltung dieses riesigen Hundes muß ein großes Grundstück zur Verfügung stehen. Außerdem braucht der Irish Wolfhound täglich viel Auslauf neben dem Fahrrad oder dem Pferd.
In der Wohnung ist er ruhig und unaufdringlich. Er benimmt sich gut, ist sehr lieb und sensibel. ■

Greyhound

- **Größe:** *70–76 cm*
- **Gewicht:** *um 30 kg*
- **Farbe:** *alle Farben erlaubt; weißgescheckt, gestromt*

Schon 4000 Jahre v. Chr. wurden in Ägypten Hunde gehalten, denen der Greyhound fast völlig gleicht. Dieser ist zwar in England beheimatet, seine Vorfahren müssen aber aus dem östlichen Mittelmeerraum dorthin gekommen sein. Schon zur Zeit Königin Elisabeths I. (zweite Hälfte des 16. Jahrhunderts) gab es erste Windhundjagden nach festen Regeln. Seitdem nahm die Beliebtheit der Hunderennen und damit die des Greyhounds ständig zu. Heute werden vor allem in England, Irland, den USA und in Australien regelmäßig Windhundrennen durchgeführt, zumeist mit enormem Wettbewerb.
Der Greyhound gilt als der schnellste Hund. Er kann kurzzeitig Geschwindigkeiten von über 60 km pro Stunde erreichen.
Wer einen Greyhound halten möchte, sollte Spaß am Rennsport haben. Als reiner Haus- und Begleithund ist er ungeeignet.
Viel Platz und Bewegung sind Grundvoraussetzungen für die Haltung dieses Hundes, der im Umgang eher zurückhaltend ist, auch seinem Herrn gegenüber; mit Kindern hat er nicht viel im Sinn. Er will lieber seine Ruhe.
Der Greyhound hat ein kurzes, feines und dichtes Haarkleid. Alle Farben sind erlaubt, auch weißgescheckt und gestromt. ■

Whippet

- **Größe:** *44–51 cm*
- **Gewicht:** *max. 13 kg*
- **Farbe:** *alle Farben erlaubt; auch gestromt*

Mitte des 19. Jh. wurden Whippets von englischen Bergleuten aus kleinen Greyhounds und schlanken Terriern gezüchtet. So entstand der „Windhund des kleinen Mannes". Während die Greyhounds auf professionellen Rennbahnen liefen, blieben die Whippets auf Amateurbahnen. Ihrer Wettleidenschaft konnten die Briten auch dort frönen. Mit dem späteren Einkreuzen des Italienischen Windspiels wurde der Whippet noch schlanker, schneller und eleganter.

Es ist selbstverständlich, daß dieser lauffreudige, temperamentvolle Hund viel und schnelle Bewegung braucht. Am besten ist, sich anderen Windhundfreunden anzuschließen, damit der Hund ein richtiges Training erhält. Im Haus verhält er sich ruhig. Der Whippet hängt mit großer Liebe und Treue an seinen Besitzern. Sein glattes, glänzendes Kurzhaar macht ihn pflegeleicht.
In der Farbe gibt es keine Vorschriften, Rotbraun, Gelb, Grau, Blau und Gestromt sind am häufigsten anzutreffen, aber auch Schecken in diesen Farben. Von Schwarz bis Weiß ist alles erlaubt. ■

Italienisches Windspiel

- **Größe:** *32–38 cm*
- **Gewicht:** *max. 5 kg*
- **Farbe:** *grau, rot- oder auch sandbraun bzw. schwarz oder auch gescheckt; oft mit weißen Abzeichen an der Brust und an den Pfoten*

Diese kleinste Rasse der Windhunde ist in Deutschland verhältnismäßig selten anzutreffen.
Das Italienische Windspiel ist ein äußerst graziler, schmaler und zerbrechlich anmutender Hund. Und doch ist er ein ganzer „Kerl", was sich nicht nur auf der Rennbahn zeigt, wo er ein Tempo vorlegt, das man ihm nicht zutrauen würde.
Wenn auch äußerst schlank, so zeigt er sich doch muskulös wie ein edles Rennpferd.
Die Farbe seines kurzen, weichen und glänzenden Fells ist Grau, Rotbraun oder Sandbraun. Manche Tiere sind auch schwarz oder gescheckt. ■

Gesellschafts- und Begleithunde

Nach strengen kynologischen Gesichtspunkten müßten die Kleinhunde, die in diesem Kapitel zusammengefaßt sind, als Zwergformen der Stöberhunde, der Hirtenhunde oder anderer Rassengruppen in den entsprechenden Kapiteln eingeordnet sein.
Da ihre Zuordnung jedoch schwer ist, bei einigen durch Kreuzungen die Eigenschaften verschiedener Gruppen vereint wurden, sollen sie hier als das aufgeführt werden, was sie heute sind: kleine Haushunde, die vor allem als Gesellschafter dienen. Das kann eine sehr wichtige Aufgabe sein, zum Beispiel wenn so ein Hündchen einem älteren Menschen der einzige Partner ist. Dann übt er eine ebenso wichtige Funktion aus, wie einer der großen Hunde als Wach-, Blinden-, Zoll-, oder Polizeihund. Seine liebevolle geduldige Anwesenheit und Treue machen für einen alleinlebenden Menschen das Leben oft erst wieder sinnvoll und erträglich.
Der Kleinhund kann in jeder Wohnung gehalten werden und kommt mit wenig Nahrung aus, ist in der Haltung also erschwinglich. Er kann in der Regel gut geführt werden, ist nicht zu stark und zu wild. Was für ältere Menschen gesagt wurde, gilt auch für Kinder, ferner für jeden, der gern einen Hund besitzen möchte, jedoch die Voraussetzungen für die Haltung einer größeren Rasse nicht hat. Kleinhunde sind keineswegs verzärtelt. Sie sind hart, ausdauernd, lebhaft und oft erstaunlich langlebig.
Sie sind nicht nur treu, lieb und anschmiegsam, sondern auch sehr wachsam und mit feinen Sinnen ausgerüstet. Sie können sich also auch vielseitig nützlich machen.
Manche der hier zusammengefaßten Kleinhunde haben eine jahrtausendealte Geschichte. Im alten China, in Tibet, in Ägypten, in Mexiko, im alten Griechenland und Rom kannte man schon die Klein- oder Zwerghunde, die heute so beliebt sind.

Stolze Gewinner! Silberner und weißer Zwergpudel mit Siegerschleife, in der Mitte ein schwarzer Zwergpudel

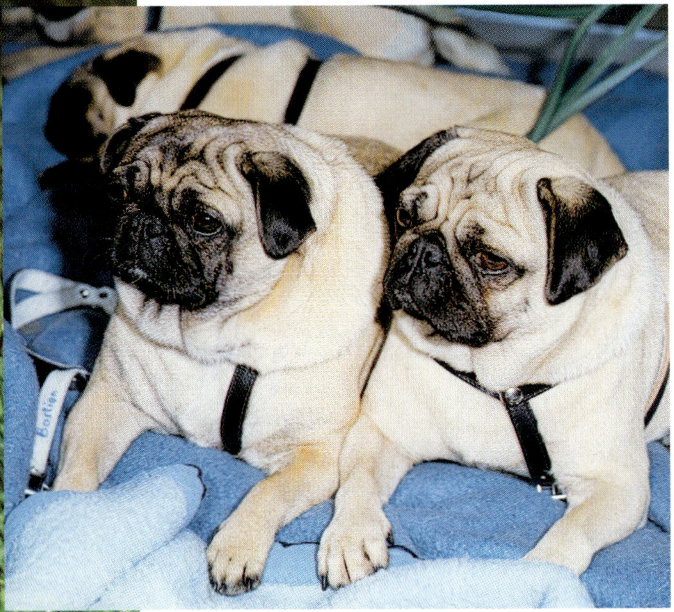

Warten auf den großen Auftritt im Schauring – Möpse, silberfalb mit schwarzer Maske

Pudel

- **Größe:** *Groß-, Königspudel 45–60 cm Kleinpudel 35–45 cm Zwergpudel 28–35 cm Toypudel max. 28 cm*
- **Gewicht:** *nicht festgelegt*
- **Farbe:** *weiß, schwarz, braun, silber, apricot; neuerdings auch blau oder als Schecken, so in „Black and Tan“ oder als „Harlekin“*

Der Pudel ist dank seiner lebhaften und fröhlichen Art, seiner hohen Intelligenz, seiner Anhänglichkeit und Treue zum beliebtesten und meistgehaltenen Rassehund geworden. Seine Gelehrigkeit und leichte Erziehbarkeit sind sprichwörtlich.
Ebenso wie sein Charakter begeistern die verschiedenen Farben dieser Hunderasse, die rein und leuchtend sein müssen. Und schließlich gibt es Pudel sozusagen für jede Wohnung passend – vom Königspudel, der sich in einer großen Wohnung bzw. in einem Haus mit Garten wohlfühlt, bis hin zum Toypudel, der auch mit einer kleinen Wohnung vorliebnimmt. Daß beide dazu regelmäßigen Auslauf brauchen, versteht sich von selbst.

Das herrlich weiche und reine Wollhaar des Pudels bedarf häufiger Pflege. Erst durch eine fachmännische Schur kommt die Schönheit dieses anmutigen und stolzen Hundes voll zur Geltung.
Der Pudel im „Löwenschnitt“ war mit kleinen Abänderungen bis 1945 die einzige Pudelschur, die von den Pudelklubs und auf Ausstellungen als Standard anerkannt wurde. Sie heißt darum auch heute noch Standardschur. Vor allem bei Wettbewerben sieht man diese „klassische“ Schur. In den dreißiger Jahren wurde in Frankreich die „Royal-Dutch-Schur“ und in den vierziger Jahren in Deutschland die „Karakulschur“ herausgebracht. Beide sind heute kaum noch zu finden, doch waren sie Wegbereiter für die jetzt beliebte **„Modeschur“** (siehe Großpudel links). Sie hat seit 1960 auch international volle Anerkennung auf den Ausstellungen gefunden. Die Standard- wie die Modeschur erfolgen etwa alle vier bis sechs Wochen. Im Winter werden die zu scherenden Partien etwas länger stehengelassen. Tägliches Bürsten und Kämmen ist ebenfalls notwendig. Dann verliert er in der Wohnung keine Haare. Andernfalls bleiben abgestoßene Haare in der Wolle stecken und müssen ausgekämmt werden.
Die Rassemerkmale und -eigenschaften sind bei allen Pudelgrößen gleich. Darum ist besonders dem mittelgroßen Pudel oft nicht anzusehen, ob er einerseits ein Großpudel oder andererseits ein Zwergpudel ist. Entscheidend hierbei ist einzig das Zentimetermaß.
Der ***Groß- oder Königspudel*** darf eine Schulterhöhe zwischen 45–55 cm (international) und zwischen 45–60 cm (in Deutschland) haben. Er ist ein imponierender Wach- und Begleithund, der auch die Schutzhundausbildung spielend absolviert. Der

Großpudel braucht entsprechend viel Platz: Eine große Wohnung und möglichst auch ein Garten sollten vorhanden sein. Dazu ist mindestens ein täglicher ausgedehnter Spaziergang mit der Möglichkeit, sich richtig auszutoben, für diesen großen Hund unerläßlich.

Der ***Kleinpudel*** (oben links) erreicht eine Schulterhöhe von 35–45 cm, ist also ein mittelgroßer Hund, der sich noch gut als zuverlässiger Wach- und Begleithund eignet. Er kommt jedoch mit weniger Platz aus und benötigt auch nicht ganz so ausgedehnte Spaziergänge wie der Großpudel.

Der ***Zwergpudel*** (unten rechts), mit einer Schulterhöhe von 28–35 cm, fühlt sich selbst in der kleinsten Wohnung wohl. Er braucht zwar auch seinen täglichen Auslauf, um gesund zu bleiben, doch müssen die Spaziergänge nicht so ausgedehnt sein. Bei ihm sind auch die Ernährung und die Haarpflege billiger als bei seinen größeren Brüdern.

Toypudel (oben rechts) kommen aus England und haben eine Schulterhöhe von weniger als 28 cm. Damit wirken sie tatsächlich wie Spielzeughunde, worauf der englische Name ja auch hinweist. Toypudel kommen nicht nur in den bekannten Farben vor, sondern oft auch in „Black and Tan" und als bunte Schecken. Sie sehen darum recht lustig aus und haben schon viele begeisterte Liebhaber gefunden. Da sie von der Größe her regelrechte Schoßhunde sind, besteht die Gefahr, daß sie verwöhnt und verweichlicht werden. Das sollte man auf jeden Fall vermeiden, da auch diese Kerlchen sich am wohlsten fühlen, wenn sie wie „echte" Hunde behandelt werden. ■

Kromfohrländer

- **Größe:** *38–46 cm*
- **Gewicht:** *12–14 kg*
- **Farbe:** *weiß mit braunen Platten*

Nach 1945 paarte eine Hundeliebhaberin im Siegerland, Flurbezeichnung „Kromfohr", einen Zwerggriffon-Rüden mit einer Foxterrierhündin. Die Nachkommen waren bemerkenswerte Hunde, die in ihrer Erscheinung und Form zwischen den Eltern standen. Sie waren stockhaarig und von weißer Farbe mit braunen Platten. An Augen und Ohren sind braune Flecken erwünscht, die Rutenspitze und der Rutenansatz sollen ebenfalls braun sein. Nachdem durch mehrere Generationen das Erscheinungsbild gefestigt war, wurde die Rasse durch den „Verband für das Deutsche Hundewesen" und die „Fédération Cynologique Internationale" anerkannt.
Im Wesen ist der Kromfohrländer sehr ausgeglichen, anspruchslos und anhänglich. Er zeigt keinerlei Jagdpassion, sondern ist ein aufmerksamer, intelligenter Haus- und Begleithund, der Haus, Garten und seine Familie bewacht und energisch verteidigt.

Mops

- **Größe:** *25–32 cm*
- **Gewicht:** *ca. 6–7 kg*
- **Farbe:** *silbergrau, gelbbraun, beige, schwarz; schwarze Gesichtsmaske und schwarze Ohren*

Woher dieser kleine stämmige Hund mit dem sorgenvoll erscheinenden Gesichtsausdruck stammt, ist ungeklärt. Vermutlich haben holländische Kaufleute ihn zur Zeit des Mittelalters von China mitgebracht. Da dort kurzfängige Hunde sehr beliebt waren (wie Pekinese und Chow-Chow), wird die Heimat des Mopses wahrscheinlich auch das Reich der Mitte gewesen sein.
In Europa wurde der Mops zum Modehund der Rokokozeit. Als Schoßhündchen verhätschelt und überfüttert mußte er andererseits als Karikatur für Fettsucht und Faulheit herhalten. Daß es auch anders geht, bewies man in England, wo man den Mops als lebhaften und beweglichen Hund hält. Er ist ein anhänglicher, spielfreudiger und intelligenter Haus- und Begleithund, der gern wandert und dabei eine erstaunliche Ausdauer zeigt. Oft hat der Mops einen dunklen Haarstrich entlang des Rückens. Sein kurzes Haar ist pflegeleicht. Durch die „eingedrückte" Nase läßt er bei Erregung ein Schnarchen hören.

Französische Bulldogge, Bully

- **Größe:** *25–30 cm*
- **Gewicht:** *ca. 7–14 kg*
- **Farbe:** *weiß, dunkelgestromt oder auch weiß mit gestromten Platten*
- **besondere Merkmale:** *breiter, eckiger Kopf, Stupsnase, hochstehende Fledermausohren*

Diese kleine Dogge sieht wie ein Kraftprotz en miniature aus. Für seine Größe ist er ein Schwergewicht. Trotz seines gedrungenen Körperbaus ist der „Bully" jedoch sehr beweglich und lebhaft. Er hat ein unglaubliches Springvermögen.

Sein Fell ist kurz, fein und glänzend. Oft haben weiße Hunde dunkle Flecken, dunkle Hunde wiederum einige weiße Flecken.
Der Bully hat ein sehr freundliches Wesen und ist ein sehr liebenswürdiger, aufmerksamer Familienhund. Er ist sehr kinderlieb und läßt sich beim Spiel allerhand gefallen. Für Haus und Garten ist er ein vortrefflicher Wachhund. Wie der Name sagt, kommt die Rasse aus Frankreich.
Dieser Hund ist aus der Englischen Bulldogge, der Bordeauxdogge und dem Mops herausgezüchtet worden. ■

Malteser

- **Größe:** *21–26cm*
- **Gewicht:** *2–3kg*
- **Farbe:** *weiß*

Dieser kleine weiße Hund, der nach der bekannten Mittelmeerinsel benannt wurde, war schon zu Zeiten der alten griechischen und römischen Reiche bekannt und beliebt. Er besaß schon damals die Gunst der Damen, wohl vor allem seines langen seidigen Haarkleides wegen. Sonst ist er alles andere als ein Schoßhündchen, sondern gern und viel draußen, selbst bei Regen und Schnee. Soll er dennoch „salonfähig" aussehen, macht die Pflege des langen und seidenweichen Fells täglich viel Arbeit (oben im Bild ein ungekämmter Malteser – mit ebensoviel Charme).
Der Malteser ist ein verspielter Hund, der gern mit Kindern herumtollt. Er läßt sich aber nicht alles gefallen und kann auch zuschnappen, er sollte deshalb mit Kleinkindern nicht unbeaufsichtigt gelassen werden. Fremden gegenüber ist er sehr mißtrauisch, manchmal sogar scharf.
Häufiges Gebell zu vermeiden, ist weitgehend Erziehungssache.
Sein Haar kann bei guter Pflege eine Länge von etwa 30 cm erreichen, wird aber von dem lebhaften kleinen Kerl meistens sehr abgenutzt. ■

Papillon

- ***Größe:*** *20–28 cm*
- ***Gewicht:*** *max. 5kg*
- ***Farbe:*** *rot, braun oder weißgescheckt*
- ***besondere Merkmale:*** *wie Schmetterlingsflügel geformte, abstehende und befiederte Ohren*

Obwohl dieser kleine grazile Hund einen französischen Namen hat, der Schmetterling bedeutet, wurde er wahrscheinlich in Spanien oder Mexiko gezüchtet. Er war an den spanischen und französischen Höfen sehr beliebt, unter anderem ein Favorit des Sonnenkönigs.
Heute wird der Papillon in allen westeuropäischen Ländern gezüchtet, vornehmlich in Belgien, den Niederlanden und auch in Frankreich. Sein Haar ist dicht, lang und etwas derb. Es erreicht eine Länge von 7,5 cm, an der Rute sogar von 15 cm.
Das Gesicht, der Fang, die Vorderseite der Läufe und die Beine unterhalb des Knies bleiben allerdings kurzhaarig. Es sind jedoch alle Farben zugelassen, solange der Nasenspiegel schwarz ist.
Trotz seiner Feinheit ist der Papillon ein sehr wachsamer und mutiger Hund. Er ist intelligent und gehorsam, kann aber ohne die richtige Erziehung echt eigensinnig werden.
Es gibt, und das sogar im gleichen Wurf, neben dem stehohrigen Papillon auch die hängeohrige Spielart, die *Phalène* genannt wird, aber auch *Kontinentaler Zwergspaniel*. Doch mit einem Spaniel hat er höchstens seine Färbung gemeinsam. ■

Cavalier King Charles Spaniel

- ***Größe:*** *30–33 cm*
- ***Gewicht:*** *5–8 kg*
- ***Farbe:*** *rotbraun oder weiß mit rotbraun oder dreifarbig (weiß, rotbraun und schwarz) oder schwarz mit rotbraun*

Diese Rasse ist der eigentliche englische Jagdspaniel, wie er schon vor Jahrhunderten am englischen Hofe gezüchtet wurde.
Er ist größer als die sogenannten Toyspaniels, die durch die Einkreuzung von Möpsen rundköpfig und kurzschnäuzig sind und etwa 28 cm groß werden.
Im Wesen macht der Cavalier King Charles Spaniel seinem Namen alle Ehre.
Er ist zurückhaltend, ruhig, freundlich und ganz „Kavalier", vor allem seinem Frauchen gegenüber. Diesem und den anderen Familienmitgliedern ist er treu ergeben.
Wenn er auch jetzt, bei seiner neuerlichen Popularität, vor allem als Haus- und Familienhund gehalten und geschätzt wird, so hat er seine jagdlichen Qualitäten durchaus noch nicht verloren. Er ist dem Jäger ein intelligenter, behender und zuverlässiger Gehilfe. ■

Boston Terrier

- **Größe:** *38–43 cm*
- **Gewicht:** *leicht 6,5 kg, mittel: 9 kg, schwer max. 11,5 kg*
- **Farbe:** *gestromt oder schwarz mit Weiß*

In der zweiten Hälfte des vorigen Jahrhunderts schuf man in Nordamerika aus Englischen, Französischen Bulldoggen und Bullterriern diesen Hund. Er wurde anschließend für Hundekämpfe in Boston und Umgebung gezüchtet. Diese gehören glücklicherweise längst der Vergangenheit an, und der Boston Terrier avancierte zu einer Art amerikanischen Nationalhundes. 1893 wurde diese Hunderasse offiziell vom „American Kennel Club" anerkannt.
Klug, furchtlos, dazu charmant, anhänglich und kinderlieb, eignet sich der Boston Terrier hervorragend zum Haus- und Familienhund.
Sein Bewegungsdrang hält sich in Grenzen.
Es gibt ihn in ***drei Gewichtsklassen*** (Leicht-, Mittel- und Schwergewicht, siehe oben).
Ruhe und Lebhaftigkeit verbinden sich bei ihm zu einem ausgeglichenen Charakter. ■

Chihuahua

- **Größe:** *15–23 cm*
- **Gewicht:** *0,5 –3,5 kg*
- **Farbe:** *alle Farben sind erlaubt, einfarbig, gefleckt oder gesprenkelt*

Dies ist der kleinste Hund der Erde. Er stammt aus der mexikanischen Provinz Chihuahua, von der er seinen Namen erhalten hat. Schon zu Zeiten der Azteken soll es ihn gegeben haben. Über die USA und England kam er schließlich nach Mitteleuropa.
Obwohl der Chihuahua aus einem Land kommt, in dem er Wärme gewöhnt ist, fühlt er sich in unserem rauhen Klima ebenso wohl. Er sollte also auf keinen Fall verweichlicht werden, braucht also weder gestrickten Pullover oder Westen noch Regenjäckchen. Es genügt völlig, ihn nach einem Spaziergang bei kaltem Wetter abzufrottieren und eine Weile in einem warmen, zugfreien Raum zu lassen.
Chihuahuas gibt es kurz- und langhaarig.
So winzig der Chihuahua auch ist, so mutig zeigt er sich Fremden gegenüber.
Er eignet sich gut für die kleine Wohnung und kann auch älteren Menschen ein aufmerksamer und anhänglicher Gefährte sein. Wenn er nicht verhätschelt wird, kann er mehr als ein Jahrzehnt lang ein munterer Begleiter und Wächter des Menschen sein. ■

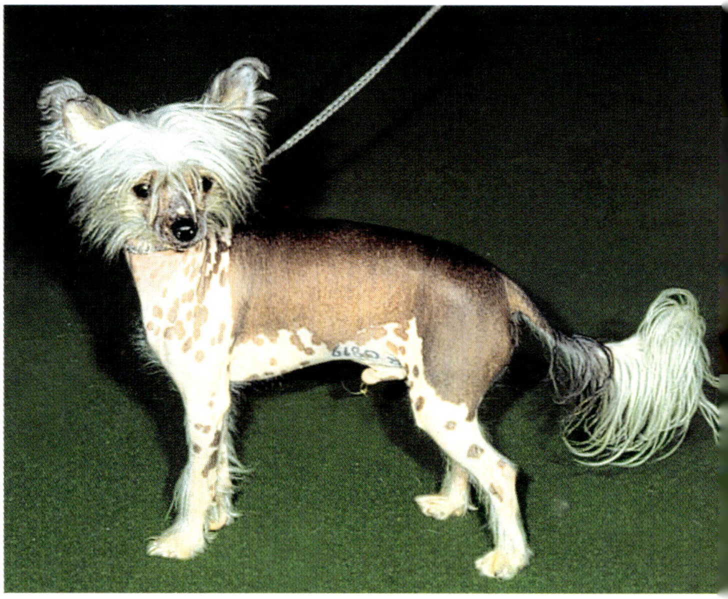

Inca Orchid Dog

- **Größe:** *40–50 cm*
- **Gewicht:** *9–12 kg*
- **Farbe:** *alle Hautfarben erlaubt, weiße Hunde mit leberfarbener Zeichnung bevorzugt*
- **besondere Merkmale:** *größter Nackthund*

Dieser schlanke, elegante Nackthund wird auch *Perro sin Pelo del Peru* genannt. In Peru soll er schon von den Inkas gehalten und als heilig verehrt worden sein. Kynologen vermuten jedoch, daß diese recht junge Rasse ebenso wie der Mexikanische Nackthund und der Chinesische Schopfhund vom Abessinischen Sandterrier (ebenfalls nackt) abstammt. Erst mit Beginn des Schiffsverkehrs sind Nackthunde wahrscheinlich nach China und nach Mexiko gelangt. Von der in Mexiko gezüchteten Rasse soll der Inca Orchid Dog abstammen.

Der Inca Orchid Dog überragt die anderen Nackthunde um 10–20 cm, und er wiegt fast das Doppelte. Selbst am Schwanzende und auf dem Kopf ist er völlig haarlos.

Der Inca Orchid Dog ist fröhlich, gutmütig und ruhig. Bellen oder Heulen bekommt man nur bei höchster Erregung zu hören. Seine Widerstandskraft, auch bei kühlem Wetter, ist erstaunlich. Das verdankt er zum Teil seiner erhöhten Körpertemperatur, die auch bei den anderen Nackthunden zu finden ist. ■

Chinesischer Nackthund

- **Größe:** *23–33 cm*
- **Gewicht:** *2–5 kg*
- **Farbe:** *hautfarben, grau, schwärzlich; zuweilen dunkle Flecke auf heller Haut*
- **besondere Merkmale:** *Nackthund*

Diese Rasse, auch *Chinesischer Haarloser Schopfhund* genannt, ist eine Kuriosität. Er ist von China zuerst in die USA gekommen, wo er sich wegen seines zärtlichen und anschmiegsamen Wesens die Herzen vieler Hundefreunde eroberte. Seine Haut ist samtweich und stets warm. So hat sich der Chinesische Nackthund sehr gut unserem Klima anpassen können und liebt sogar das Herumtollen im Schnee. Durch die hohe Eigenwärme, die er produziert, braucht der Chinesische Nackthund etwas mehr Nahrung als andere Kleinhundrassen. Dafür ersetzt er seinem Frauchen oder Herrchen die Wärmflasche an kalten Tagen; Danach läßt er keine Haare auf der Kleidung zurück. Dies ist ein Hund für Liebhaber mit Sinn für das Exotische!

Der Chinesische Nackthund ist vor allem hautfarben zu sehen. Es kommen aber auch graue und schwärzliche Tiere vor, manchmal mit dunkleren Flecken auf heller Haut, ähnlich großen Sommersprossen. ■

Pekinese

- ***Größe:** 15–25 cm*
- ***Gewicht:** 1,5–6 kg*
- ***Farbe:** jede Farbe ist erlaubt, erwünscht sind schwarze Augenumrandungen und eine schwarze Nase*
- ***besondere Merkmale:** plattes Gesicht*

Dieser kleine seidenhaarige Hund (auch Pekingese) mit dem platten Gesicht kam 1860 nach Einnahme des kaiserlichen Palastes als Kriegsbeute von China nach England. In China wurde der Pekinese schon seit dem 8. Jh. gehalten und zwar ausschließlich am kaiserlichen Hof. Sein exotisches Aussehen machten ihn in England schnell populär. Von dort kam er auch nach Mitteleuropa.

Der Platzanspruch des Pekinesen ist nicht sehr groß, daher kann er auch problemlos in einer Etagenwohnung gehalten werden. Fürs Treppensteigen ist er nicht gut geeignet und auch kaum zu begeistern, ebensowenig für ausdauerndes Wandern. Der Pekinese kann sehr anhänglich sein, aber auch eigenwillig und eifersüchtig. Der Pekinese ist kein besonders geeigneter Hund für Kinder, sondern eher für ältere Menschen. Fremden gegenüber ist er mißtrauisch und wachsam, daher bellt er manchmal sehr viel.

Bei zu kleinen Hündinnen werden die Geburten kompliziert und sind nicht selten nur mit Kaiserschnitt möglich. ■

Shih Tzu

- ***Größe:** max. 27 cm*
- ***Gewicht:** 4–7 kg*
- ***Farbe:** jede Farbe ist erlaubt, erwünscht sind bei Schecken weiße Blesse und weiße Rutenspitze*

Vom Dach der Welt, nämlich aus Tibet stammt der Shih Tzu, der auch ***Tibetischer Löwenhund*** genannt wird.

Am chinesischen Kaiserhof in Peking wurde dieser kleine Hund weitergezüchtet und kam erst vor etwa hundert Jahren erstmals nach England, wo die Zucht zu Anfang dieses Jahrhunderts erste Erfolge brachte.

Allerdings wurden bei der Zucht in England Pekinesen eingekreuzt, wodurch es zu gebogenen Vorderläufen, vorgewölbten Augen, Falten auf der Nase und zu weichem Haar kam. Bis heute ist es noch nicht gelungen, diese Pekinesenmerkmale gänzlich zu verdrängen.

Der Shih Tzu ist zwar klein – aber oho! Er hat wahrlich den Mut eines Löwen und ist deshalb auch ein guter Wächter.

Sein Haarkleid darf jede Farbe haben, sollte als Schecke möglichst eine weiße Blesse und Rutenspitze aufweisen. In seinem Wesen ist dieser löwenmähnige Hund sehr angenehm. Er ist selbstbewußt, manchmal sogar etwas eigensinnig, weshalb er bei aller Liebe eine feste Hand gebraucht. Im Umgang mit Kindern ist er sehr liebevoll. ■

Japan Chin

- ***Größe:** 18–28 cm*
- ***Gewicht:** 2–4 kg*
- ***Farbe:** Weiß mit deutlich abgegrenzten schwarzen oder rotgelben Platten*

Eine Kostbarkeit mit üppiger, seidiger Haarpracht ist mit dem Japan Chin nach Europa gekommen. Zuvor war er jahrhundertelang in seiner Heimat verzärtelt worden.
Im Jahre 1880 schenkte die japanische Kaiserin der deutschen Kaiserin ein Paar dieser schönen Hunde. Zuvor war der Japan Chin 1873 in Birmingham ausgestellt worden. Die Japanerinnen trugen diesen Winzling im Ärmel ihres Kimonos spazieren.
Heute ist er in Japan nicht mehr ganz so beliebt wie früher, wird dafür aber in Europa und Nordamerika von begeisterten Liebhabern gezüchtet.
Zum Glück wird er nicht mehr verweichlicht, sondern als gesunder, vitaler und lebhafter Kleinhund gehalten. Er ist anhänglich, lieb und intelligent. Die Farbe des Japan Chin ist Weiß mit klar abgegrenzten schwarzen oder rotgelben Platten. Die Schulterhöhe beträgt 18–28 cm, das Gewicht 2–4 kg. ■

Lhasa Apso

- ***Größe:** 22–28 cm*
- ***Gewicht:** 3–5 kg*
- ***Farbe:** goldgelb, gelb, grau in verschiedenen Tönen, schwarzweiß, braunweiß und weiß*

Mit dem Lhasa Apso ist 1922 eine der ältesten Hunderassen erstmals nach Europa gekommen. Schon weit vor unserer Zeitrechnung soll der Lhasa Apso als Haus- und Tempelwächter gehalten worden sein.
In dem rauhen Klima des Himalaja ist diese Hunderasse so zotthaarig und widerstandsfähig geworden, daß sie Jahrtausende unbeschadet überstanden hat. Auch in seinem Charakter ist der kleine Lhasa Apso sehr gefestigt. Seiner Familie gegenüber ist er lieb und temperamentvoll, bei Fremden zurückhaltend und abwartend. Zu manchen Personen kann er nie Zutrauen fassen.
Mit einer Widerristhöhe von 22–28 cm ist der Lhasa Apso ein kleiner Hund. Er ist jedoch kräftig gebaut. Sein hartes, gerades Haar ist sehr dicht und lang. Es braucht sehr viel Pflege. Goldgelbe Fellfarbe ist am häufigsten, doch sind auch Gelb, Grau in verschiedenen Tönen, Schwarzweiß, Braunweiß und Weiß zugelassen. ■

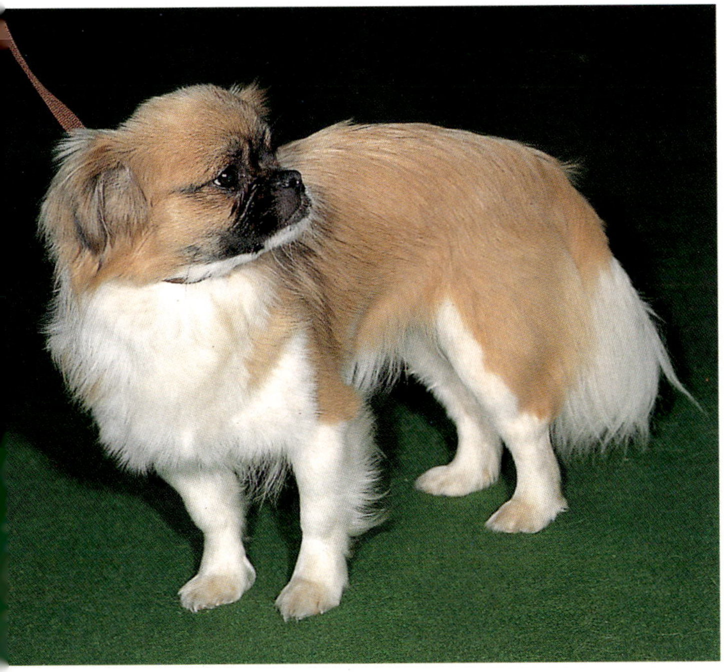

Tibet Spaniel

- ***Größe:** 25–28 cm*
- ***Gewicht:** 2,3–6,8 kg*
- ***Farbe:** am häufigsten goldgelb, gelb, aber auch cremefarben, weiß, braun und schwarz, ferner Schecken und schwarz mit Gold*

Dieser pekinesenähnliche kleine Hund stammt aus Tibet, wo er die Gebetsmühlen anzutreiben hatte. Über seine genaue Abstammung weiß man bis heute nichts. Man vermutet jedoch, daß er von Pekinesen und Lhasa-Apsos abstammt. Erst nach dem 2. Weltkrieg wurde die Rasse in Europa bekannt, vor allem in England, wo es heute schon einen eigenen Club und mehr als 1000 eingetragene Tibet Spaniels gibt. Auch in den USA und besonders in Indien ist die Rasse beliebt

Der Tibet Spaniel ist ein sehr aufmerksamer, munterer Geselle, wachsam und Fremden gegenüber mißtrauisch. Mit Kindern ist er verspielt, bellt kaum, und sein Bewegungsdrang ist mäßig.

Sein dichtes, feines Haar bildet an Hals und Schultern eine Mähne. Die Ohren und die Läufe sind befedert, die Rute buschig und über den Rücken gerollt. Der Tibet Spaniel erreicht 25–28cm Schulterhöhe und ein Gewicht von 2,3–6,8 kg. ■

Tibet Terrier

- ***Größe:** 30–40 cm*
- ***Gewicht:** 8–14 kg*
- ***Farbe:** jede Farbe außer Schokoladenbraun ist erlaubt; am häufigsten sind weiße, cremefarbene, goldbraune, graue und schwarze Hunde; auch zwei- und dreifarbig dürfen sie sein*

Ein dem Puli ähnlicher Hütehund, aber kein Terrier ist dieser zottelhaarige Hund aus Tibet. Dort hütet er die Jaks in den unwegsamsten Gegenden mit großer Zuverlässigkeit. Zu Anfang unseres Jahrhunderts kamen die ersten Tibet Terrier nach Indien und bald auch nach Europa, zunächst nach England und später in andere europäische Länder, und schließlich hielten diese liebenswürdigen und temperamentvollen Kerlchen auch Einzug in die USA.

Als sehr anhänglicher Haus- und Begleithund hat der Tibet Terrier die Herzen zahlloser Hundefreunde gewonnen. Er ist intelligent, sehr anpassungsfähig und ein engagierter Wächter.

Die Schulterhöhe des Tibet Terriers sollte zwischen 30–40 cm liegen. Am häufigsten sind weiße, cremefarbene, goldbraune, graue und schwarze Hunde. Auch zwei- und dreifarbig dürfen sie sein. Schokoladenbraun wird nicht gern gesehen. ■

Mischlinge – eine Rasse für sich

Aber Mischlinge sind doch keine „Rasse", werden Sie jetzt einwenden. Und natürlich haben Sie recht damit. Aber über eine Vermischung verschiedener Hunderassen sollte man nicht grundsätzlich die Nase rümpfen. Selbst, wenn es sich bei einen Wurf um ein „Versehen", also ungewollte Nachkommenschaft handelt, bedeutet das längst nicht, daß die Welpen hinsichtlich ihres Erscheinungsbilds, ihres Charakters sowie im Hinblick auf ihre Intelligenz und ihr Leistungsvermögen nicht ebenso wertvoll sind wie ein reinrassiger Hund.

Junger Boxer-Airedale Terrier-Mischlingsrüde

Collie-Schäferhund-Mischlingshündin

paßt, versteht sich wohl von selbst. Ebenso bedachtsam und sorgfältig sollten Sie auch bei der Wahl des Züchters sein, von dem Sie Ihren zukünftigen vierbeinigen Freund holen wollen (siehe dazu auch „Das Recht beim Hundekauf", S. 195 sowie „Der Hundekauf", S. 142f., „Welcher Hund paßt zu mir?", Seite 145). Auch bei dem Kauf eines Mischlings sollten Sie sich unbedingt nach den Eltern, gegebenenfalls auch nach den Großeltern des Hundes erkundigen. Als sinnvoll erwiesen hat sich außerdem, den Mischlingshund Ihrer Wahl mehrmals eine Zeitlang in verschiedenen Situationen (Spiel mit anderen Hunden, Umgang mit Menschen, Toben mit Kindern usw.) genau zu beobachten, bevor Sie sich zum Kauf entschließen. Die Rechtslage betreffend, ist ein detaillierten Vertrag mit dem Verkäufer immer empfehlenswert.

Mischlinge gibt es in allen Größen, allen Farben, gescheckt, gestromt, lang- kurz- oder rauhhaarig. Mischlinge bekommen von jedem Elternteil einen Teil ihrer Erbanlagen mit. Äußerlich mögen sie dem einen oder dem anderen ähnlicher sehen. Was Eigenschaften, Wesen und Charakter betrifft, so sind

Gehören Sie allerdings zu den Hundeliebhabern, die genau wissen, wie ihr zukünftiger Pflegling aussehen oder welche Aufgaben er erfüllen soll, dann werden Sie wahrscheinlich einen Rassehund gewählt haben.

Daß Mischlinge jedoch sowohl edel als auch elegant, robust oder zierlich sein und ganz reizend aussehen können, beweisen die wenigen Beispiele dieses Kapitels (oben links ein Yorkshire-Chihuahua-Rüde, unten rechts ein Beagle-Dobermann-Rüde beim „Tauziehen"-Spiel; gegenüberliegende Seite: links oben eine Spitz-Sheltie-Mischlingshündin und unten rechts eine junge Schäferhund-Collie-Mischlingshündin beim leidenschaftlichen „Mäuseausgraben".

Rassehunde sind fast ausnahmslos Spezialisten, die auf ein bestimmtes Ziel (Erscheinungsbild allgemein, Fähigkeiten) hin gezüchtet wurden. Auf ihren Gebieten, etwa der Schnelligkeit beim Greyhound, Vorstehen vor Federwild beim Pointer oder dem langen seidigen Haar beim Malteser, sind diese Hunde durch keinen Mischling zu erreichen.

Daß Sie sich vor dem Kauf eines Rassehundes ganz genau erkundigen sollten, welcher Hund zu Ihnen

müt und seinen liebenswürdigen, zuverlässigen Charakter bereichern wird, kann Ihnen in fast jedem Fall garantiert werden, es sei denn, der Hund wird falsch behandelt.
Sie müssen nicht viele hundert Mark für einen Hund ausgeben. Wenn es Ihnen nichts ausmacht wegen der „Promenadenmischung" von einigen überheblichen Rassehundbesitzern belächelt zu werden, wenn Ihnen die hochgestochenen, klangvollen Namen der Ahnen und der Stammbaum nichts bedeuten, dann haben Sie mit einem Mischling den richtigen Hund. Er wird es Ihnen mit Liebe, Treue und Anpassungsfreude danken und Sie mit seiner Intelligenz und Robustheit immer wieder überraschen. ■

sie in der Regel nicht nur eine gute Mischung der Eltern, sondern meistens sogar noch gefestigter, urwüchsiger, robuster.
Man darf bei aller Verehrung für Rassehunde nicht vergessen, daß einige Hunderassen wegen der Mode unterworfenen Äußerlichkeiten zu unzuverlässigen, verweichlichten, daher auch leicht kränklichen und neurotischen Wesen geworden sind. Auch treten körperliche Mängel (schnarchendes Atmen, chronische Bindehautentzündung, Hüftgelenksdysplasie, um nur einige zu nennen), immer häufiger auf. Es wird Zeit, etwas zu tun und durch gezieltes Einkreuzen Mischlinge zu testen, wie diesen unliebsamen Erscheinungen der Rassezucht begegnet werden kann.
Mit einem Mischlingswelpen tragen Sie meistens ein Bündel Überraschungen nach Hause. Wie groß wird er? Welches Aussehen wird er später haben? Vieles ist ungewiß, doch daß er Ihnen Ihr Leben durch sein sonniges Ge-

Der Mensch und sein Hund

Der Hund ist, was der Mensch aus ihm macht. Erfährt der Vierbeiner liebevolle, konsequente Behandlung und Erziehung, so wächst er in ein intaktes Mensch-Hunde-Rudel hinein und wird sein Leben lang seinen Menschen der treueste Freund sein, den man sich wünschen kann. Haustiere sind ein Segen für den Menschen. Ganz besonders der Hund fördert seine physische ebenso wie seine psychische Stabilität. Er ist Leibwächter, Spaßmacher und Freund, oft auch Lebensretter, Blinden- oder Schutzhund – und das allein für etwas Futter und Wasser. Danken wir es ihm!

Zwei, die einander verstehen! Frauchen und Hund (Hovawart) nach dem gemeinsamen Spielen

Dalmatinerhündin springt auf Frauchens Kommando über ein Hindernis

In Gesellschaft macht der Spaziergang mehr Spaß: zwei Hovawarts mit ihren Frauchen

Anatomie des Hundes

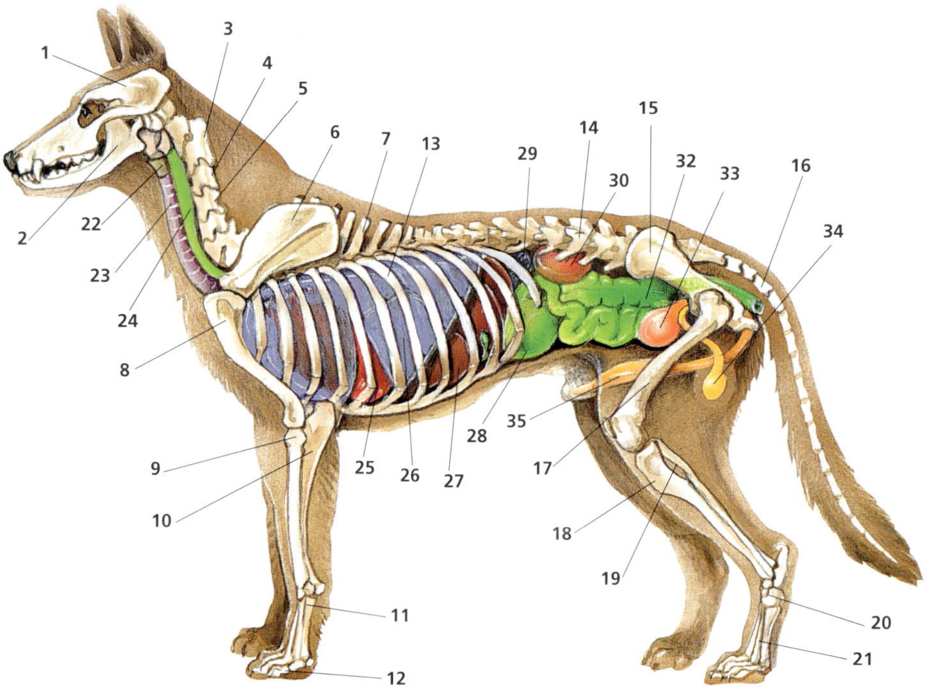

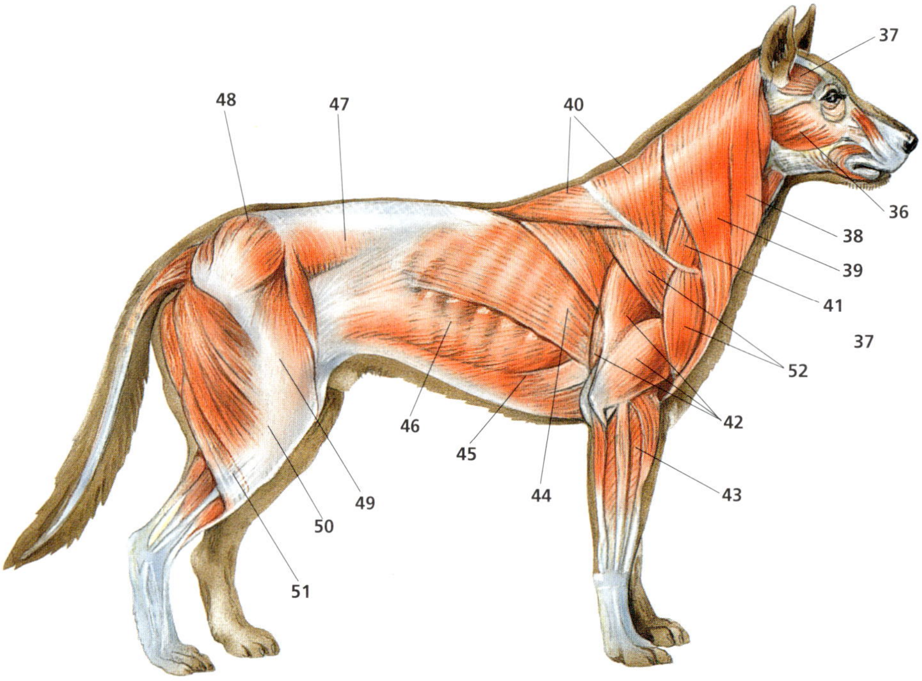

Skelett

1 Schädel
2 Unterkiefer
3 Atlas
4 2. Halswirbel
5 3. Halswirbel
6 Schulterblatt
7 Brustwirbel
8 Oberarmbein
9 Speiche
10 Elle
11 Vordermittelfuß
12 Zehengelenk
13 Rippen
14 Lendenwirbel
15 Becken
16 Schwanzwirbel
17 Oberschenkelbein
18 Schienbein
19 Wadenbein
20 Sprunggelenk
21 Hintermittelfuß

Organe

22 Kehlkopf
23 Luftröhre
24 Speiseröhre
25 Herz
26 Lunge
27 Leber
28 Magen
29 Milz
30 Nieren
31 Dünndarm
32 Mastdarm
33 Blase
34 Hoden
35 Penis

Muskeln

36 Äußerer Kammuskel
37 Schläfenmuskel
38 Brustbein-Kopfmuskel
39 Oberarm-Kopfmuskel
40 Kapuzenmuskel
41 Schulter-Querfortsatzmuskel
42 Dreiköpfiger Oberarmmuskel
43 Unterarmmuskel
44 Breiter Rückenmmuskel
45 Brustmuskel
46 Äußerer Bauchmuskel
47 Rückenstreckmuskel
48 Kruppenmuskulatur
49 Spanner
50 Zweiköpfiger Oberschenkelmuskel
51 Unterschenkelmuskeln
52 Deltamuskel

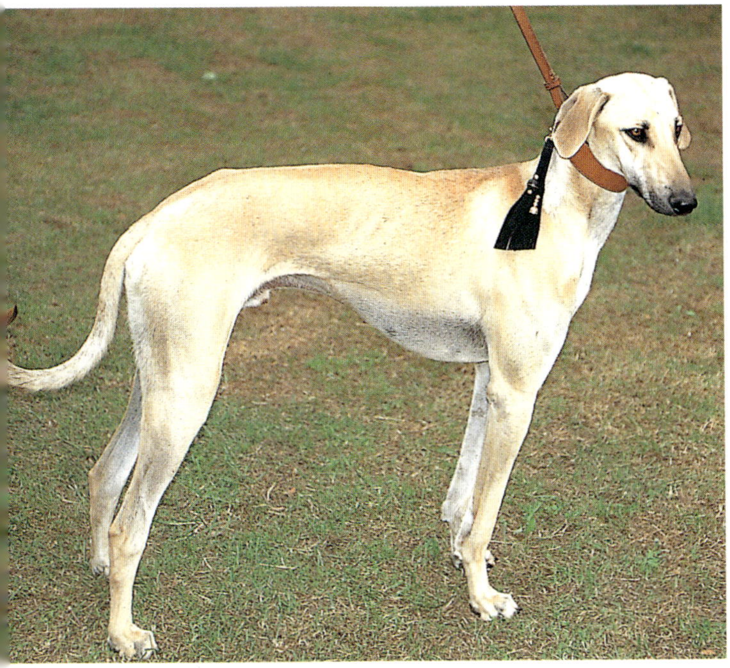

Sloughi

Behaarter Chinesischer Schopfhund, auch „Powderpuff" genannt

Kerry Blue Terrier

Chow-Chow

SEHEN

Der Blickwinkel der seitlich gestellten Hundeaugen liegt – je nach Hunderasse – zwischen 200 und 250 Grad. Das menschliche Blickfeld ist dagegen mit maximal 100 Grad wesentlich kleiner. Der Bereich der Sehschärfe liegt beim Hund allerdings in der Regel bei nur 100 Meter. Darüber hinaus nimmt er allerdings Bewegungen sehr genau wahr, was beim Viehhüten und Jagen von Bedeutung ist. Durch die reflektierende Netzhaut sehen Hunde im Dunkeln besser als der Mensch, doch sind sie sonst fast farbenblind.

HÖREN

Der Mensch hört knapp 20 000 Schwingungen pro Sekunde (Hz), der Hund nimmt dagegen sogar noch Töne im Ultraschallbereich wahr, also 60 000 bis 100 000 Schwingungen po Sekunde (Hz). Durch die beweglichen Ohrmuscheln kann er Geräusche außerdem gut unterscheiden und lokalisieren.

RIECHEN

Der Hund ist ein „Nasentier". Gerüche geben ihm umfangreiche Auskunft über seine Umgebung. Selbst mehrere Tage alte Spuren und in Plastik verpackte oder millionenfach verdünnte Stoffe sind für ihn ebenso problemlos wahrnehmbar, wie vergleichsweise der Mensch mit seinen Augen frische Fußabdrücke im feuchten Sand erkennen kann.

Sinnesleistungen des Hundes

Der Geruchssinn

Der Hund ist ein „Nasentier". Er lebt vor allem in einer Welt der Gerüche. Sein Riechvermögen ist für uns, die „Augentiere", unvorstellbar fein. So kann er den Schweiß von Mensch und Tier in millionenfach größerer Verdünnung wahrnehmen und erkennen als wir. Das gleiche gilt für Fettsäuren und andere Geruchsstoffe.

Ebenso deutlich wie für uns Menschen Fußabdrücke im feuchten Sand sichtbar sind, so unverkennbar sind die zahllosen verschiedenen Witterungen für den Hund. Auch wenn Spuren schon mehrere Stunden alt sind und nicht einmal für unser menschliches Auge mehr sichtbar, kann der Hund sie aufgrund der aufgenommenen Witterung zielsicher verfolgen. Eine erstaunliche Leistung, die sich vor allem Jäger beim Suchen angeschossenen Wildes zunutze machen, aber auch Polizei, Zollfahndung und Rauschgiftdezernat bei der Suche nach Vermißten, Verbrechern, Drogen und ähnlichem.

Ein Golden Retriever-Großspitz-Mischling hat Herrchens Auto vorfahren hören und saugt begeistert dessen Witterung ein

Whippet-Mischlingshündin hat ein Mäuseloch gewittert und gräbt nun mit großem Eifer nach den kleinen Nagern

Gerade bei der Rauschgiftbekämpfung haben sich Spürhunde bewährt und werden daher vermehrt ausgebildet. Wieder und wieder lesen und hören wir in den Medien von den unglaublichsten Leistungen solcher Hunde. Selbst wenn der „Stoff" mehrfach in Plastikfolien eingeschweißt, in Fässer versteckt und durch andere Gerüche getarnt wurde, fanden die Hunde ihn doch. Sogar Rauschgift, das in starkwandigen und fest verschraubten Stahlflaschen verpackt war, wurde von Spürhunden der Polizei entdeckt.

Wie kommt es nun zu diesem erstaunlichen Riechvermögen des Hundes, das in der übrigen Tierwelt nur selten erreicht, geschweige denn überboten wird?

Eine Antwort darauf erhalten wir durch eine eingehendere Betrachtung der Hundenase. Da ist zuerst der stets feuchte *Nasenschwamm* oder *Nasenspiegel* zur Ortung der Gerüche. Weitere Geruchspartikel werden durch die großen Nasenlöcher eingesogen und gelangen auf die Riechschleimhaut im Naseninnern. Diese ist dreißigmal größer als beim Menschen und mit viel feineren Nervenenden ausgerüstet.

Ein weiteres Riechorgan sitzt gleich hinter den Schneidezähnen im Gaumen. Für den Hund besonders erregende Düfte werden mit einem leichten Zähneklappern aufgenommen und mit weit aufgerissenen Nasenflügeln geräuschvoll eingesogen.

Das Gehör

Der Mensch ist imstande, Geräusche von ca. 16 bis knapp 20 000 Schwingungen pro Sekunde (Hz) wahrnehmen.

Dagegen kann der Hund Töne von ca. 60 bis 70 000 oder gar 100 000 Schwingungen (Hz) erfassen. Er hört also die hohen Töne im Ultraschallbereich, in dem das menschliche Gehör total versagt. Im Ultraschallbereich liegen auch die soge-

Stehohr **kupiertes Ohr** **Behang** **Fledermausohr**

gefaltelter Behang **Kippohr** **Rosenohr** **Knopfohr**

nannten Hundepfeifen, die von uns Menschen nicht gehört werden, dem Hund aber noch Signale vermitteln. Bei den tiefsten Tönen sind wir etwas im Vorteil, doch ist das nichts im Vergleich zu dem Umfang, in dem der Hund hören kann. Das Gehör des Hundes ist vor allem feiner als das des Menschen. Er vernimmt Geräusche viel früher als wir, und macht ihn so für uns zu einem so guten Wächter. Sogar im Schlaf reagiert er auf leiseste Geräusche und ist sofort hellwach, wenn sie ihm verdächtig erscheinen. Der Hund kann Geräusche auch viel besser lokalisieren, besonders wenn er aufrecht stehende Ohren hat. Deren Trichter können in die Richtung des Geräusches gedreht werden, es optimal empfangen und die Richtung bestimmen, aus der es kommt. Laute Geräusche sind Hunden unangenehm. So reagieren viele anfangs auf Straßenlärm, Staubsauger, laute Musik und dergleichen ängstlich, oft auch so, als hätten sie Schmerzen. Ob sie aus diesem Grund bei Musik häufig jämmerlich zu heulen beginnen oder weil sie Musik mögen und aus Freude mitmachen, ist noch immer rätselhaft, denn meistens hätten sie ja die Möglichkeit, sich den musikalischen Darbietungen zu entziehen.

Der Tastsinn

Mit Hilfe seiner Tasthaare an Lefzen, Augenbrauen, Ohren und Beinaußenseiten gelingt es dem Hund, sich im Dunkeln und an engen Stellen tastend zu orientieren. Er kann das allerdings längst nicht so gut wie eine Katze. Bei vielen Rassen sind die Tasthaare auch nur noch an den Lefzen und Augenbrauen vorhanden. Mit der Zunge, dem Nasenschwamm, den Lefzen und mit den Pfotenballen kann der Hund ebenfalls tasten. Er unterscheidet damit Wärme und Kälte, Weiches und Hartes.

Das Sehen

Im Sehen ist der Hund dem Menschen unterlegen. Zwar hat der Hund durch die seitlichere Anordnung der Augen einen größeren Gesichtsradius, doch sieht er nicht so detailreich und plastisch wie wir. Die Sehschärfe des Hundes reicht von ca. 7–100 Metern. In größerer Entfernung würde er selbst sein stillstehenes Herrchen nicht erkennen.
Bewegungen können Hunde jedoch bis ca. 1000 Meter gut ausmachen. Natürlich sind alle Sehleistungen von Rasse zu Rasse verschieden. Windhunde jagen mit den Augen und können sehr gut die Bewegungen des Wildes wahrnehmen.
Nachts kann der Hund allerdings etwas besser sehen als wir. Das hängt mit seiner reflektierenden Netzhaut zusammen sowie mit der Tatsache, daß er mehr Rhodopsin in den Augenstäbchen hat, eine Substanz aus Vitamin A und Protein. Ihr Fehlen bewirkt Nachtblindheit.
Der Hund sieht nicht farbtüchtig, sondern ist fast ganz farbenblind. Wie weit er Farben erkennen kann und welche, ist noch nicht geklärt.

Der Geschmackssinn

Hunde haben einen gut ausgeprägten Geschmackssinn. Daß er sich oft wesentlich von unserem unterscheidet, wird jeder Hundehalter früher oder später erfahren müssen.
Eine Vorliebe für Aas und andere für uns Menschen unangenehm oder sogar widerlich riechende Dinge ist den meisten Hunden eigen, was uns unerklärlich erscheinen mag. Andererseits verweigern Hunde manchmal geruch- und geschmacklos erscheinende Medikamente, die unter das Futter gemischt wurden. Sie lassen es einfach stehen. Zuweilen gelingt nicht einmal der Trick, die Tablette oder die Paste in einer besonderen Leckerei wie Schnitzel oder Wurst zu verstecken und auf diese Weise seinem Schützling einzuverleiben.
Wie weit beim Schmecken nun der Geschmackssinn oder doch der Geruchssinn in Aktion tritt, ist bis heute noch nicht eindeutig zu beantworten.

Im Gegensatz zu anderen Hunderassen können Windhunde – hier ein junger Afghane – sehr gut sehen

Entwicklungsphasen des Hundes

Die vegetative Phase

Neugeborene Hundewelpen sind verhältnismäßig wenig entwickelte Lebewesen. Zwar haben sie schon ein Fell, kommen also nicht nackt zur Welt, doch sind ihre Körperfunktionen reine Reflexe. In den ersten vierzehn Tagen ihres Lebens sind sie völlig blind und taub. Ihre Beinchen tragen noch nicht das Körpergewicht, und ihren Kopf können die kleinen Kerlchen kaum anheben. Mit Müh und Not schieben sie sich an die wärmende Mutter und finden durch Pendelbewegungen des Kopfes deren Zitzen. Daran saugen sie, bis sie sich satt getrunken haben und schlafen dann erschöpft wieder ein.
Um die Verdauuung anzuregen, massiert die Hündin ihren Welpen regelmäßig mit ihrer Zunge den Bauch. Harn und Kot, vor allem das zuerst ausgeschiedene sogenannte Darmpech, wird nur durch stimulierende Reize der Mutterzunge ausgeschieden. Auf diese Weise hält die Mutter ihre Jungen peinlich sauber.
Aktive, wenn auch vegetativ bedingte Äußerungen der Welpen sind das Saugen, das sogenannte Milchtreten mit den Vorderpfoten, wodurch die Milchsekretion bei der Mutter angeregt wird, das Herumkrabbeln im Kreis und das Verlassenheitsjaulen. Durch das „Kreiseln" können die von der Mutter fortgerollten oder weggedrängten Welpen wieder an die Zitzen und zwischen die Geschwister zurückfinden oder durch ihr Quieken bemerkt und zurückgeholt werden.
Immer wieder kuscheln sich die Welpen zusammen, suchen den Kontakt und die Wärme der Geschwister, denn es ist ihnen noch nicht möglich, allein genügend Körperwärme zu produzieren. Die Geschwister werden als solche allerdings nicht bewußt wahrgenommen, sondern sind Teil einer instinktiven Überlebensgemeinschaft.

Die Übergangsphase

Gegen Ende der zweiten, spätestens aber in der dritten Lebenswoche passieren allerlei Dinge, die aus den völlig hilflosen Hundewelpen reagierende Lebewesen machen.
Öffnen sich nun zwar langsam die Augen, so können die Kleinen dennoch einige Tage lang noch nichts sehen. Auch die Ohren öffnen sich, und die Welpen beginnen, auf Geräusche zu reagieren. Und schließlich entwickelt sich auch das Riechvermögen.
Noch ein weiterer wichtiger Vorgang kann jetzt alleine erledigt werden: das kleine und das große Geschäft. Bisher war Mutters massierende Zunge notwendig, damit es klappte.
Die kleinen Hunde beginnen nun auch, Dinge zu beknabbern, die ihnen auf ihren Krabbelausflügen im Weg liegen. Häufig suchen sie aber noch den Kontakt und die Wärme der Geschwister.

Die Prägungsphase

In der kurzen Zeit von der dritten Woche bis zur achten Woche findet die Prägung des Welpen auf und durch seine Umwelt statt. Nun lernt der kleine Hund die Mutter und die Geschwister als Artgenossen kennen. Auch zu Menschen können jetzt

Ein acht Wochen alter Bernhardinerrüde bei seinem ersten Erkundungsgang durch den heimischen Garten

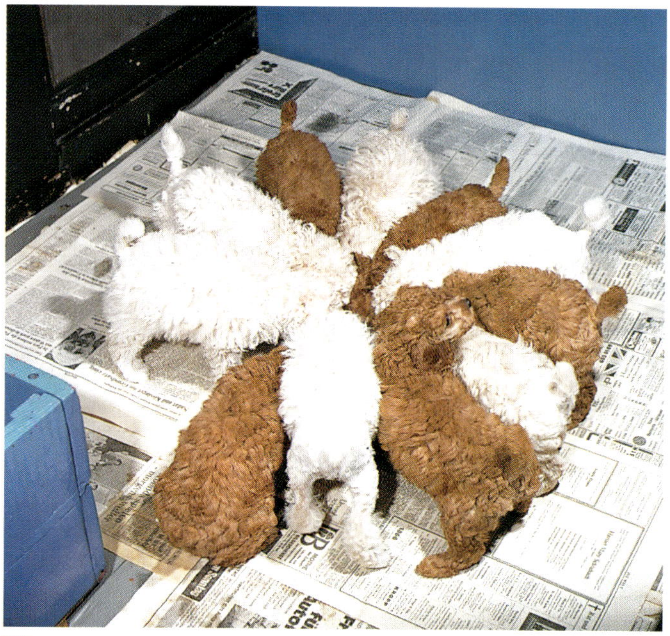

Zwergpudelwelpen aus zwei verschiedenen Würfen beim Kampf um den besten Platz am kalten Buffet

Acht Wochen alte Großpudelwelpen in der „Präsentierschüssel" – vom Fotografen mit Geduld arrangiert

bereits erste Bindungen entstehen, wenn es genügend Kontakt gibt. Das ist sehr wichtig, denn nur durch diese Prägung entwickelt der Hund ein Verhältnis zum Menschen, wie er es zu seinen Artgenossen hat. Ohne diese Prägung kann später zwar eine Freundschaft zu seinem Besitzer entstehen, doch nie die außergewöhnlich treue Verbundenheit, die wir von einem Hund erwarten.
Oft berühren sich die Welpen mit den Schnauzen, was wie Küssen wirkt, aber dem gegenseitigen Erkennen dient. Auch bei den Menschen versuchen sie, einen „Kuß" anzubringen, auch später als erwachsene Hunde noch. Ein zärtliches Stupsen mit der Nase und das Lecken als Freundschaftsbeweis beobachtet man in dieser Phase ebenfalls erstmals.
In dieser Zeit bekommen die Welpen auch ihre ersten Zähne.
Jetzt krabbeln die Kleinen nicht mehr auf dem Bauch umher, sondern üben sich mit immer mehr Erfolg, ihre Beinchen zu gebrauchen. Das ist anfangs nicht einfach und sieht oft drollig aus, doch allmählich kommt die Koordination der Bewegungen zustande.
Die Welpen beginnen, sich mit Bellen und Knurren bemerkbar zu machen. Auch können sie ihre Freude schon durch Schwanzwedeln und ihre Angst durch Schwanzeinziehen ausdrücken.
Im Spiel mit den Geschwistern zeigen sich allmählich die verschiedenen Ausdrucksweisen. Das Nackenfell wird gesträubt, die Zähne gebleckt, die Ohren gespitzt oder angelegt. Alles um sie herum beobachten die Welpen aufmerksam und jeder ungewohnte Gegenstand wird ausgiebig beschnuppert und daran herumgekaut.

Die Sozialisierungsphase

Lernen die Welpen in der Prägungsphase zu wem sie gehören, so dient die Sozialisierungsphase dazu, den Umgang mit den Artgenossen einzuüben.
Die jungen Hunde lernen ab der achten Woche sich im Rudel zu benehmen, zu-

rechtzufinden und zu behaupten. Das Lernen steht jetzt an erster Stelle, und die Welpen sind mit großer Begeisterung bei der Sache. Am beliebtesten sind die Kampfspiele mit den Geschwistern, der Mutter oder sogar „befreundeten" Hunden. Anschleichen, Anspringen, Halsbeißen und Niederdrücken, Umwerfen, Abwehren mit den Vorderläufen in der Rückenlage, Verfolgen und Flüchten werden mit Begeisterung geübt, ebenso das Beutemachen mit Anpirschen, Kämpfen, Umstoßen und Beißen an den Geschwistern. Auf diese Weise lernen die Welpen spielerisch, wie ein Tier, das als Nahrung dienen könnte, überwältigt wird.

Gehört der Rüde zur Hundefamilie, übernimmt er meistens die Ausbildung der Jungen, wie es auch in Wolfsfamilien geschieht.

Nehmen Sie nun einen Welpen in diesem Alter zu sich, in dem er sich am besten anzupassen vermag, liegt es an Ihnen, ihn zu formen und zu einem gehorsamen und liebenswerten Hausgenossen zu machen.

Lektionen werden am besten in Spiele „eingepackt", von denen der Welpe nie genug bekommen kann. Von selbst fordert er Sie, das neue Rudelmitglied, dazu auf. Sie können die ausgelassensten Spiele mit ihm treiben, sollten sich aber nach Beispielen richten, wie sie unter den Welpen immer wieder als Vorbereitung auf den Ernst des Lebens vorkommen. Lassen Sie sich in die Hand beißen (der Welpe wird dabei sehr vorsichtig sein), raufen Sie mit ihm, und lassen Sie ihn kurz spüren, daß Sie der Überlegene sind. Dafür genügt, ihn spielerisch an der Kehle zu fassen, wenn er auf dem Rücken liegt, oder ihn im Nackenfell zu packen.

Die erste Erziehung kann jetzt schon erfolgen, denn so lern- und anzupassungsfreudig ist der Hund in keiner anderen Phase seines Lebens.

Temperamentvoll fordert ein junger Rauhhaardackel die beiden „Erwachsenen" zum Spiel auf. In der Regel sind ältere Hunde Welpen gegenüber sanftmütig und duldsam

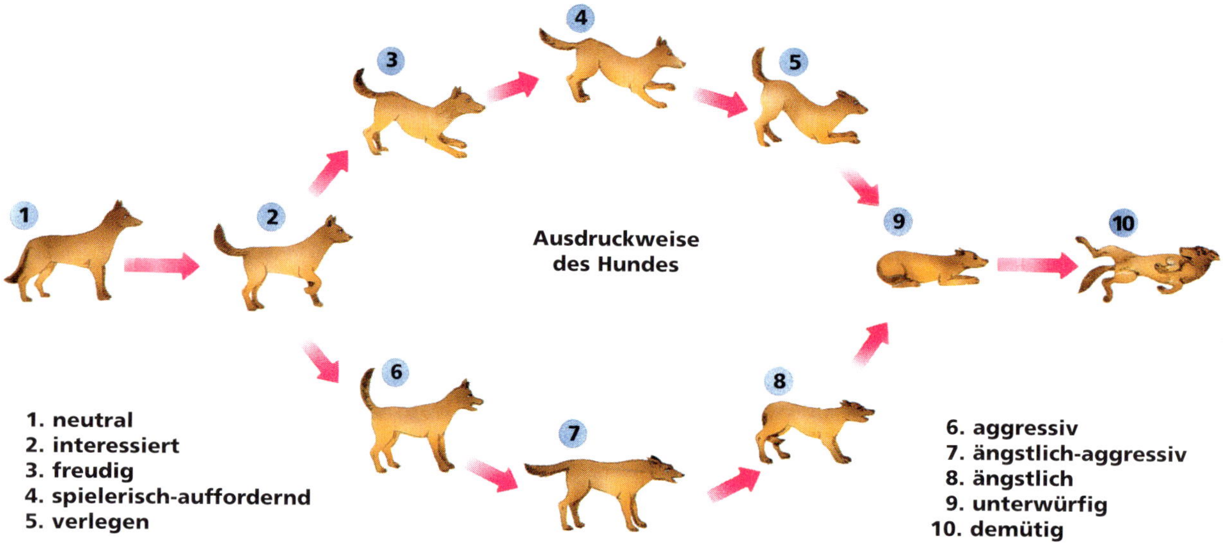

Die Rangordnungsphase

Im Alter von drei Monaten beginnt der junge Hund, sich an seinen Geschwistern zu messen. Spielerisch findet heraus, wie und wann er dominiert oder wann es besser ist, sich seinem Gegegenüber zu unterwerfen. Bald kennen die Wurfgeschwister ihre Rangordnung untereinander. Der Rüde, gehört auch er zur Familie, erzieht jetzt hauptsächlich die Jungen, und tut dies nicht immer ganz sanft. So bildet sich in dieser Zeit, etwa zwischen der 12. und der 16. Lebenswoche der Junghunde, das Familienrudel.
Doch das Familienidyll wird bei Hunden in der Regel meistens kurz bevor sie in diese Lebensphase eintreten zerstört. Eins nach dem anderen, werden die Welpen in liebevolle Hände gegeben. Die neuen Besitzer machen sich schnell zum Beschützer eines so tapsigen Wollknäuels. Sie behüten den Kleinen und nehmen ihn gleich auf den Arm, wenn ein anderer, größerer Hund schnurstraks auf ihn zugelaufen kommt, weil sie bemerken, daß sich der Welpe fürchtet. Doch damit begehen Sie einen Fehler, der im Wiederholungsfall schwerwiegende Folgen haben kann. Der Welpe, erlebt er nicht alle Verhaltensweisen anderer Hunde am eigenen Leibe, wird im Umgang mit seinen Artgenossen unsicher, verklemmt, im Extremfall völlig verkehrt reagieren. Lassen Sie also alle Begegnungen des Welpen mit anderen Hunden zu, ja suchen Sie sie.
Bieten Sie ihrem kleinen vierbeinigen Schützling möglichst täglich die Möglichkeit, andere Hunde zu treffen und immer wieder neue kennenzulernen. Das ist wichtig, denn wenn er nur ein oder zwei „nette" Hunde aus der Nachbarschaft kennt, die ihm schnell vertraut sind, lernt er wenig hinzu.
Zu Anfang wird es für Sie nicht leicht sein, gleichgültig zu tun und ruhig zu bleiben, wenn Ihr kleiner Schützling unter einem Schäferhund liegt und womöglich vor Angst aufjault. Haben Sie jedoch keine Angst, es geschieht ihm nichts, er hat lediglich eine Lektion im Umgang mit anderen Hunden gelernt.
Es bedarf meistens nur weniger solcher Erfahrungen, dann zeigt sich der Junghund schon viel selbstsicherer. Er weiß dann ja auch schon, wie man sich größeren Hunden gegenüber verhält. Er kennt die Regeln des Benehmens gegenüber Artgenossen und die Zuweisung seines mehr oder weniger vorläufigen Platzes in der Hundegesellschaft.

Drei Hovawartrüden. Der linke zeigt deutlich ängstliches, der mittlere selbstbewußtes und der rechte schließlich neugeriges Verhalten

Die Rudelordnungsphase

Bei den Wölfen und bei den auf sich gestellten Wildhunden (Dingo u. a.) werden die vier Monate alten Jungtiere mit dem Ernst des Lebens konfrontiert. Sie bilden von nun an mit den Eltern ein Familienrudel. Dabei ergeben sich viele neue Situationen, in denen die Jungtiere lernen müssen, wie sie sich zu verhalten haben. Auf den Streifzügen zum Beutefang, auf den Erkundungszügen in der Umgebung, bei der Begegnung mit anderen Tieren, auf der Flucht, beim Suchen des Lagers, überall werden die Junghunde lernen müssen, um überleben zu können.
Sie haben im Vater oder in der Mutter, je nachdem, wer von beiden klüger und erfahrener ist, einen Rudelführer, ein Leittier, dem sie sich zu unterwerfen haben. Dieses Alphatier entscheidet, zeigt ihnen in der harten Schule des Überlebens, wie sie ihre Fähigkeiten ausnutzen, üben und verfeinern können.

Ihr Junghund wird nun von Ihnen die Rolle des Rudelführers, des Alphatieres, erwarten und eifrig bestrebt sein, das, was Sie von ihm verlangen, zu erfüllen. Er wird insbesondere Autorität, Ruhe, Gelassenheit, Übersicht, aber auch Energie, Elan und Geborgenheit von Ihnen erwarten. Seien Sie konsequent in Ihren Forderungen, strafen Sie ihn sofort, wo Strafe nötig ist und vergessen Sie niemals, daß

Der schwarze Schäferhundrüde zeigt dem Schäferhund-Collie-Mischling deutlich, wer von ihnen das Sagen hat

Mimik des Hundes

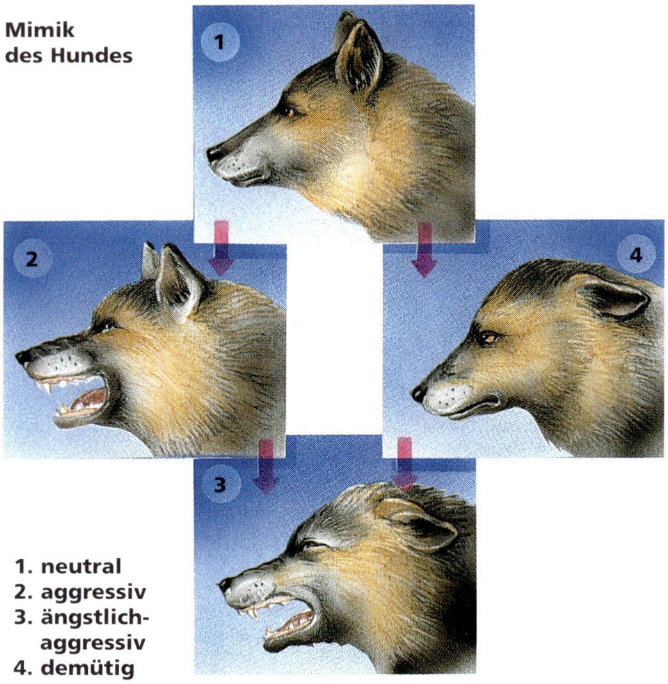

1. **neutral**
2. **aggressiv**
3. **ängstlich-aggressiv**
4. **demütig**

Leben Sie auf dem Lande, dann gehen Sie mit ihm unbedingt ein paarmal in die Stadt, damit er die Menschenmassen, den Straßen-, Bus- und Bahnverkehr kennenlernt. So eine vierbeinige „Landpomeranze" wird sehr verschreckt und verängstigt sein, wenn ein Zug in den Bahnhof donnert, die Bremsen quietschen und Signale ertönen. Ihre Ruhe wird dem Hund schnell die anfängliche Furcht nehmen. Natürlich dürfen nicht zu viele neue Eindrücke auf den Hund einwirken. Gegen Sie also langsam vor.
Ein Stadthund sollte wiederum mit Situationen auf dem Lande vertraut gemacht werden, mit Pferden, Kühen, Federvieh. Sie könnten dem Hund genauso einen Schock versetzen wie dem Landhund die erste Begegnung mit der Eisenbahn.

freundliches Loben für einen richtig ausgeführten Befehl oft mehr bringt als viele Strafen.
Tragen Sie ihrem Vierbeiner nichts nach, entziehen Sie ihm die Liebe niemals nachträglich, strafen Sie ihn stets unmittelbar, denn der Hund kann eine zu späte Strafe nicht mehr mit seinem Fehlverhalten verbinden.
Wenn es Ihnen gelingt, stets ein verständiger, sofort und konsequent handelnder Rudelführer zu sein, dann werden Sie einen eifrigen, treuen und liebevollen sowie zuverlässigen Junghund haben. Das Üben wird für Sie und den Hund viel Freude bereiten, denn Ihr vierbeiniger Freund ist als junger Hund lernfähig wie in keiner anderen Phase seines Lebens als erwachsener Hund.
Überfordern Sie Ihren Hund nicht. Lernen soll ein Spiel bleiben. Der Hund lernt im Augenblick, nicht im langen Drill. Beginnen Sie jetzt auf keinen Fall schon eine Abrichtung mit dem jungen Hund, sondern machen Sie ihn lediglich mit möglichen Situationen des Lebens vertraut.

Was hier fast wie ein Angriff wirkt, ist nichts anderes als die liebevolle Umarmung von Hovawarthündin und ihrem Frauchen

Gehorsamsübungen sind besonders während der Pubertätsphase des Hundes wichtig

„Bei Fuß"-Gehen sollte jeder Hund in jeder Situation beherrschen

Machen Sie also Ihren Hund mit allem vertraut, bevor er älter als ein halbes Jahr ist. Dies ist die Phase, in der er auch von Natur aus täglich mit Neuem konfrontiert wird.

Die Pubertätsphase

Wird der Hund im 7. Monat geschlechtsreif, beginnt für ihn eine recht unsichere Zeit, die Pubertät. Wie beim Menschen in den sogenannten „Flegeljahren" wird der Hund jetzt seine Unsicherheit durch forsches und ungehorsames Benehmen überspielen. Er kann aber auch schüchtern oder gar ängstlich werden. Das beste Mittel ist, dem Hund Aufgaben zu stellen, ihn zu fordern.

Es wird jetzt häufiger als in den anderen Entwicklungsphasen vorkommen, daß sich Ihr Hund Befehlen widersetzt oder sie einfach überhört. Damit will er sehen, wie weit Sie bereit sind, Ihre Autorität auch wahrzunehmen, zu verteidigen. Sie dürfen also nichts durchgehen lassen, was von Belang ist.

Packen Sie Ihren aufmüpfigen Halbstarken im Nackenfell und beuteln Sie ihn, wie es auch der Leitwolf tun würde. Ist er dafür zu groß und stark, dann erteilen Sie ihm Befehle, die er auszuführen hat, wenn nötig am Stachel- oder Gleithalsband, damit Sie ihn im Griff haben und später dann auf ein normales Halsband zurückkommen können.

Da der Hund während der Pubertät in einer schwierigen Phase steckt, braucht er zwar oft eine strenge und besonders auch konsequente Hand, andererseits aber auch viel Liebe. Die Hündin kommt in ihre erste „Hitze" und muß mit den Vorgängen im Körper, ihren Gefühlen und mit den Rüden fertig werden.

Der junge Rüde dagegen hebt nun sein Bein beim Urinieren und wird von nun an von anderen Rüden als Rivale angesehen. Er beginnt sein Revier zu markieren und hat darum so manchen Streit auszufechten. Auch bei ihm verändern hormonelle Einflüsse das Verhalten und lassen ihn beim Duft einer läufigen Hündin nicht selten allen Befehlen seines Herrn zuwiderhandeln.

Erwachsener Collierüde: gesund, kräftig, ausgeglichen, unternehmungslustig und begeistert über jede Art von Zuwendung durch seine Menschenfamilie

Je nach Rasse kommen die einen Hunde früher, die anderen später in die Pubertätsphase.
Erfahrungsgemäß sind die Vertreter der kleinen Hunderassen frühreifer, die großen und größten dagegen Spätentwickler.
Im Alter zwischen eineinhalb und zwei Jahren ist der Hund normalerweise völlig erwachsen.
Bei wenigen Ausnahmen variiert der Zeitpunkt zwischen gut einem und zweieinhalb Jahren.

Die Erwachsenenphase

Diese längste Zeit des Hundelebens erstreckt sich in etwa vom zweiten bis zum achten Lebensjahr, bei Rassen mit hoher Lebenserwartung noch darüber hinaus.
Der erwachsene Hund ist wieder ausgeglichen, beständig und voll belastbar, was das Training und die Ausbildung für neue Aufgaben betrifft.
Die Erziehung sollte vor Eintritt in die Erwachsenenphase abgeschlossen sein, mit dem Erfolg, daß der Hund nirgends unangenehm auffällt und er für seinen Herrn und vor allem für seine Umwelt keine Belästigung, Plage oder gar Gefahr darstellt. Falsches Verhalten ist nicht den schlechten Eigenschaften der Hunde zuzuschreiben, sondern dem Versagen des Besitzers in den früheren Entwicklungsphasen. Manchmal kann der Kern für eine Fehlentwicklung schon im zartesten Welpenalter gelegt worden sein.
Der erwachsene Hund sollte nie vernachlässigt werden und regelmäßig Aufgaben gestellt bekommen.
Die Ernährung muß gehaltvoll, doch insgesamt eher knapp bemessen sein. Überfütterung, Verweichlichung und Langeweile sind für ihn Gift. Dann wird er schnell krank und träge. Vermeiden Sie diese Fehler, dann ist Ihr Hund Ihnen ein unproblematischer und ausgeglichener Freund.

Alter und Tod

Im Alter von 5–7 Jahren bekommt der Hund meistens seine ersten grauen Haare – eins der ersten Anzeichen, daß er alt wird.
Mit 7–8 Jahren läßt dann häufig auch die Sehkraft nach und mit 8–10 Jahren schließlich das Gehör.
Das Laufen beginnt dem vierbeinigen Senioren Schwierigkeiten zu bereiten, und seine Bewegungen werden insgesamt steifer.

Diesem Labrador macht das Spielen mit seinem Frauchen richtig Spaß

Zuviel an Bewegung sollte dem alten Hund jetzt nicht mehr zugemutet werden, da Herz und Kreislauf leicht versagen können. Ein Kollaps wäre die Folge. Dennoch sind regelmäßige Spaziergänge in langsamem Tempo wichtig, es sei denn der Hund hat Schmerzen.
Dieser normale Alterungsprozeß beginnt bei einigen Hunderassen schon sehr früh, bei anderen ausgesprochen spät. Durchschnittlich wird ein Hund 12–14 Jahre alt. Bei den meisten Doggen und anderen großen Hunden ist das Lebensende mit ungefähr 8–10 Jahren, bei vielen kleinen Rassen mit 15–18 Jahren erreicht.
Alternde Hunde sind häufig krebskrank. Auch gegenüber Infektionskrankheiten sind sie recht anfällig. Sie suchen von sich aus stets den warmen, ruhigen Platz und brauchen viel Zuwendung.
Jedem Hundebesitzer wird in dieser Zeit das Herz angesichts seines alternden, kranken und zusehens schwächer werdenden Freundes oft sehr schwer werden. Für all die Jahre der Liebe und Treue möchte man für ihn zum Dank alles erdenklich Gute tun. Doch er wünscht sich nur Ihre Nähe und Zuneigung, bis zu seinem letzten Tag.
Machen Sie dem Hund das Alter aber nicht zur Qual. Sie müssen die Entscheidung treffen, wann es soweit ist, Abschied von ihm zu nehmen.
Wenn die Futteraufnahme Schwierigkeiten macht, wenn er seine Ausscheidungen nicht mehr bei sich behalten kann, wenn er Schmerzen hat, es zu Lähmungen kommt und wenn er nurmehr dahinsiecht, sollten Sie Ihren treuen Freund von seinen Qualen erlösen. Denken Sie an seinen Schmerz und nicht an Ihren und nehmen Sie Abschied.
Der Tierarzt gibt dem Hund in der Regel zuerst ein Beruhigungsmittel. Die dann folgende intravenöse Injektion läßt ihn schmerzlos in den Tod gleiten.

Der Hundekauf

Wichtige Überlegungen vor dem Kauf

Sie möchten also einen Hund haben. Nun, das möchten viele; doch manche entscheiden sich unüberlegt für einen Kauf und stellen erst später fest, daß ein Hund viel Zeit und Zuwendung beansprucht und zudem Kosten verursacht. Nicht selten landen die vierbeinigen Opfer menschlicher Gedankenlosigkeit dann im Tierheim und auch dies oft auf Umwegen: Immer wieder werden ausgesetzte Hunde an Straßen, Autobahnrastplätzen oder Müllhalden gefunden.
Ein Hundekauf will also wohlüberlegt sein. Bedenken Sie zunächst, ob Sie regelmäßig Zeit genug aufbringen können – und möchten –, um sich mit einem Hund zu beschäftigen. Falls Sie eine Familie haben, sollten Sie den Familienrat zusammenrufen und alle Entscheidungen zusammen fällen. Ziehen Sie dabei auch die laufenden Kosten (Futter, gelegentlich Spielzeug, Pflegeutensilien u. ä.) sowie eventuelle Tierarztkosten in Betracht. Vergessen Sie auch Ihre Urlaubspläne nicht! Wo bleibt Ihr Hund, falls Sie ihn einmal nicht mitnehmen können oder wollen?
Sie möchten immer noch einen Hund? Gut! Beginnen wir also mit der zweiten Phase der Vorüberlegungen: Welche Rasse soll es sein? Wollen Sie einen Welpen oder einen jungen erwachsenen Hund, eine Hündin oder einen Rüden (mehr dazu auf Seiten 146–148)?
Natürlich sind Welpen einfach unwiderstehlich süß, und zweifellos hat es viele Vorteile, so einen kleinen Kerl bei sich großwerden zu lassen, ihn zu erziehen – was allerdings sehr viel Zeit und Geduld kostet. Einen erwachsenen, bereits erzogenen Hund bei sich aufzunehmen, kann für den einen oder anderen durchaus die

Wer die Wahl hat, hat die Qual: Welcher dieser Bearded Collies soll es sein – oder entscheiden Sie sich doch lieber für einen Dackelwelpen . . .?

günstigere Wahl sein. Besonders ältere Menschen, die nicht mehr ganz so beweglich und ausdauernd sind, finden in einem ruhigen erwachsenen Hund einen idealen Freund und Begleiter (siehe dazu auch Seite 151).

Nun stellt sich selbstverständlich auch die Frage nach der Rasse Ihres zukünftigen Hausgenossen. Bei der Antwort helfen Ihnen verschiedene Überlegungen: Was genau erwarten Sie von einem Hund? Möchten Sie ihn mit zur Jagd nehmen, brauchen Sie einen Wachhund, der Ihre Kinder ebenso als Spielgefährten wie als Schützlinge ansieht; oder möchten Sie einfach einen treuen Begleiter auf Ihren langen einsamen Wanderungen? Wenn Sie dies für sich geklärt haben, dann sehen Sie sich in Ihrem Freundes- und Bekanntenkreis, in Ihrer Nachbarschft um. Vielleicht kennen Sie einige Hunde, die Ihnen gefallen. Sprechen Sie mit verschie-

Liebe auf den ersten Blick. Bedenken Sie beim Hundekauf, daß es sich hier um eine Beziehung handelt, die 8–14 Jahre und länger dauern kann

denen Besitzern von Hunden über deren Eigenschaften. Und schließlich sollten Sie sich so gut wie möglich über die Rassen informieren, die für den Kauf in Frage kommen. Sie können dann am besten feststellen, welcher Hund zu Ihnen passen könnte. Die Tabelle auf der gegenüberliegenden Seite soll Ihnen bei der Orientierung und Auswahl behilflich sein.

Über den Hundeverband oder zuständigen Klub besorgen Sie sich zunächst die Anschriften mehrerer Züchter. Dort können Sie die Hunde beobachten, sich über ihr Wesen informieren und feststellen, wie der Züchter mit seinen Tieren umgeht. Das ist sehr wichtig zu erfahren, denn ein Großteil des Verhaltens gegenüber dem Menschen bildet sich schon im zartesten Welpenalter. Eine Zuchtanlage sollte sauber, nicht zu dunkel, gut belüftig, aber nicht zugig sein. Die Hunde sollten vertraut und freundlich auf den Züchter reagieren und natürlich gesund und vernünftig genährt aussehen. Stellen Sie dem Züchter Fragen und lassen Sie sich erklären, wie Sie Ihren zukünftigen Hausgenossen halten, ernähren und aufziehen sollen. Der Züchter hat Erfahrungen mit der Rasse und kann Ihnen wertvolle Ratschläge geben. Er wird auch Ihnen einige Fragen stellen, wenn es ihm nicht nur um das Geld, sondern um das Wohlergehen des Welpen geht. Integre Züchter werden wissen wollen, wo ihr Schützling bleibt, und so sicher wie möglich gehen, daß er es gut bei Ihnen haben wird. Gewissenhaften Züchtern geht das Wohlergehen Ihrer Hunde stets über den finanziellen Aspekt.

Kaufen Sie niemals Welpen im Kaufhaus, im Zoo- oder gar im Versandhandel! Diese Tiere sind meistens verhaltensgestört und oft auch krank, da sie in Großzuchtanlagen auf die Welt kommen, in denen sich der Mensch nicht um den einzelnen Hund kümmern kann und auch gar nicht will. Die Stammbäume aus den Massenzuchten sind fast immer Fälschungen. Erkundigen Sie sich im Zweifelsfalle bei den Verbänden. Bestehen Sie außerdem grundsätzlich auf einen Vertrag – auch hier wird Ihnen der Verband mit einem Vordruck oder anderen wertvollen Informationen weiterhelfen (siehe Adressen Seite 205) –, der Ihnen ein Rückgaberecht bei schweren charakterlichen oder körperlichen Mängeln des Hundes einräumt.

Es ist nicht ratsam, einen Rassehund von einem Züchter zu kaufen, der nicht einem Verband angehört. Er kann zwar durchaus dennoch seriös sein, aber Sie haben bei ihm nicht die ***Garantie***, daß er seinen Zuchthündinnen nicht bei jeder Läufigkeit

Welcher Hund paßt zu mir?

	für diejenigen, die einen guten Wachhund möchten	für Menschen, die einen Familienhund möchten	für Kinder	für ältere Menschen	für Wanderfreudige	für Leute, die gern repräsentieren	für diejenigen, die einen sehr temperamentvollen Hund wollen	für Menschen, die einen ruhigen Hund wünschen	für Leute, die einen Einmannhund möchten	für diejenigen, die einen sehr selbständigen Hund wollen	für Menschen, die einen besonders anhänglichen Hund möchten	für Leute, die sich einen frechfröhlichen Hund wünschen	für diejenigen, die einen Hund mit Jagdleidenschaft wollen	für Menschen, die einen sehr pflegeleichten Hund möchten	für Leute, die einen Hund wünschen, der viel Fellpflege braucht
Afghane u. a. Windhunde					■	■	■		■	■					■
Airedale Terrier	■										■			■	
Basset						■		■		■					
Beagle		■	■				■						■		
Bearded Collie		■									■				■
Belgische Schäferhunde	■									■					
Bobtail		■				■	■			■		■			■
Boxer	■	■								■				■	
Briard	■									■					
Chihuahua				■		■				■		■			
Collie		■			■						■				■
Cocker Spaniel		■		■									■		
Dackel			■	■						■		■	■		
Dalmatiner		■			■	■				■				■	
Deutsche Dogge	■					■			■	■					
Deutscher Schäferhund	■									■					
Dobermann	■						■		■	■				■	
Eurasier		■	■					■							
Foxterrier				■			■					■		■	
Golden Retriever		■									■		■		
Hovawart	■								■	■					
Irish, English u. Gordon Setter					■	■				■			■		
Jack Russel Terrier		■	■				■			■		■		■	
Kuvasz	■							■	■	■					
Labrador Retriever		■		■									■		
Lhasa Apso			■					■			■				■
Neufundländer., Landseer						■				■					■
Pinscher	■			■	■					■				■	
Pudel		■		■		■						■			■
Rottweiler	■							■	■	■					
Schnauzer	■									■				■	
Sheltie		■		■							■				■
Sibirian Husky					■										
Spitze	■			■						■					■
Springer Spaniel		■											■		
Tibet Terrier				■						■					■
Welsh Terrier			■								■			■	
West Highland White Terrier			■	■		■				■		■			
Yorkshire Terrier				■						■		■			■

Begegnung im Park. Ein junger Irish Setter trifft mit einem Jack Russel Terrier zusammen und beschnuppert ihn neugierig

decken läßt und sie so aus ausschließlich an Profit orientiertem Denken zu Gebährmaschinen degradiert. Ein solcher Züchter miß-achtet die Regeln des Zuchtverbandes zum Schutz gesunder Muttertiere und Welpen. Möglicherweise wurde er daher bereits aus dem Verband ausgeschlossen.

Welpe oder erwachsener Hund

Der Welpe ist im Alter von 8–12 Wochen im richtigen Alter, um zu seinem zukünftigen Besitzer zu wechseln. Er ist dann in der Sozialisierungsphase und damit fähig, die Veränderung hinzunehmen und sich seinem neuen Partner, dem Menschen, anzuschließen. Er kommt direkt von Mutter, Geschwistern und Züchter und hat noch keine schlechten Erfahrungen gemacht. Sie haben es in der Hand, mit Liebe und Konsequenz eine für beide Teile beglückende Partnerschaft mit dem formbaren Hundekind zu gestalten.

Genau dafür brauchen Sie aber viele Monate lang Geduld und sehr viel Zeit. Falls Sie diese nicht aufbringen können, sollten Sie sich lieber für einen etwas älteren Hund entscheiden, solange Sie nicht vergessen, daß auch er regelmäßige Zuwendung nötig hat.

Einen Hund im Alter von 5–6 Monaten zu sich zu nehmen, hat seine Vorteile. Dann ist er in der Rudelordnungsphase und bestrebt, sich einem Meuteführer unterzuordnen. Wer es sich nicht zutraut, einen Welpen großzuziehen und richtig zu erziehen, kann mit einem Hund von knapp einem halben Jahr den richtigen Kauf machen. Wichtig ist zu erfahren, daß er gesund ist, keine schlechten Erfahrungen mit Menschen machen mußte und daß keine gravierenden Fehler bei seiner Erziehung gemacht wurden.

Erwachsene Hunde werden auch immer wieder angeboten, umständehalber zumeist, wie zum Beispiel in den Tiermarktrubriken der Tageszeitungen zu lesen ist. Auf diese Weise oder aus einem Tierheim können Sie zu einem lieben und anhäng-

Diese junge Irish Terrierhündin ist offensichtlich nicht sehr begeistert von diesem Fototermin. Viel lieber würde sie mit ihrem Herrchen herumtollen

Lhasa Apsorüde. Bei dieser Hunderasse gibt es hinsichtlich Größe und Wesen kaum Unterschiede zwischen den Geschlechtern

lichen Hund kommen. Bevor Sie aber einen erwachsenen Hund zu sich nehmen, ist Vorsicht angebracht. Manche Tiere wurden durch menschliche Gedankenlosigkeit oder Grausamkeit verdorben und sind nur schwer oder gar nicht mehr zu einem vertrauten Verhältnis zu Menschen zu bewegen. Dennoch, ein Versuch lohnt sich und hat oft mit viel Liebe und Geduld schließlich doch zu für beide Seiten höchst erfreulichen Ergebnissen geführt.

Hunde, die mehrmals den Besitzer wechselten, sind oft Problemtiere. Nehmen Sie den erwachsenen Hund auf keinen Fall – auch wenn Sie ihn geschenkt bekommen – ohne ihn zuvor sorgfältig zu beobachten und Erkundigungen über ihn einzuziehen.

Es sollte Ihnen erlaubt werden, mehrere Tage lang Umgang mit ihm zu haben, auch die Gelegenheit, mit ihm alleine spazierenzugehen. Dann können Sie sich mit ihm anfreunden und herausfinden, ob der Hund sich in seinem Verhalten normal zeigt. Der möglicherweise oft enttäuschte und herumgestoßene Hund kann Ihnen dann ein auf ewig dankbarer und treuer Freund werden.

Rüde oder Hündin?

Beim Kauf eines Hundes stellt sich natürlich die Frage, ob es ein Rüde oder eine Hündin sein soll. Mancher wird sagen, das spiele keine oder kaum eine Rolle. Doch es kann viel ausmachen.

Prüfen Sie Ihre Vorstellungen von einem Hund, den Sie bei sich aufnehmen möchten. Damit Sie sich besser entscheiden können, sollen hier die Vorzüge und Nachteile von Rüde und Hündin kurz aufgezeigt werden:

Der Rüde ist oft selbständig, selbstbewußt, eigenwillig, stürmisch und draufgängerisch. Überall muß er seine Duftmarken setzen. Bekommt er die Witterung einer läufigen Hündin in die Nase, kann auch der folgsamste Rüde den Minnedienst der Gehorsamkeit kurzzeitig vorziehen. Wenn die Natur ruft, siegt der Instinkt und der liebeshungrige Kavalier entwischt nicht selten über den Gartenzaun.

Auch neigen manche Rüden zu Raufereien mit vermeintlichen Rivalen.

Hündinnen sind ebenso lebhaft, aber oft anhänglicher, zärtlicher, häuslicher und leichter lenkbar als Rüden. Zweimal im Jahr wird die Hündin läufig. Dies kann eine Belastung für Sie, Ihre Familie und sogar Ihre Nachbarn sein, denn die Besuche aller Rüden der näheren und weiteren Umgebung sind Ihnen dann sicher. Mit einer Spritze können diese Unannehmlichkeiten allerdings beseitigt werden – endgültig und noch besser aber mit einer von vielen Tierärzten angeratenen Kastration, die nach der ersten, spätestens jedoch nach der zweiten Läufigkeit gemacht werden sollte. Andererseits haben Sie den Vorteil, mit einer Hündin züchten zu können. Ein Wurf junger Hunde ist ein einzigartiges Erlebnis, für das sich viele Schwierigkeiten lohnen. Doch wollen sie sie Zahl der Hunde nur deshalb vergrößern?

Draufgänger oder Seelchen?

Temperament, Draufgängertum und all die anderen Charaktereigenschaften sind allerdings keinenfalls geschlechtsgebunden, sondern vielmehr individuell verschieden.

Der Züchter kann schon bei drei Wochen alten Welpen Unterschiede in ihrem Wesen feststellen.

Kleine Draufgänger sind stets die ersten am Gesäuge der Mutter und erobern sich dort hartnäckig den besten Platz; uner-

Hoppla – jetzt komm ich! Keck blickt dieser langhaarige, zehn Wochen alte Chihuahuawelpe aus seinem Hundekörbchen.

Ein Herz und eine Seele – diese Rauhhaardackeldame genießt sichtlich die zahlreichen Streicheleinheiten des jungen Mädchens

müdlich balgen sie mit ihren Geschwistern und fordern auch die Mutter immer wieder zum Spiel auf. Neugierig läuft der kleine Draufgänger Fremden entgegen. Bei vernünftiger Erziehung und Haltung kann man schon jetzt davon ausgehen, daß dieser Hundewelpe sein ganzes Leben lang Neugierde, Mut, Draufgängertum zeigen wird. Welpen, die sich dagegen zurückhaltend verhalten, verträumt und zaghaft scheinen, können sich zu sehr sensiblen, anschmiegsamen und rücksichts- vollen Hunden entwickeln. Falls Sie noch nie einen Hund gehabt haben sollten, ist es ratsam, weder ein ganz besonders lebhaftes Kerlchen auszusuchen noch eine kleine Mimose, sondern einen Welpen, der zu gleichen Teilen Neugier und Mut sowie Vorsicht und Zurückhaltung übt und sich nach kurzer Zeit der Gewöhnung ohne Angst von Ihnen anfassen läßt.

Sollten Sie bereits „Hundeverstand", also Erfahrung mit Hunden, haben dann entscheiden Sie selbst, ob Sie einem eigenwilligen Temperamentsbündel freundlich-konsequente Erziehung angedeihen lassen wollen oder vielleicht lieber mit liebevoller Geduld eine Mimose aus der Reserve locken möchten.

Nehmen Sie rechtzeitig Kontakt mit dem Züchter auf, bei dem Sie Ihren Hund holen wollen. Wenn der Züchter in Ihrer Nähe wohnt, dann sollten Sie ihn und seine Hunde mehr als nur einmal besuchen. Das erleichtert Ihnen die Auswahl und schafft gleichzeitig eine Vertrauensbasis. Vielleicht ist der Züchter sogar bereit, Ihren Hund im Urlaub zu hüten. Möglicherweise sind alle Welpen des Wurfes bereits vergeben. Dann haben Sie die Gelegenheit, beim nächsten Wurf die kleinen Kerlchen sehr früh zu beobachten und sich Ihren Hund auszusuchen.

Die besten Freunde sind dieser Junge und seine Dalmatinerhündin, die mit ihm im Garten herumtollt und geduldig zuhört, wenn er ihr von seinen Sorgen erzählt

Hund und Kind

Es gibt kaum ein Kind, das sich keinen Hund wünscht. Heftig werden die Eltern mit der Bitte nach einem vierbeinigen Freund bestürmt. Die Eltern haben allerdings oft große Bedenken, ob sie diesen Wunsch erfüllen sollen. Am meisten bereitet ihnen folgende Frage Sorgen: Wird das Kind nicht bald das Interesse am Hund verlieren, so daß alle Pflichten, die mit der Hundehaltung verbunden sind, den Eltern überlassen bleiben?

Auf diese Frage können Sie sich nach eingehender Prüfung am besten selbst die Antwort geben. Sie kennen Ihr Kind und können beurteilen, ob es ein ernsthafter Wunsch ist oder nur eine vorübergehende Laune. Falls Sie sich dennoch nicht ganz sicher sind, dann bitten Sie Freunde oder Nachbarn, ob Ihr Sprößling vielleicht einige Zeit lang ihren Raudi oder ihre Senta mitbetreuen kann, so daß er weiß, was es bedeutet, einen Hund zu halten. Ist es auch nach einigen Wochen noch der sehnlichste Wunsch Ihrer Tochter oder Ihres Sohnes, einen eigenen Hund zu haben, sollten Sie ernsthaft daran denken, ob Sie Ihrem Kind diese Bitte erfüllen können.

Der Hund ist dem Kind bald nicht nur ein guter Spielkamerad, sondern auch ein stiller Erzieher. Er weiß sich und seine Wünsche bemerkbar zu machen. So wird das Kind ganz von selbst daran erinnert, daß es Pflichten gegenüber seinem vierbeinigen Freund hat, etwa das Füttern, das immer frische Wasser in sauberem Napf, das Gassigehen. Die wichtigsten Erfahrungen für das Kind sind: Der Hund liebt mich, er ist immer für mich da, er hält treu zu mir!

Hovawart mit Frauchen – ein eingespieltes Team, das aufeinander bauen kann

Kinder ab etwa zehn Jahren können einen Hund schon relativ selbständig betreuen. Wenn man ihnen beigebracht hat, wie ein Hund reagiert und wie er lernt, dann können sie ihren vierbeinigen Freund auch erziehen. So kann es gar nicht passieren, daß der Hund für das Kind langweilig wird, denn er hält die Beziehung schon gut in Schwung.

In Familien mit Kleinkindern wird sich der Hund den Kindern gegenüber als Beschützer fühlen. Auf das richtige Verhältnis zueinander müssen die Eltern achten. Hunde haben Kindern gegenüber sehr viel Geduld. Daß die Kinder den Hund nicht quälen oder in die Enge treiben dürfen, muß ihnen erklärt werden. Ebenso, daß sie den Hund nie zu etwas auffordern, was dem Tier im allgemeinen streng verboten ist.

Kleinkinder und Babys sollten grundsätzlich nicht allein mit dem Hund gelassen werden. Welche Rassen besonders kinderfreundlich sind, geht aus der Tabelle „Welcher Hund paßt zu mir?" (Seite 145) sowie aus den Beschreibungen der einzelnen Rassen hervor.

Hund und älterer Mensch

Ein Hund kann für ältere Menschen aus vielen Gründen unentbehrlich sein. Besonders allein lebenden Senioren ist der Hund treuer Gefährte und einziger „Gesprächspartner". Gelehrig und geduldig wie er ist, wird der Hund sein Herrchen oder Frauchen bald sehr genau kennenlernen. Er hört aufmerksam zu und scheint jedes Wort zu verstehen – worauf manche Hundehalter oft schwören.

Tatsächlich hört er Freude, Ärger, Trauer in der Stimme und reagiert entsprechend. Hunde bieten älteren Menschen neben der Gesellschaft noch mehr, nämlich die Leistung ihrer scharfen Sinne. Sie machen auf das Klingeln des Telefons oder der Hausglocke aufmerksam, warnen vor Fremden und verschiedenen Gefahren.

Der tägliche Spaziergang ist nicht nur für den Vierbeiner gut, sondern fördert auch die Gesundheit seines Menschen

Da der Hund neben der Zuwendung auch Pflege, Nahrung und den täglichen Gang nach draußen braucht, hat der ältere Mensch auch Pflichten zu erfüllen – eine Verantwortung, die für ihn heilsam und gesundheitsfördernd ist. Wer für ein Lebewesen zu sorgen hat, kommt sich nicht überflüssig vor, sondern wird in liebevoller Weise immer wieder darauf aufmerksam gemacht, daß er gebraucht wird.

Das tägliche Gassi- und Spazierengehen ist für den älteren Menschen ein Lebenselixier. Es hilft außerdem, mit anderen Hundehaltern oder anderen Menschen ins Gespräch zu kommen. Diese sozialen Kontakte sind ebenso gesundheitsfördernd und anregend wie das Spazierengehen.

Ältere Menschen leben meistens in einer kleinen Wohnung. Aus diesem Grund sollte der Hund ebenfalls klein sein. Außerdem wird dann auch der Geldbeutel weniger strapaziert. Große Hunde sind für Senioren oft zu stark, sie beanspruchen zudem einen größeren Wohnraum und brauchen längeren Auslauf. Einen kleineren Hund hat man in jeder Situation besser im Griff.

Ratschläge zur Erziehung des Hundes

Die Übung „Sitz und bleib" führt der wohlerzogene Hovawart brav aus

Welpen das Jaulen abgewöhnen

Herzlichen Glückwunsch! Sie haben nach sorgfältiger Überlegung und Vorbereitung endlich den Hund Ihrer Wahl gefunden und, begleitet mit vielen guten Ratschlägen des Züchters, mit nach Hause gebracht .

Der 9–10 Wochen, vielleicht auch schon 11–12 Wochen alte Welpe ist jetzt noch in einer Phase, in der er sehr stark an seiner Mutter und an seinen Geschwistern hängt. Er wird sie in der ersten Zeit sehr vermissen, vor allem ihren Geruch und Ihre Wärme. Das schönste, weichste Körbchen wird ihm anfangs wahrschein-

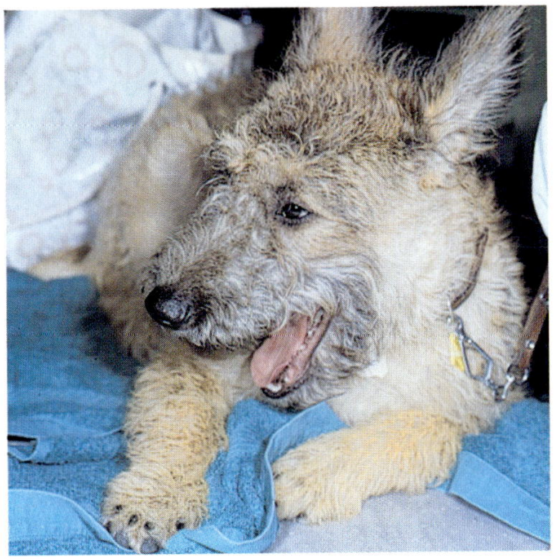

lich nicht gefallen. Er wird nach der Mutter und den Geschwistern suchen und zu jaulen anfangen.
Vor allem nachts kommt er sich verlassen vor, wenn Ihre Liebe, Zuwendung und Beschäftigung ihm ebenfalls fehlen. Damit das nächtliche Weinen des Hündchens nicht zur Angewohnheit und zu einem Dauerzustand wird, sollten Sie liebevoll aber konsequent vorgehen und folgende Punkte beachten: Sein Schlafplatz sollte an einem warmen Platz stehen, denn Wärme braucht der Welpe – und sie macht ihn schläfrig. Legen Sie ihm in sein Körbchen ein weiches Kissen oder eine Decke, in die er sich wohlig einkuscheln kann. Wenn Sie ein getragenes Kleidungsstück mit Ihrem frischen Duft ins Körbchen geben, wird er sich geborgen fühlen, denn er hat Sie ja schon kennengelernt, vielleicht auch schon ins Herz geschlossen.

Mit diesen Maßnahmen haben Sie schon eine Menge getan, so daß es vielleicht gar nicht erst zum Verlassenheitsjaulen kommt.
Weint Ihr Welpe nachts dennoch, dann gehen Sie ruhig zu ihm, beruhigen Sie ihn, indem Sie mit ihm sprechen und ihn streicheln. Sie sollten ihn jetzt aber nicht auf den Arm nehmen, außer zum Gassigehen, und schon gar nicht mit ins Bett nehmen. Sonst ist es wahrscheinlich, daß er es jede Nacht so gut haben möchte und so lange jault, bis Sie es wieder tun. Dann hat er das Spiel gewonnen.

Kläffer – nein danke!

Es ist ausgesprochen nervtötend, wenn ein Hund ständig bellt. Jeder hat schon die Bekanntschaft mit einem solchen Hund gemacht, der vor einem Geschäft

Junge Basenjihündin

„Das ist mein Revier – verschwinde!" Wütend verbellt dieser Schäferhund-Airedale Terrier-Mischlingsrüde einen anderen Rüden

angebunden sitzt und erst zu bellen aufhört, wenn sein Frauchen aus dem Laden zurückgekommen ist. Oder Nachbars Hund bellt unaufhörlich, wenn es an der Tür geklingelt hat. Andere Hunde bellen ständig, wenn sie autofahren oder alleine zu Hause bleiben müssen. Manche, fast ausschließlich Rüden, bellen und heulen die ganze Nacht über, vor allem, wenn der Mond scheint.

Hunde bellen aus Angst, Erregung, zur Kommunikation und zur Revierbehauptung. Bellt der Hund aus Angst vor dem Alleingelassenwerden oder wenn er im Auto fährt oder Fremde in der Wohnung ohne Unterlaß an, hilft folgende Methode: Greifen Sie mit einer Hand von oben über seine Schnauze und halten sie zu. Dabei geben Sie einen kurzen Befehl, wie „Still" oder „Aus". Will der Hund ausweichen oder sich befreien, können Sie ihn im Nackenfell mit der anderen Hand festhalten. Dieses „Über-die-Schnauze-Beißen" ist unter Hunden üblich, etwa wenn die Welpen zu laut oder zu unruhig sind. Die Hündin bringt sie damit sofort zur Ruhe. Auch unter Wölfen ist diese Art der Erziehung üblich. Sie ist also für den Hund nichts Ungewohntes und wirkt viel besser als irgendeine andere Bestrafung.

Der Hund im Haus soll beim Klingeln oder Klopfen anschlagen. Er soll den Fremden ja ankündigen. Dann hat er auf Ihren Zuruf hin zu schweigen. Befolgt er ihn, kann er in der ersten Zeit außer dem Lob auch einen Leckerbissen erhalten. Denn mit vollem Maul bellt es sich schlecht. Das ist ein zweites Mittel, den Hund zum Schweigen zu bringen.

Wenn der Hund nachts heult oder Bellkontakt mit anderen Rüden aufnimmt, sollte er in einen Raum gebracht werden, der fensterlos ist oder dichtschließende Vorhänge hat. Die Beleuchtung wird eingeschaltet. Wird diese Maßnahme stets wiederholt, kann dem Hund das nächtliche Konzert abgewöhnt oder zumindest eingeschränkt werden.

Diese junge Bullterrierhündin hat längst gelernt, daß es im Garten eine bestimmte Stelle gibt, wo sie ihr kleines Geschäft erledigen darf

Stubenreinheit

Wenn Ihr Welpe beim Kauf 10–12 Wochen alt ist und aus einer kleinen Liebhaberzucht kommt, wird er in der Regel fast schon stubenrein sein. Der Züchter und die Hündin haben ihm schon vieles beigebracht, und sein Reinlichkeitsbedürfnis tut das Seine. Dann haben Sie nicht viel Mühe mit Ihrem neuen Hausgenossen. Anders ist es, wenn er aus einer großen gewerblichen Zucht stammt, wo er in einem Zwinger aufgewachsen ist und sich kein Mensch um ihn gekümmert hat. Auch wenn Sie ihn in einem Kaufhaus oder Zoogeschäft gekauft haben, wo er in einer Box mit mehreren anderen Welpen gehaust hat und wie die anderen irgendwohin machen mußte, wird es lange dauern, bis er stubenrein ist.
Wichtig ist in jedem Fall, daß Sie den Welpen genau beobachten. Nach jeder Mahlzeit hat ein so junger Hund das Bedürfnis, Darm und Blase zu entleeren. Sie sollten also nach dem Fressen mit ihm hinausgehen und ihn an eine geeignete Stelle setzen. Hat es geklappt, dann loben und streicheln Sie ihn. Auch zwischendurch muß er manchmal. Wenn er anfängt, suchend herumzulaufen, vielleicht scharrt und winselt, dann ist es höchste Zeit, ihn nach draußen zu tragen. Wird er dort mit einem ermunternden Wort hingesetzt, dauert es meistens nicht lange, bis er sich löst. Vergessen Sie nicht, ihn zu loben und zu streicheln, denn der Hund soll schnell begreifen, daß es erwünscht ist, wenn er draußen sein Geschäft verrichtet.
Passiert es in der Wohnung – und das wird es anfangs mit Sicherheit –, dann können Sie den Welpen tadeln, aber nur, wenn er „auf frischer Tat ertappt" wird. Sonst kann er zwischen dem Tadel und seiner Tat keinen Zusammenhang sehen. Erwischen Sie ihn bei seinem Geschäft auf dem Teppich, dann rufen Sie mit strenger Stimme „Pfui" und zeigen ihm seine Missetat. Stecken Sie aber nie seine Nase hinein, denn das nützt nichts. Brin-

gen Sie ihn statt dessen nach draußen und machen Sie ihm deutlich, daß er dort sein Geschäft verrichten darf.
Da ein Welpe fünf Mahlzeiten pro Tag erhält, werden Sie wahrscheinlich noch spät abends oder gar nachts mit ihm hinaus müssen. Wohnen sie in einem oberen Stockwerk eines Hochhauses, haben Sie trotz schnellem Aufzug evtl. gar keine Chance, mit ihm rechtzeitig nach draußen zu gelangen. Dann können Sie vorsichtshalber im Badezimmer oder an einem anderen geeigneten Platz eine Katzentoilette mit schwerer Katzenstreu aufstellen und den Welpen bei Dringlichkeit hineinsetzen. Für große Rassen sind entsprechend große Behälter erforderlich.
Manche Besitzer von kleinen Hunderassen sind schon mit Erfolg zu dieser Methode übergegangen, vor allem wenn der Hund täglich längere Zeit allein gelassen werden muß oder wenn der Besitzer gebrechlich ist. Damit diese Hunde sich nicht ausschließlich an das Geschäft in der Wanne gewöhnen, sollten sie oft ins Freie gebracht werden.

Herbeikommen auf Ruf

Immer wieder können wir beobachten, wie Hundebesitzer vergeblich ihren Vierbeiner herbeirufen, dieser sich jedoch überhaupt nicht darum kümmert, sondern seine eigenen Ziele verfolgt und sich dabei oft immer weiter entfernt.
Hiermit stellt sich der Hundehalter selbst ein sehr schlechtes Zeugnis seiner Erziehungskunst aus. Wenn dieser Mensch nun noch hinter seinem Tier herläuft und ihn, hat er ihn schließlich doch erwischt, wütend verprügelt, hat er alles falsch gemacht, was ein Hundehalter nur falsch machen kann. Der Hund wird sich das merken und beim nächsten Mal erst recht nicht kommen. Dabei ist nichts einfacher als einem Hund beizubringen, sofort freudig zu seinem Herrn zu kommen, sobald dieser ihn ruft.
Dieses freudige Kommen können Sie schon vom Welpenalter an mit dem Hund üben, auch in der Wohnung. Immer wenn er zu Ihnen kommt, nachdem Sie ihn gerufen haben, loben sie ihn.

Dem Zuruf seines Herrchens gehorcht dieser Irish Setterrüde unverzüglich und mit Freude - Ergbenis geduldiger, konsequenter und liebevoller Erziehung

Schon diesem erst zehn Wochen alten West Highland White Terrier kann man langsam beibringen, an der Leine zu gehen

Üben Sie erstmals mit ihm im Freien, können Sie ihn an eine lange Leine oder Schnur binden. Kommt er auf Zuruf nicht freiwillig, ziehen Sie ihn zu sich heran und loben Sie ihn.
Wiederholen Sie anschließend die gleiche Übung ohne Leine. Laufen Sie ihrem Hund auf keinen Fall nach, falls er nicht gleich kommen sollte, sondern bewegen Sie sich nach einmaligem Ruf in die entgegengesetzte Richtung, oder hocken Sie sich hin. Dadurch wirken Sie für den Hund kleiner und weiter entfernt. Sie werden sehen, wie schnell er angelaufen kommt! Auch jetzt verdient er ein Lob und vielleicht auch einen Leckerbissen.
Üben Sie das Herbeikommen zuerst dort, wo keinerlei Ablenkungen durch andere Menschen oder Hunde möglich sind. Später suchen Sie dann gerade solche Plätze mit viel Leben auf, um zu sehen, wie gut die Lektion schon sitzt.

Leinenführigkeit

Ein Hund läßt sich wie ein störrischer Esel zerren, oder er zieht seinerseits ungestüm sein Herrchen oder Frauchen durch die Gegend. Dieses Fehlverhalten können wir täglich beobachten. Es zeugt von falscher oder unterlassener Erziehung des Hundes zum korrekten Gehen an der Leine.
Das gehorsame Gehen an der Leine muß fleißig und konsequent geübt werden. Dazu ist eine ca. ein Meter lange Lederleine mit einem starken Karabinerhaken nötig, ferner, je nach Rasse, ein ledernes Halsband, eventuell sogar ein Stachel- oder Würgehalsband.
Geübt wird am besten entlang einer Hauswand, eines Zaunes oder einer Mauer. Den Hund nehmen Sie an Ihre linke Seite, so daß er zwischen Ihnen und der Wand geht. Mit Ihrer linken Hand halten Sie die Leine dicht hinter dem Karabinerhaken, mit der rechten das Ende der Leine.
Geben Sie nun den Befehl „Fuß", und gehen Sie los. Will der Hund nicht mitgehen oder weiß er nicht, was er tun soll, geben Sie ihm bei dem Befehl einen Ruck mit der Leine. Er wird dann meistens neben Ihnen hergehen. Nach rechts und links kann er nicht, weil Sie bzw. die Mauer ihn einengen. Bleibt er zurück, ziehen Sie ihn mit einem kurzen, scharfen Ruck an der Leine wieder neben sich. Will er voreilen, kann er auf die gleiche Weise an Ihre Seite gebracht werden. Der Hund merkt schnell, was von ihm verlangt wird. Ist er an Ihrer Seite, merkt er von einem Zwang dagegen nichts. Außerdem erhält er dann ausgiebig Lob: „So ist's brav, Fuß."
Die Übung sollte anfangs nur wenige Minuten lang durchgeführt werden, damit der Hund mit Eifer und Freue dabei ist. Beherrscht er sie gut, gehen Sie dazu über, das Abbiegen und Wenden zu üben. Führen Sie die Wendungen anfangs nicht zu scharf aus, damit er gut neben Ihnen bleiben kann. Den einen oder an-

„Geh bei Fuß" ist neben dem sofortigen Kommen auf Zuruf eine der grundlegenden Gehorsamsübungen

deren versehentlichen Tritt mit der Hundepfote werden Sie verschmerzen, allerdings sollten Sie aufpassen, daß Sie Ihrerseits Ihren Hund nicht treten, da er leicht fußscheu werden könnte.
Der Ruck an der Leine zur Korrektur reicht aus und kommt in den Augen des Hundes nicht direkt von Ihnen. Wenn diese Übung problemlos gelingt, können Sie die Schwierigkeitsstufe erhöhen.
Zum Schluß sollten Sie die Leinenführigkeit gerade dort fortführen, wo Verkehr ist. Autos, Menschen und vor allem andere Hunde sowie deren Duftmarken lenken ihn ab. Geht er an lockerer Leine bald auch hier neben Ihnen, hat er die Lektion erfolgreich beendet.

Freies Folgen bei Fuß

Nachdem Ihr Hund an der lockeren Leine sehr gehorsam neben Ihnen geht, können Sie die Übung ohne Leine versuchen. Leinen Sie ihn, möglichst vom Hund unbemerkt ab, wenn er an Ihrer linken Seite geht. Sie loben ihn mit „Brav, Fuß" und halten die linke Hand bereit, um beim Vorschnellen oder Zurückbleiben ins Halsband oder ins Nackenfell zu greifen und ihm mit „Fuß" an Ihre Seite zu holen.
Ist der Hund schneller, dann holen Sie ihn mit dem gewohnten Pfiff, „Komm" oder „Hier" zurück. Er wird selbstverständlich gelobt, wenn er zu Ihnen kommt. Wechseln Sie dann den freien Lauf und die Leinenführung immer wieder unbemerkt ab, bis er zuverlässig reagiert.
Das freie Folgen bei Fuß ist sehr wichtig und kann viele gefährliche Situationen vermeiden. Ganz unerwartet könnte der Hund sonst über die Straße laufen, weil vielleicht ein anderer Hund dort ist. Oder er könnte einen aufspringenden Hasen hetzen.
Den Hund vom Verfolgen von Wild oder einer Wildfährte abzuhalten, ist bei manchen Rassen sehr schwer. In Gebieten, in denen diese Versuchung stets gegeben ist, sollte der Hund ohnehin an der Leine

geführt werden. In Vorstädten, Parks, an Feldwegen kann jedoch überraschend Wild aufspringen. Um dem Hund auch hier Gehorsamkeit einzuschärfen, müssen Sie notfalls mit einer langen Leine üben. Hört er nicht, wenn er losrennt, um etwa ein Kaninchen zu verfolgen, auf Ihr „Fuß" oder „Komm", dann betätigen Sie den Stopp an Ihrer Leinentrommel oder halten die Leine ruckartig fest. Der Hund wird mit einem plötzlichen Ruck gebremst und von den Füßen gerissen. Unterstreichen Sie dieses Erlebnis mit einem sehr strengen „Pfui", dann bedarf es nicht vieler solcher Lektionen. Rufen Sie den Sünder zurück, oder ziehen Sie ihn mit der Leine zurück. Ist er bei Ihnen eingetroffen, loben Sie ihn für sein Kommen. Für seinen Ungehorsam davor wurde er ja ausreichend bestraft.

Sitz!

Diese Übung können Sie jederzeit ab dem Welpenalter spielerisch durchführen. Ein- bis zweimal täglich genügt anfangs. Sie halten dem stehenden Hund eine Hand unter dem Fang und fahren mit der andern über den Rücken. Über der Kruppe üben Sie einen leichten Druck aus, so daß der Hund sich setzen muß. Ohne die Hand unterm Kinn würde er sich wahrscheinlich hinlegen.
Während Sie ihn hinten niederdrücken und vorne hochhalten, rufen Sie „Sitz!". Hat er die Übung ausgeführt und sitzt brav vor oder neben Ihnen, dann loben Sie ihn mit „Brav, sitz" und geben ihm vielleicht auch einen Leckerbissen.
Später wiederholen Sie die Übung in allen möglichen Situationen. Vor allem beim Laufen an der Leine oder frei neben Ihnen ist das Sitz zu üben. Sobald Sie anhalten, sollte sich der Hund setzen. Vor allem wenn sie eine Straße mit ihm überqueren wollen, halten Sie einen Augenblick an und warten, bis er sich gesetzt hat. Sie sollten es nie so eilig haben, einfach aus dem Lauf heraus über die Straßen zu eilen, wenn der Hund dabei ist. Wie kann er dann begreifen, daß er sich am Straßenrand zu setzen hat, um Ihren nächsten Befehl abzuwarten. Mit dieser Übung können Sie Ihrem Hund das Leben retten, denn viele Hunde werden überfahren, weil sie unerwartet auf die Straße springen.
Es ist ratsam, zum gesprochenen „Sitz!" ein Zeichen zu geben, etwa den Zeigefinger zu erheben. Der Hund wird sich das merken und sich setzen, auch wenn er Ihren Befehl nicht hören kann.

Platz!

Wenn der Hund sich legen soll, rufen Sie „Platz!" und drücken ihn mit der einen Hand an der Kruppe herunter, während Sie mit der anderen Hand seine Vorderbeine nach vorn ziehen. Oft genügt auch, ihm nur eine Hand auf den Rücken zu legen. Dann kann während des Befehls mit der anderen Hand ein Zeichen gegeben werden: flache Hand mit der Handfläche nach unten halten oder mit dem

Zeigefinger auf den Boden weisen. Anfangs kann der Welpe meinen, die Hand auf dem Rücken sei eine Aufforderung zum Spiel. Dann mag er herumtollen oder sich auf den Rücken drehen. Nun, das macht auch nichts, dann wird eben ein andermal weitergeübt. Lob und Belohnung sind anfangs sehr wichtig, wenn der kleine Schüler es richtig gemacht hat. Das Hinlegen wird nun zum Liegenbleiben ausgedehnt. Wenn der Hund liegt und nach kurzer Zeit wieder aufstehen möchte, rufen Sie ihm wieder „Platz!" zu. Bleibt er schließlich liegen, bis Sie ihn rufen, können Sie damit beginnen, sich von dem liegenden Hund zu entfernen. Zuerst behalten Sie ihn im Auge und rufen ihm „Brav, Platz!" zu. Später gehen Sie fort, ohne auf ihn zu achten. Er wird zuerst sicher aufspringen und Ihnen folgen oder schummeln, indem er sich vorrobbt, wenn Sie sich weggedreht haben. Bringen Sie ihn an den Ausgangspunkt der Übung zurück.
Rufen Sie ihn nach Abschluß der Lektion nicht zu sich, sondern gehen Sie zu ihm. Ein dickes Lob und einen Leckerbissen hat er sich dann verdient. Wenn der Hund geduldig liegenbleibt, während Sie sich aus seiner Sicht entfernt haben, hat er einen großen Schritt in seiner Gehorsamkeitsausbildung getan.
Es ist schon eine große Leistung, wenn der Hund während des Einkaufs vor dem Laden liegenbleibt oder Gegenstände bewacht, ohne sich von anderen Menschen und Hunden ablenken zu lassen.

Steh!

Wenn der Hund noch klein ist, kann ihm die Bedeutung des Befehls „Steh!" ganz einfach beigebracht werden. Wenn er draußen bei Fuß oder an der Leine läuft und irgendetwas erregt seine Aufmerksamkeit, wird er stehenbleiben, um zu schauen. Wenn Sie in solchen Augenblicken „Steh!" rufen, wird er nach einiger Zeit wissen, was gemeint ist, und auf den Befehl hin stehenbleiben.
Ist der Hund größer, kann ihm der Befehl zum Stehen aus der Bewegung heraus beigebracht werden. Bleiben Sie stehen, und halten Sie den Hund mit einem Ruck

Auf „Bleib!" hin soll der Hund in der „Sitz"- oder „Platz!"-Position verharren

an der Leine zurück. In diesem Augenblick muß der Befehl „Steh!" kommen. Damit der Hund sich nicht hinsetzen kann, schieben Sie einen Fuß unter seinen Körper. Er wird die akustischen Unterschiede zwischen „Steh!" und „Sitz!" schnell heraushaben und entsprechend handeln.

Ausbildung zum verkehrssicheren Begleithund

Hundevereine bieten Ihren Mitgliedern wertvolle Unterstützung bei der Ausbildung Ihrer Hunde. Erkundigen Sie sich, ob Sie mit Ihrem Hund zunächst probeweise an der einen oder anderen Veranstaltung teilnehmen können.

Auf einem ***Hundeübungsplatz*** sind Sie und Ihr Hund in der Regel herzlich willkommen. Dabei spielt es keine Rolle, welcher Rasse Ihr Hunde angehört oder ob er ein Mischling ist. Vom Welpenalter an können Sie dort Ihren Hund langsam oder spielerisch an die Gesellschaft anderer Hunde und Menschen gewöhnen. Sie sind ja mit Gleichgesinnten zusammen, die wie Sie beabsichtigen, unter fachlicher Anleitung ihren und andere Hunde verstehen zu lernen.

Bei den Übungen gibt es Kurse für Junghunde und Anfänger in der Hundehaltung. Es wird mit den einfachsten Übungen der Erziehung begonnen. Ferner lernt der Hund hier, Artgenossen zu ignorieren, wenn Sie es für angebracht halten. Das allein kann sich schon sehr positiv im Alltag auswirken, beispielsweise dann, wenn Ihr Hund auf der Straße nicht an der Leine zerrt, um zu einem entgegenkommenden Hund zu gelangen.

Auf vielen Hundeübungsplätzen werden von Vereinen für Hunde verschiedenster Rassen und Mischlinge Lehrgänge angeboten, bei denen der Hundehalter mit seinem Vierbeiner an Kursen zum „verkehrssicheren Hund" teilnehmen kann. Hier werden Übungen durchgeführt, die schließlich mit der Abnahme von Gehorsams-, Begleit- und Verkehrssicherheitsprüfungen enden.

Wichtige Übungen sind, daß Ihr Hund an Ihrer linken Seite bleibt, solange Sie dies wünschen, und zwar angeleint ebenso wie freilaufend. Er hat die Kommandos „Steh", „Sitz" und „Platz" sofort zu befolgen und muß auch liegenbleiben, wenn Sie sich entfernen. Mir solchen Situationen sehen Sie sich ja täglich konfrontiert, etwa daß der Hund vor einem Laden auf Sie warten muß. Daß er dort geduldig und ruhig liegenbleibt, ist Teil der beharrlichen Ausbildung. Durch Trubel aller Art um ihn herum, durch andere Menschen oder Hunde und selbst durch ungewöhnliche Geräusche (während der Übungen werden Schreckschüsse abgefeuert) wird sich der ausgebildete Hund nicht aus der von seinem Menschen befohlenen „Platz"-Situation herauslocken oder -schrecken lassen. Am Ende dieser

Übungen kann der Mensch für seinen Liebling den „Begleithunde-Paß" erwerben, der ihm Verkehrssicherheit bescheinigt. Dieser Paß enthält des Hundes Daten und auch sein Foto.
Eine derartige Ausbildung wird von den meisten Hunden mit Eifer und Erfolg absolviert. Sie ist nicht nur erstrebenswert, sondern kann Hunde- und Menschenleben retten.
Auf die Gehorsamkeit der Hunde ist nach der Prüfung mehr Verlaß, besonders in den vielfältigen Verkehrssituationen, die ebenfalls geübt werden. Außerdem machen die ausgebildeten Hunde mit ihren tadellosen Manieren einen guten Eindruck auf die Mitbürger.

Agility – ein Sport für Hund und Mensch

Das englische Wort „agility" bedeutet Beweglichkeit, Geschicklichkeit, Wendigkeit, Flinkheit. Dieser aus England stammende Hundesport stellt eine Herausforderung für den Hund und sein Frauchen oder Herrchen dar, denn beide nehmen an diesem Wettbewerb teil, sie bilden also ein Team. Am besten erkundigen Sie sich bei einem Hundeverein in Ihrer Nähe nach Kursen, an denen Sie mit Ihrem Hund teilnehmen können.
Ohne Halsband und Leine muß der Hund auf einem Parcours eine Anzahl etwa einen Meter hohe Hindernisse und Sprungkombinationen überwinden, durch Reifen hindurchspringen, auf Balken und erhöhten Plattformen entlanglaufen, durch Tunnel und drehbare Schläuche kriechen, Wippen überwinden und durch eng gesteckte Stangen Slalom laufen. Hierfür finden zwanzig Stangen Verwendung, die im Abstand von 40 cm zueinander gesteckt werden. Durch diese muß der Hund hindurch, ohne eine der Stangen auszulassen.
All diese Übungen klappen nur mit bestens einstudierten Kommandos und Fingerzeichen. Jegliche Berührung durch den Hundeführer ist verboten und führt zur Disqualifikation.
Während der Hund bei der temporeichen Vorführung in seinem Element ist, muß er auf der Plattform, dem „Tisch" zur absoluten Ruhe kommen. Hier hat er auf Handzeichen seines Frauchens oder Herrchens die Übungen „Steh", „Sitz" oder „Platz" zu bringen, was vorher jeweils festgelegt wird. Eine ähnliche Konzentrationsübung bildet der fehlerfreie Lauf durch die Slalomstangen.
Sieger ist das Team, das am schnellsten und sichersten den Parcours bewältigt. Verweigerungen an Hindernissen oder gerissene Stangen ergeben Strafpunkte. Verweigert ein Hund dreimal, wird er disqualifiziert.
Der Hundeführer bildet mit seinem Vierbeiner also ein Team, bei dem der Hund genau auf dessen Kommandos und Handzeichen achten muß. Je besser beide miteinander harmonieren, desto mehr Freude macht dieser Hindernislauf beiden. Bevor es allerdings perfekt klappt und Wettbewerbe mitgemacht werden können, benötigen Mensch und Hund viele Übungsstunden. Doch allein diese bringen schon viel Freude und Ertüchtigung für beide. Da häufig im Verein geübt wird, kommt auch der Gemeinschaftssinn nicht zu kurz. Vier Mensch/Hund-Teams starten als Mannschaft, doch gibt es auch Einzelwettbewerbe.
Durchführbar sind die Übungen jeweils nur wenige Male pro Tag, um für den Hund die Freude daran zu erhalten und ihn nicht zu überfordern.
Wer Agility nicht nur zum Spaß übt, braucht sachkundige Anleitung, die er/sie auf einem Übungsplatz erhält. Mitgliedschaft in einem Gebrauchshunde- oder Rassezuchtverein mit Anschluß an den VDH, dem „Verband für das Deutsche Hundewesen", ist Voraussetzung. Dann kann an nationalen wie internationalen Agility-Meisterschaften teilgenommen werden.

Grundkurs Abrichtung

Das Apportieren

Diese Übung wird Ihr Hund mögen, denn sie kommt seinen natürlichen Veranlagungen sehr entgegen: Nehmen Sie irgendeinen brauchbaren Gegenstand, etwa einen Vollgummiball, ein Apportierholz – der Dalmatiner unten im Bild trägt eines im Maul – oder auch einen Stoffball, den Sie aus alten Socken oder Wäschestücken zusammengeknotet haben.
Am besten ist, der Gegenstand riecht nach Ihnen. Dann hat der Hund weniger Mühe beim Wiederfinden. Ferner hat es den Vorteil, daß der Hund Ihnen alles, was nach Ihnen duftet, bringen wird. Dadurch könnten Sie einen verlorenen Gegenstand, etwa ihre Geldbörse, auf einfache Weise wiederbekommen.
Sie beginnen die Übung, indem Sie den Gegenstand fortwerfen, doch zuerst nicht mehr als ein paar Meter weit. Dabei rufen Sie dem Hund aufmunternd „Bring!" oder „Hol!" zu.
Weiß Ihr vierbeiniger Schüler noch nicht, was von ihm verlangt wird, dann laufen

Wie viele andere Hunde liebt es auch dieser Schäferhund, einen Gegenstand wie eine Trophäe zu tragen. Das kann ein Stock, ein Ball oder Herrchens Tageszeitung sein

Sie einfach mit ihm auf den Gegenstand zu. Nimmt er ihn auf, so laufen Sie zum Ausgangspunkt zurück, weiter „Bring!" rufend. Kommt er mit dem Gegenstand bei Ihnen an, loben Sie ihn kräftig.
Zuerst kann es vorkommen, daß Ihr Hund den Gegenstand fallenläßt oder ihn nicht hergeben will. Das sollten Sie nicht tragisch nehmen – gut Ding braucht Weil. Übung macht den Meister!
Üben Sie also erst einmal weiter, und zwar so, daß der Hund lernt, worauf es Ihnen ankommt. Das können Sie mit gezieltem Lob und Leckerbissen erreichen. Kommt er dicht zu Ihnen und hält noch den Gegenstand, halten Sie die Hand unter seinen Fang und sagen nun „Aus!" oder „Gib!". Läßt er nun den Gegenstand in Ihre Hand fallen, ist wieder ein großes Lob fällig.
Begreift Ihr Hund nicht sogleich, daß er den Gegenstand in Ihre Hand legen soll, dann können Sie ihm diesen in seinen Fang geben und nach einiger Zeit wieder mit den gleichen Befehlen abnehmen.
Er lernt dann auch, daß er vor Ihnen sitzend den Gegenstand so lange festzuhalten hat, bis Sie ihm den Befehl zum Loslassen geben. Die Übung kann einige Monate in Anspruch nehmen, bis sie perfekt ausgeführt wird.

Das Klettern

Um schließlich den Hund zum Überwinden hoher und schwieriger Hindernisse im Klettersprung zu bringen, beginnen Sie unbedingt zunächst mit sehr einfachen Übungen. Überfordern Sie Ihren Hund nicht. Er lernt am besten, wenn er Ihre Aufforderungen gern befolgt.
Am besten geeignet sind die breiten, mit Querleisten versehenen satteldachartigen Holzgestelle, wie sie auf jedem Hundeübungsplatz zu finden sind (siehe auch oben im Bild). In der Mitte sind diese Hürden mit Scharnieren versehen, so daß sie

Hovawarthündin bei einer Kletterübung auf dem Hundeübungsplatz

je nach Bedarf steiler oder flacher gestellt werden können.
Über ein zuerst ziemlich flach gestelltes Hindernis dirigieren Sie den Hund an der Leine hinüber, indem sie neben ihm herlaufen. Vergessen Sie nicht den Befehl „Hopp!" zu rufen. Allmählich erhöhen Sie das Hindernis und stellen gleichzeitig die Wände steiler.
Sie können bald den Hund vor dem Hindernis „Sitz" machen lassen. Dann gehen Sie zur anderen Seite und fordern ihn von dort mit dem nun schon gewohnten „Hopp!" auf, über das Hindernis kletternd zu Ihnen zu kommen. Als Abschluß der Übung sollten Sie den Hund von Ihrer Seite über das steilgestellte Hindernis schicken und zurückrufen können.

Das Springen

Meistens ist diese Übung ein großer Spaß für den Hund. Aber auch hier gilt: Überfordern Sie Ihren Hund nicht, und achten Sie darauf, daß seine Muskulatur warm ist, damit er sich keine Zerrung oder ähnliche Verletzungen zuzieht, wenn er über höhere Hindernisse springt. Dazu reicht ein kurzer Spaziergang in der Regel völlig aus.
Zuerst springen Sie zusammen mit dem angeleinten Hund über ein sehr niedriges Hindernis, etwa über einen dünnen, am Boden liegenden Baumstamm. Dabei rufen Sie den Befehl „Hopp!" oder „Spring!". Danach vergessen Sie bitte nicht das nötige Lob.

Mit einem elegant-kraftvollen Sprung nimmt dieser Schäferhund, im Maul ein Apportierholz, die Hürde

Einige wenige Sprünge über niedrige Hindernisse genügen für den Anfang. Hat der Hund begriffen, was mit dem Befehl verlangt wird, springt er auch allein über das Hindernis. Dieses wird allmählich erhöht und damit schwieriger gestaltet. Auch Weitsprünge können Sie mit ihm üben, indem Sie mit ihm über Gräben und Bäche springen.

Das Bewachen von Gegenständen

Es kann immer wieder einmal nützlich sein, wenn Ihr Hund Gegenstände bewacht, etwa das Fahrrad oder die Einkaufstaschen, während Sie Besorgungen machen. Um dies zu üben, lassen Sie Ihren Hund an der langen Leine Platz nehmen und legen einen ihm vertrauten Gegenstand, sein Apportierholz, einen Handschuh, eine Einkaufstasche neben ihn hin. Sie geben ihm nun die Befehle „Platz – paß auf!“.
Ein Helfer versucht nun, ihm den Gegenstand ganz unauffällig wegzunehmen. Paßt der Hund auf, gibt Laut und versucht, den Gegenstand zu verteidigen und den Menschen zu vertreiben, loben Sie ihn mit „Brav – paß auf!“.
Bemerkt er jedoch nicht, daß der Gegenstand fortgenommen wird, schlägt der Helfer mit einer Gerte vor ihm auf den Boden und läuft mit der Beute fort. Während der Hund nun dem Täter nachzueilen sucht, feuern Sie ihn mit „Brav – paß auf!“ an. Danach loben Sie ihn ausgiebig.
Diese Übung kann auch dazu abgewandelt werden, dem Hund beizubringen, Fremden gegenüber nicht zu freundlich zu sein, sondern sie durch Lautgeben anzuzeigen und so genügend Mißtrauen zu demonstrieren. Schließlich kann gleichzeitig geübt werden, daß der Hund keine Leckerbissen von Fremden annimmt.

Die Mannarbeit

Wenn ein großer Hund als Wach- und Schutzhund ausgebildet wird, gehört die Mannarbeit an das Ende der Übungen. Er muß vorher alle Gehorsamkeitsaufgaben sofort und zuverlässig erfüllen, bevor er zu Schärfe und Mannarbeit abgerichtet wird. Soll dies geschehen, dann ist es ratsam, einem Schutzhundeverein beizutreten.
Dort werden Sie und Ihr Hund auf fachmännische Weise in die Aufgaben eingewiesen, die zur Ausbildung als Schutzhund und die Abrichtung auf den Mann notwendig sind. Ich möchte an dieser Stelle unbedingt davon abraten, die Ausbildung zur Mannarbeit ohne die erfor-

Die Mannarbeit sollte – falls sie überhaupt gewünscht wird – erst nach erfolgreichem Abschluß der Begleithundprüfung mit einem sehr folgsamen Hund begonnen werden

derliche sachverständige Hilfe vorzunehmen. Das könnte fatale Folgen nach sich ziehen! Der Hund könnte dann nämlich leicht zu einem gefährlichen Angreifer und damit zu einer Gefahr für die Mitmenschen fehlerzogen werden. Lassen Sie Ihren Hund also ausschließlich im Kreise von geschulten Hundekennern und unter ständiger Aufsicht zur Mannarbeit ausbilden.

Was Hunde im Dienste der Menschen leisten

Schon bei den einfachen Aufgaben der Abrichtung erfahren wir, mit welch wachen Sinnen und welchem Eifer der Hund bei der Sache ist.
Der Antrieb zu seinen Leistungen ist die Liebe zu seinem Frauchen oder Herrchen und natürlich dessen Lob. Es gehören

allerdings auch professionelle Ausbilder dazu, wenn Hunde zu Blindenführern, Lawinen- und Rettungshunden angelernt werden sollen.
So muß ein Blindenhund für den Menschen sehen und eine Situation richtig einschätzen können, etwa ein Hindernis oder Verkehrsampeln, obwohl er keine Farben erkennt. Nie darf er sich von anderen Hunden oder gar Katzen ablenken lassen, keine Angst vor Rolltreppen oder Fahrstühlen, sondern nur das Wohl seines Menschen im Sinn haben.
Lawinen- und Rettungshunde lassen sich von ihrem feinen Geruchssinn und Gehör leiten. Dabei arbeiten sie meistens unter sehr schweren Bedingungen. Sie und ihr Hundeführer brauchen ständige Übung, um für den Ernstfall gerüstet zu sein. Oft werden Lawinenhunde mit dem Hubschrauber eingeflogen, und Rettungshunde in Erdbebengebiete oft gleichsam ans andere Ende der Welt gerufen. Von der Flugreise, dem Lärm der Bergungsmannschaften, dem schwierigen Gelände oder den Trümmern dürfen sie sich nicht ablenken lassen. Zu all diesen Leistungen sind die Hunde nur als Team mit ihrem geliebten Menschen fähig, in dessen Hausgemeinschaft sie leben.
Als geeignet erweisen sich eine Reihe von mittelgroßen bis großen Hunderassen für die genannten Aufgaben. Zwar wird bei uns vor allem der Deutsche Schäferhund herangezogen, doch auch die französischen und belgischen Hütehunde und viele andere eignen sich hervorragend. So ist der Labrador Retriever ein sehr guter Blindenführhund, der Neufundländer für die Rettung Ertrinkender prädestiniert.

Rettungs- und Lawinenhunden verdanken unzählige Menschen Ihr Leben: Hier ein Berger de Beauce

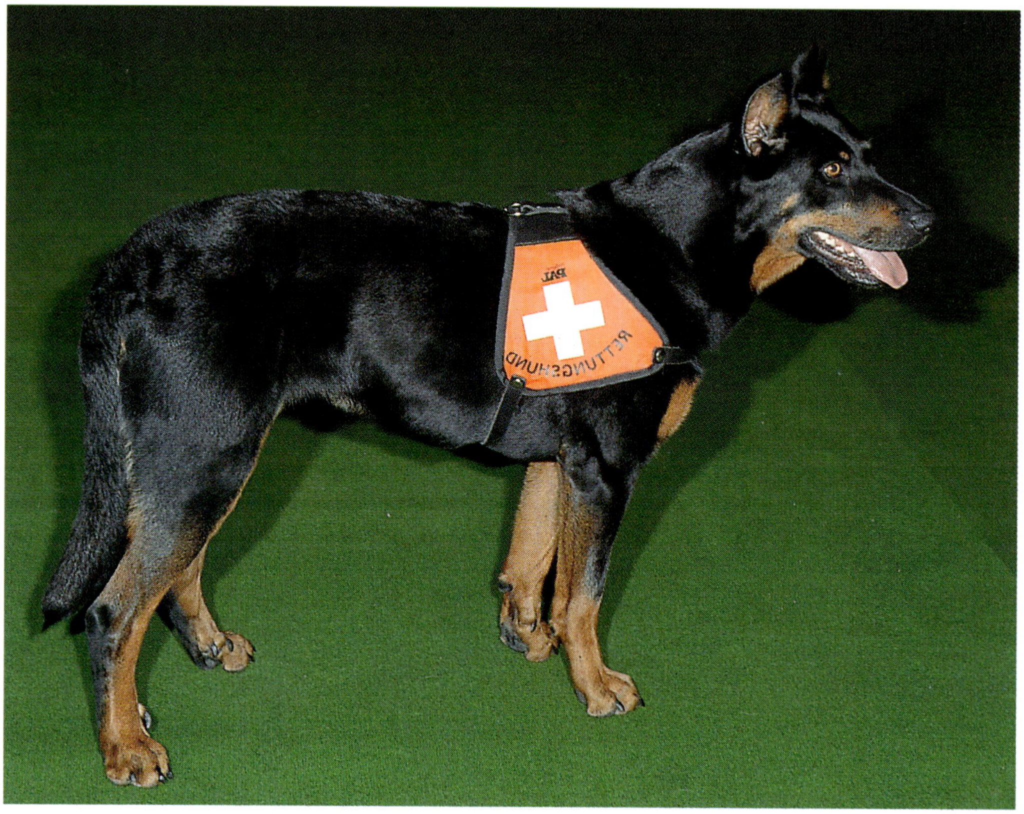

Hundepflege

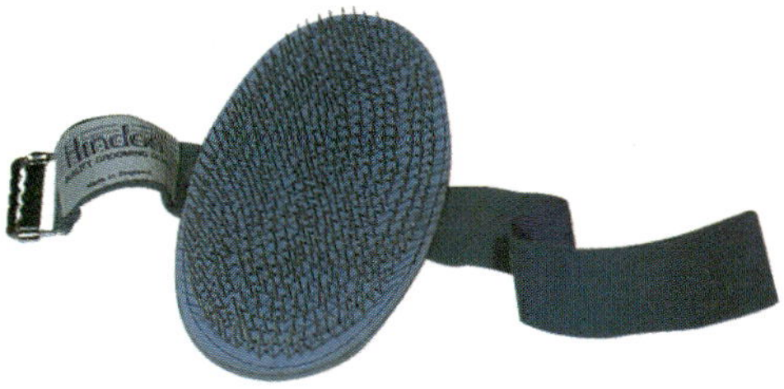

Fellpflege

Es gibt kurzhaarige, stockhaarige und langhaarige, seidighaarige und drahthaarige Hunde. Trotz unterschiedlicher Haarstruktur brauchen alle gute Fellpflege. Das Fell muß sauber und glänzend sein. Das läßt sich durch richtige Ernährung und durch viel Aufenthalt an der frischen Luft erreichen. Ganz ohne Bürsten und Kämmen geht es aber nicht.
Kurzhaarige Hunde werden täglich gebürstet, und zwar mit einer Kardätsche. Ist das Haar sehr kurz, weich und dünn, dann ist ein Borstenhandschuh oder eine kurze, feine Bürste angebracht. Bei stockhaarigen Hunden ist die Kardätsche richtig oder auch eine etwas längere Bürste. Bei langhaarigen Hunden wird zuerst gekämmt und dann gebürstet. Beim Kämmen müssen Sie bis auf die Haut durchdringen, damit alle Zotteln erreicht werden, da sie sonst schnell verfilzen!
Wollhaarige Hunde, wie zum Beispiel Pudel, werden nach dem Bürsten nochmals gekämmt, damit die Locken natürlich und nicht zu fest anliegen.

Zuerst wird kräftig gegen den Strich gebürstet. Dadurch wird die Haut durchblutet; lose Haare, Ungeziefer und Schmutz werden herausgeholt. Dann kämmt man das etwas längere Haar hinter den Ohren, am Hals, an den Läufen, an der Rute und in der Analgegend durch. Hier bilden sich sonst leicht Verfilzungen. Zum Schluß wird mit dem Strich gebürstet und mit

einem feuchten Ledertuch abgerieben – so erhält das Fell besonderen Glanz.
In der Regel sollen Kamm und Bürste die gleiche Zahn- bzw. Borstenlänge haben wie das Fell, dazu bei feinerem Haar feinere Borsten bzw. Zähne, bei gröberem Haar entsprechend gröbere.

Bürsten Sie sowohl gegen als auch mit dem Strich, denn so werden alle losen Haare, Verfilzungen usw. aus dem Fell herausgelöst

Wie schon erwähnt, sollte die Fellpflege täglich vorgenommen werden. Doch ist es besser, zweimal wöchentlich gründlich zu kämmen und zu bürsten als täglich nur oberflächlich.
Besonders wichtig ist die Fellpflege während des Haarwechsels im Herbst und Frühjahr. Sie unterstützt diesen Vorgang und hilft ihn zu verkürzen. Pudel und einige andere Rassen mit wolligem Fell werden mit der Schere und/oder dem Scherapparat geschoren. Bei Terriern und manchen anderen Hunden wird das Haar mit einem Trimmesser getrimmt.
Hat sich der Hund bei schlechtem Wetter oder in einer Pfütze beschmutzt, kann er meistens durch Abreiben mit einem feuchten Tuch gesäubert werden. Manchmal wird er aber so schlimm verdreckt sein, daß nur noch ein Bad hilft. Heute ist das kein Problem mehr, denn es gibt spezielle, für die Hundehaut entwickelte Shampoos. Diese helfen, die Rückfettung des Haares durch die Haut-Talgdrüsen in normaler Weise fortzusetzen. Durch alkalische Seifen, wie man sie früher hatte, wurde dem Haar und der Haut zu viel Fett entzogen, was das Haar leicht trocken und brüchig machte und den Schutz vor Nässe und Kälte minderte. Doch auch heute sollte der Hund höchstens alle sechs bis acht Wochen einmal gebadet werden. Da der Hund keine Schweißdrüsen hat, also nicht durch die Haut schwitzt, wird sein Fell normalerweise auch nicht so schnell schmutzig. Das Badewasser sollte dem Hund nur bis zum Bauch reichen und ca. 35 °C warm sein. Augen und Ohren werden vor Nässe geschützt, letztere mit Watte. Nach dem Anfeuchten wird das Fell mit Shampoo eingerieben, danach mindestens zweimal

gründlich nachgespült. Nachdem der Hund das Wasser abgeschüttelt hat, wird er gut abfrottiert. Anschließend kann er gefönt werden. Er sollte nach dem Bad einige Stunden in einem warmen, zugluftfreien Raum bleiben.

Altdeutsch-Schäferhundwelpe bei der Ohrenpflege

Die Augen

Die Augenbindehäute entzünden sich leicht, wenn sie durch Staub, Rauch, Zugluft oder Fremdkörper gereizt werden. Es ist darum ratsam, die Augen und die Lider täglich zu kontrollieren.
Bei Verunreinigungen oder wäßrigem Ausfluß kann mit destiliertem Wasser, einer dreiprozentigen Borwasserlösung oder 0,1prozentiger Kaliumpermanganatlösung gespült werden. Leichte Entzündungen und Schwellungen gehen so eher zurück. Bei jungen Hunden ist eine Bindehautentzündung oft erstes Anzeichen einer beginnenden Erkrankung, wie Staupe, Toxoplasmose oder Leptospirose.
Zu einer Bindehautentzündung kommt es auch, wenn die Augenlider eingestülpt sind und die Wimpern dagegenscheuern oder wenn sie nach außen gestülpt sind. Diese als „Triefaugen" bezeichnete Erscheinung ist bei einigen Rassen sehr oft zu finden. Eine Besserung kann meist nur durch eine Operation erzielt werden.

Die Ohren

Nach dem Geruchssinn ist das Gehör für den Hund am wichtigsten. Das innere Ohr ist sehr empfindlich und wird durch das äußere Ohr und das Trommelfell geschützt. Um Ohrenkrankheiten zu vermeiden, ist eine regelmäßige Pflege der Ohren erforderlich, vor allem bei Hunden mit langen Hängeohren.
Nach jedem Aufenthalt im Freien werden die Ohren inspiziert. Sind sie schmutzig oder naß, werden sie mit einem leicht feuchten Tuch vorsichtig gereinigt und anschließend abgetrocknet. Besondere

Große Wäsche nach einer ausgiebigen Schlammschlacht mit vierbeinigen Freunden

Aufmerksamkeit ist der Innenseite von Hängeohren zu widmen. Während man bei Hunden mit Stehohren Verunreinigungen, verhärtetes Ohrenschmalz und den Beginn einer Entzündung sofort sieht, so ist das bei Hunden mit Kipp- und Hängeohren nicht der Fall. Darum muß die Innenseite der Ohren ganz besonders gründlich und regelmäßig mit einem Leinen- oder Papiertuch gereinigt werden.
Kommt es doch einmal zu einer Entzündung des äußeren Ohres oder des Gehörganges, sollte sofort der Tierarzt aufgesucht werden. Es hat keinen Sinn, selbst mit Salben oder Puder behandeln zu wollen. Die Entzündung kann sich schnell auf das innere Ohr ausdehnen, was eine Operation notwendig machen würde und trotzdem noch zu bleibenden Gehörschäden führen könnte.
Hat sich eine Entzündung gebildet, hält der Hund den Kopf oft schief, schüttelt ihn, kratzt sich mit den Hinterpfoten an den Ohren und ist sehr empfindlich gegen jede Berührung der Ohren.
Mit der Rötung und Schwellung tritt starker Juckreiz ein, bald auch Schmerzen. Ähnlich sind die Symptome bei der Ohrenräude, die durch Milben verursacht wird. Oft kommt es nicht gleich zu Entzündungen und Rötungen, nur die mikroskopische Untersuchung von Hautschuppen aus den Ohren ermöglicht eine sichere Diagnose. Konsultieren Sie unbedingt den Tierarzt.
Eine Vernachlässigung der genannten Ohrenerkrankungen könnte leicht zu einer Mittelohrentzündung und damit zu oft bleibenden Gleichgewichtsstörungen und Taubheit führen.

Die Zähne

Zeigt das Gebiß des Hundes einen gelben Belag, ist meistens falsche Ernährung der Grund. Bei der Fütterung mit Dosenfutter und anderem weichen Futter, bei gewürzter, gesalzener oder süßer Nahrung setzen sich Reste zwischen den Zähnen ab, die bald zu gären und zu faulen beginnen. Bekommt der Hund geeignete Knochen, Trockenfutter, Hundekuchen und Kauknochen aus Büffelhaut, kann und wird er seine Zähne meistens schon selbst genügend reinigen und damit pflegen.
Trotzdem ist es wichtig, daß die Zähne regelmäßig angesehen werden. Es könnten sich Fremdkörper dazwischen oder im Zahnfleisch festgesetzt haben.
Der gelbe Belag und die langsam fortschreitende Zahnsteinbildung können beseitigt oder wenigstens verlangsamt werden. Dazu ist eine Zahnbürste und Schlämmkreide oder Hundezahnpasta notwendig. Viele Hundefreunde werden darüber lächeln, doch sollte die Zahnpflege ernst genommen werden. Es gibt unzählige Hunde mit braunen, lückenhaften, schmerzenden Zähnen, mit entzündetem Zahnfleisch und üblem Mundgeruch. Entweder müssen den Hunden die Zähne geputzt werden, oder sie erhalten genügend harte, natürliche Nahrung und etwas zum Kauen, damit die Zähne und das Zahnfleisch gesund bleiben.

Regelmäßige Gebißkontrolle ist wichtig

Die Pfoten

Als Lauftier ist der Hund auf gesunde Pfoten angewiesen. Normalerweise pflegt er seine Pfoten selbst, indem er sie leckt und zart beknabbert. Es können aber Dornen, Glassplitter und andere Fremdkörper in die Ballen eindringen, manchmal auch in die zarte Haut der Zehen. Erdklumpen, klebrige Asphaltstückchen oder Kaugummis bleiben zwischen den Zehen und Ballen hängen und verursachen durch Scheuern wunde Stellen und Entzündungen. Darum ist tägliche Kontrolle der Pfoten notwendig. Zu lange Haare zwischen den Zehen werden gekürzt, trockene, rissige Ballen mit einer Lebertransalbe eingerieben und Splitter vorsichtig herausgezogen.

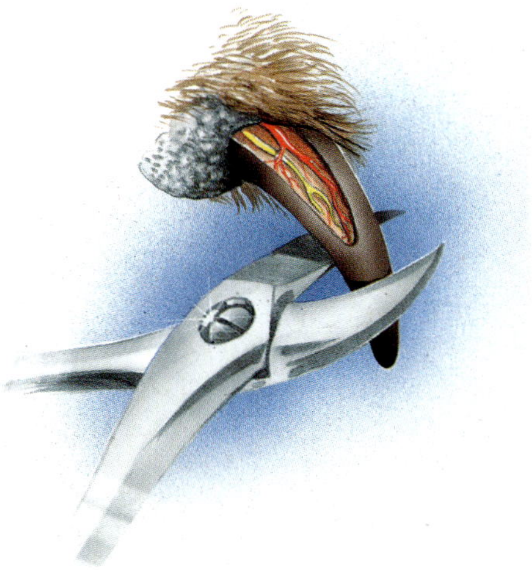

Die Krallen nutzen sich unter normalen Bedingungen von selbst ab. Hunden, die viel in der Wohnung gehalten werden und nicht genügend Auslauf auf hartem Boden haben, wachsen sie aber oft zu lang. Dadurch kann es zu seitlich verdrehten Zehen, zu Reibungen und Entzündungen kommen. Manchmal wachsen Hunden die Krallen auch übermäßig, ohne daß ein erkennbarer Grund dafür vorliegt. Die Krallen werden mit einer scharfen Nagelzange beschnitten. Dabei ist darauf zu achten, daß nicht ins „Leben" geschnitten wird: in die Nervenenden und Blutgefäße, die ein Stück in die Krallen hineinreichen. Bei hellen Krallen können sie, gegen ein helles Licht gehalten, deutlich gesehen werden. Der Schnitt muß einige Millimeter davon entfernt bleiben. Bei dunklen Krallen muß vorsichtig abgeschätzt werden, wo geschnitten werden kann. Im Zweifelsfalle läßt man die Krallen im Hundesalon oder beim Tierarzt schneiden.

Der After

Im allgemeinen macht der After dem Hund keine Schwierigkeiten. Der Kot wird sauber abgesetzt, die Analdrüsen dabei regelmäßig entleert. Bei lang- und seidenhaarigen Hunden kann es allerdings vorkommen, daß die Afterumgebung verschmutzt, zumal viele Hunde durch falsche oder einseitige Ernährung ständig zu weichen Kot haben.
Aufmerksamkeit ist also geboten. Wird das Fell verschmutzt, muß es natürlich mit einem feuchten Tuch gereinigt werden. Kommt es öfter vor, sollten zu lange Haar gekürzt werden. Durch eine Futterumstellung muß außerdem für festen Kot gesorgt werden. Lassen Sie sich am besten von einem Tierarzt beraten.
Besonders bei kleinen Rassen verstopfen die Analdrüsen, zwei Duftdrüsen zu beiden Seiten des Afters, aus denen eine Flüssigkeit abgesetzt wird. Ob sie den Kotabsatz erleichtern soll oder eine Markierung für Artgenossen darstellt, ist nicht restlos geklärt, wahrscheinlich trifft beides zu. Wenn diese Flüssigkeit eindickt oder verhärtet, leidet der Hund unter Juckreiz. Er „fährt Schlitten", das heißt, er rutscht mit dem After auf dem Teppich oder Rasen entlang oder versucht, sich am After zu lecken oder zu beißen, da die Verstopfung anscheinend ziemlich starke Beschwerden verursacht. Meistens ist zu

weicher Kot schuld an mangelnder Entleerung der Analbeutel. Abhilfe zu schaffen ist nicht allzuschwer. Mit mehreren Lagen Toilettenpapier oder Servietten bewaffnet, wird mit den Fingern einer Hand rund um den After nach innen gedrückt. Dann entleeren sich die Drüsen oft explosionsartig. In hartnäckigen Fällen muß der Tierarzt um Hilfe gebeten werden. Bei chronischem Leiden können die Drüsen entweder verödet oder operativ entfernt werden.

Im Winter

Hunde sind durch ihr Fell gut geschützt, auch vor Nässe und Kälte. Decken und gestrickte Anzüge sind unnötig und verweichlichen sie nur. Ausnahmen bilden kurzhaarige oder haarlose Rassen oder Hunde, die zum Beispiel ein Nierenleiden haben und diese Körperpartien auf Anraten des Tierarztes schützen sollen.
Bei Schnee, in dem Hunde so gern toben, setzen sich oft Eisklumpen zwischen den Zehen fest. Diese verursachen sehr schnell Entzündungen, ebenso das gefürchtete Streusalz, durch das sich wunde Stellen und Ekzeme bilden, die nur langsam ausheilen und auch schmerzhaft sind.
Vor dem Auslauf im Schnee sollten die Pfotenballen mit Lebertransalbe, Vaseline oder einem andern geeigneten Mittel eingerieben bzw. eingesprüht werden. Nach dem Spaziergang ist ein Abspülen der Pfoten mit lauwarmem Wasser ratsam, damit kein anhaftendes Salz zurückbleibt.

Ungeziefer

Wird der Hund richtig gepflegt und sauber untergebracht, ist es nicht schwer, ihn frei von Ungeziefer zu halten. Da er aber hinauskommt und somit in Kontakt mit der Natur und mit anderen Hunden ist, besteht trotzdem die Gefahr, daß er einmal Ungeziefer mitbringt.
Zecken können mit dem Finger auf ihrer Rückseite losgekitzelt und dann mit der Zeckenzange im Uhrzeigersinn herausgedreht werden. Durch das früher übliche Beträufeln mit Öl oder Alkohol soll die Zecke vor ihrem Absterben eine große Menge Gift in sein Opfer spritzen.
Mittel gegen Flöhe (bein Tierarzt erhältlich) verhindern die Chitinhautbildung bei Floheiern und lassen diese absterben. Auch die Hülle der Flöhe selbst wird nach dem Saugen des Bluts erweicht.
Gegen Läuse, Milben und Haarlinge gibt es wirksame Badezusätze, aber auch sogenannte Fliegenstrips, die ganz allgemein gegen Ungeziefer einsetzbar sind. Der Wirkstoff, ca. 28 % Dichlorvos, wird drei Monate lang vom Strip verströmt, sollte bei Befall jedoch nur 1–2 Tage im Raum aufgehängt werden (nach 14 Tagen den Vorgang wiederholen)

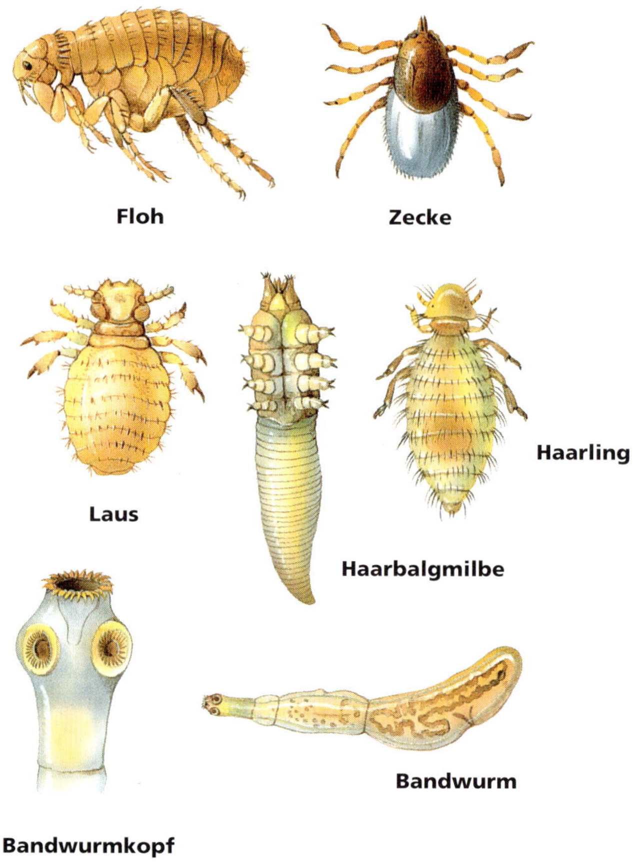

Gesundheitsvorsorge beim Hund

Gesund und munter, zudem vorbildlich gepflegt ist dieser Airedale Terrier

Die Wurmkur

Junge Hunde und trächtige oder säugende Hündinnen werden regelmäßig von Spulwürmern heimgesucht. Bei anderen Hunden sind Spulwürmer gar nicht oder nur in geringer Zahl vorhanden, so daß sie leicht übersehen werden. Larven der Spulwürmer bleiben jedoch lebenslang im Hundekörper. Bei Welpen kann der Befall mit Spulwürmern so stark sein, daß die Tiere abmagern, erkranken und sogar eingehen können. Um sie von den Parasiten zu befreien, werden sie mitsamt der Hündin „entwurmt", am besten im Alter von 6–8 Wochen, dann wieder, wenn sie vier Monate und acht Monate alt sind. Zuchthündinnen sollten eine Wurmkur in der ersten Woche der Trächtigkeit bekommen. Ein geeignetes Wurmmittel erhalten Sie vom Tierarzt.

Wenn spulwurmbefallene Welpen von Kindern auf den Arm genommen werden, können die klebrigen Wurmeier an ihrer Haut hängenbleiben, werden zu Larven und bohren sich in den Körper. Sie gehen dort zwar zugrunde, doch kann es in seltenen Fällen auch zu ernsthaften Erkrankungen kommen.

Bandwürmer (siehe Zeichnung auf Seite 176 unten rechts) können immer wieder beim Hund auftreten. Da sie Zwischenwirte benötigen, ist neben einer regelmäßigen Wurmkur auch deren Bekämpfung notwendig. Zum einen sind es Hundeflöhe und andere Parasiten, die als Zwischenwirt auftreten, zum anderen aber auch Schweine und Schafe als Schlachtvieh, deren Fleisch, speziell die Innereien, daher nur gekocht verabreicht werden sollten. Besonders der nur 0,5 cm lange, auf den Menschen übertragbare Echinokokken-Bandwurm ist in den Organen dieser Tiere zu finden.

Parasiten, wie Flöhe, Zecken (siehe Zeichnung Seite 176) und andere, sind leicht durch Einsprühen u. ä. mit geeigneten Insektiziden zu beseitigen.

	Impfplan
	Staupe, ansteckende Leberentzündung (Hepatitis c.c.), Leptospirose, Tollwut
	Erstimpfung junger Hunde
8. Lebenswoche	*Dreifachimpfung* gegen *Staupe, Hepatitis c.c., Leptospirose.* Ist die Impfung beim Züchter erfolgt, auf die entsprechende Eintragung im Impfpaß achten!
12. Lebenswoche	*Dreifachimpfung* oder *Vierfachimpfung* mit zusätzlichem Schutz gegen *Tollwut*
	1. Wiederholungsimpfung
nach einem Jahr	*Drei- oder Vierfachimpfung*
	Weitere Wiederholungen
jährlich	*Tollwut, Leptosirose*
alle 2 Jahre	*Staupe, Hepatitis c.c.*
bequemer	jährlich *Drei- oder Vierfachimpfung*

In Sonderfällen, etwa bei kranken oder verletzten Hunden, besonderer Infektionsgefahr oder anderem, wird der Tierarzt den Plan entsprechend ändern.

Das Impfen

Jeder Welpe sollte im Alter von ca. acht Wochen sowie im Alter von ca. zwölf Wochen geimpft werden. ***Staupe, Leptospirose, Hepatitis und Tollwut*** sind sehr gefährliche Hundekrankheiten, gegen die geimpft werden muß (eine Kombinationsspritze).
Staupe ist eine durch Viren verursachte Erkrankung. Nach einer Inkubationszeit von ungefähr 1–3 Wochen bekommt der Hund plötzlich hohes Fieber (bis 41 °C). Danach klingt es ab, um einige Tage später wieder auf etwa 40 °C zu steigen. Durch Bakterien werden jetzt die Schleimhäute von Augen und Nase angegriffen. Es kommt zu gelbgrünem Ausfluß.
Bei einer zweiten Form der Staupe werden Bronchien und Lunge angegriffen. Der Hund bekommt einen trockenen Husten, später Ausfluß aus der Nase, der sogar blutig sein kann. Manchmal wird auch der Magen-Darm-Bereich in Mitleidenschaft gezogen. Dann kommt es zu Durchfall und Erbrechen. Auch Schädigungen des Nervensystems sind möglich, die bis zur Lähmung führen. Ohne Impfung kann die Staupe eine langwierige, bis zu zwei Monaten dauernde, meist hoffnungslose Erkrankung sein.
Die oft tödlich endende ***Leptospirose***, auch ***Stuttgarter Hundeseuche*** oder ***infektiöse Gelbsucht*** genannt, wird durch eine vor allem von Ratten übertragene Mikrobe verursacht. Infizierte Hunde leiden zuerst unter Verstopfung, dann unter Durchfall. Die Temperatur steigt auf 41 °C, fällt nach zwei Tagen und kann dann bis 37 °C sinken (Untertemperatur). Die Augen- und Maulschleimhäute werden kräftig gelb. Es kommt zu Nierenerkran-

kungen, Organschäden und Lähmungen. Rüden und junge Hunde sind besonders gefährdet.
Die ***Hepatitis*** ist eine durch Viren verursachte Leberentzündung, die sich als Gelbsucht zeigt. Wenn der Hund die ersten Tage übersteht, kann er bei schneller tierärztlicher Behandlung die Krankheit überleben. Bei akutem Auftreten führt die Hepatitis oft sehr schnell zum Tod.
Die ***Tollwut*** wird durch einen Virus verursacht, kann nach Ausbruch nicht mehr behandelt werden und führt zum Tod. Sie verläuft meist als „rasende Wut", kann aber auch als „stille Wut" einen apathischen Hund zeigen. Da die Tollwut auch auf Menschen übertragbar ist, besteht in vielen Gebieten Impfpflicht für Hunde.

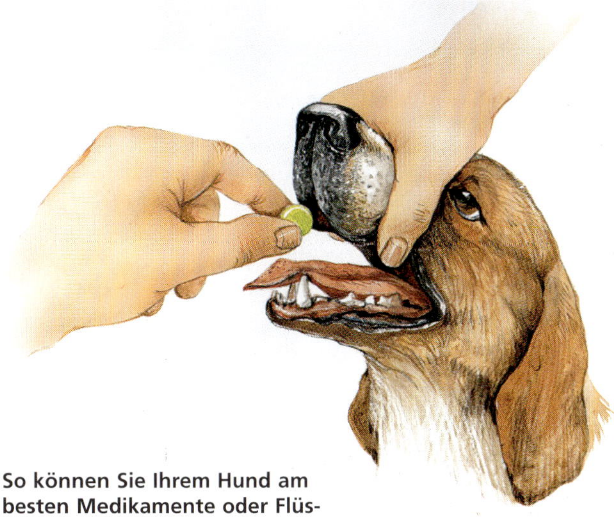

So können Sie Ihrem Hund am besten Medikamente oder Flüssigkeit verabreichen

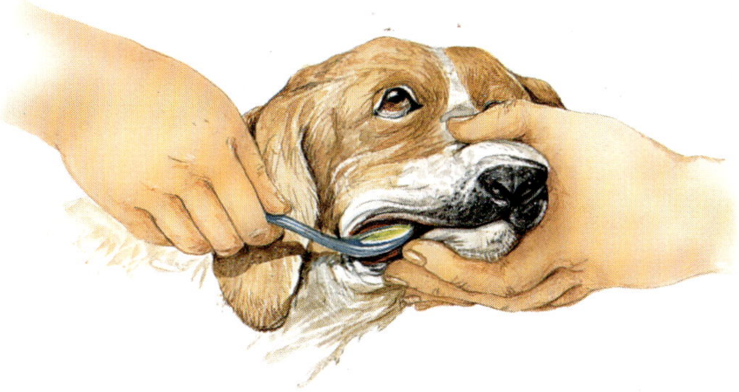

Bei Appetitlosigkeit

Jeder Hund kann gelegentlich weniger Appetit haben als üblich. Das ist ganz normal und braucht Sie nicht zu beunruhigen. Hält die Appetitlosigkeit jedoch an, sollten Sie den Hund genauer beobachten und Fieber messen. Bei Fieber ist es normal, daß das kranke Tier keine Nahrung zu sich nimmt. Dafür braucht der Körper jetzt mehr Flüssigkeit. Wird sie nicht selbständig aufgenommen, sollte sie dem Hund regelmäßig löffelweise verabreicht werden. Am besten eignet sich abgekochtes Wasser mit etwas Traubenzucker, jedoch keine Milch. Verweigert der Hund Nahrung, hat aber kein Fieber, sollten Sie mit ihm zum Tierarzt gehen. Es kann sich um Anfangsstadien verschiedenster Krankheiten handeln oder um Vergiftungen, vor allem durch verdorbene Konserven, altes Fleisch und alte Knochen.

Kleine Verletzungen

Wenn sich Ihr Hund verletzt, wird er meist unter Schock stehen. Als erstes sollten Sie ihn darum beruhigen. Kleinere Wunden oder Prellungen können einige Minuten auf ihre Behandlung warten. Wenn der Hund stehen und laufen kann und wenn er nicht aus Maul oder Nase blutet, wird er wahrscheinlich keine schweren Verletzungen davongetragen haben. Sind Sie im Zweifel, sollten Sie unbedingt mit ihm zum Tierarzt fahren. Abschürfungen, kleine Hautwunden (auch Bisse anderer Hunde, Katzen oder Ratten), sollten Sie mit einem Desinfektionsmittel reinigen. Wenn nötig, entfernen Sie die Haare in unmittelbarer Umgebung der Wunde. Ist die Wunde tief, sollten Sie den Tierarzt aufsuchen.
Bei Wunden in Augennähe keine Desinfektionsmittel benutzen, höchstens Borwasser oder reines Wasser.

Bei Fieber

Die Normaltemperatur des Hundes liegt zwischen 37 und 39 °C. Bei Welpen und kleinen Hunden ist die Temperatur höher als bei großen. Steigt die Temperatur über 39 °C, hat der Hund Fieber. Es kann bis über 41 °C ansteigen.
Schon Temperaturen um 39–39,5 °C sollten ernst genommen werden. Der Weg zum Tierarzt ist empfehlenswert, da einige sehr bedrohliche Hundekrankheiten mit so geringem Fieber beginnen. Oft noch gefährlicher als Fieber ist Untertemperatur. Sie beginnt unter 37 °C und sollte stets Anlaß zu Besorgnis sein. Innere Blutungen, Kollaps oder Schock können der Grund für Untertemperatur sein.

Die Hundeapotheke

Für alle Fälle sollten Sie einige Dinge im Hause oder auf Reisen bei sich haben, mit denen Sie Ihrem Hund Erste Hilfe leisten und Behandlung im leichten Erkrankungsfall ermöglichen können.
Auf keinen Fall sollte der Inhalt der Hundeapotheke alte Reste verschiedenster Medikamente, die Ihnen möglicherweise verschrieben wurden, enthalten. Damit können Sie dem Hund eher schaden. Was in der Hundeapotheke enthalten sein sollte, ersehen Sie aus der Tabelle.

Hundeapotheke

- Augensalbe*
- Borwasser (zum Auswaschen entzündeter und verklebter Augen)
- Brandsalbe*
- Desinfektionsmittel
- Fieberthermometer
- Heftpflaster
- Jodtinktur (bei kleinen Wunden, besonders an den Ballen)
- Kamillenextrakt (zum Auswaschen entzündeter Augen
- Kohletabletten (bei Durchfall)
- Nagelzange
- Olivenöl oder Paraffinöl (zum Einreiben spröder Ballen)
- Pinzette
- Pipette
- Schere (vorn abgerundet)
- Schmerzmittel *
- Ungeziefermittel
- Vaseline
- Verbandsgaze
- Wasserstoffsuperoxyd (zur Wunddesinfektion)
- Watte
- Wattestäbchen (zur Ohrreinigung)

* *Diese Medikamente erhalten Sie vom Tierarzt*

Das Kupieren

Hierbei handelt es sich um das Kürzen der Rute und das Stutzen der Ohren bei manchen Hunderassen.
Die Gründe dafür waren oft praktischer Natur. So haben Jagdhunde sich häufig die Rute im Unterholz blutig geschlagen oder durch das Schwanzwedeln Gräser oder Gebüsch bewegt und damit das vorgestandene Federwild frühzeitig aufgescheucht. Kampfhunde haben sich häufig gegenseitig die Ohren zerrissen, weshalb sie ihnen kupiert wurden. Andere Hunde mit Hängeohren litten besonders stark unter Beschwerden (Entzündungen u. ä.), die mit dem Kupieren beseitigt werden konnten. Seit ca. hundert Jahren wird das Kupieren hauptsächlich als Schönheitskorrektur vorgenommen. Der gestutzte Schwanz oder die kupierten Ohren wurden zum Rassenmerkmal erklärt.
Nach dem Naturschutzgesetz von 1986 ist in Deutschland das Kupieren nicht

mehr erlaubt. Es bedeutet eine Verstümmelung des Hundes. Auch bereitet es ihm Schmerzen, vor allem, wenn als Folge des Eingriffs Entzündungen entstehen.
Unter bestimmten medizinischen Bedingungen ist das Kupieren durch den Tierarzt gestattet: Beispielsweise, wenn ein Basset so lange Ohren hat, daß er ständig drauftritt und es so zu Verletzungen kommen kann; oder wenn kurzhaarige Hunde mit Säbelrute sich ständig die Rute wundschlagen, so daß es zu einem nur selten heilbaren Rutenspitzengeschwür kommt; ferner verursachen auch sogenannte Knickruten dem Hund Schmerzen beim Hinsetzen, denn dadurch entzündet sich die Rute. Die Rute muß in solchen und ähnliche Fällen bis zum Alter von zwei Wochen gestutzt werden. Die Ohren sind im Welpenalter unter Betäubung zu kupieren (Auskunft erhalten Sie beim Tierarzt).

Deutsche Doggen, rechts mit kupierten, links mit nicht kupierten Ohren

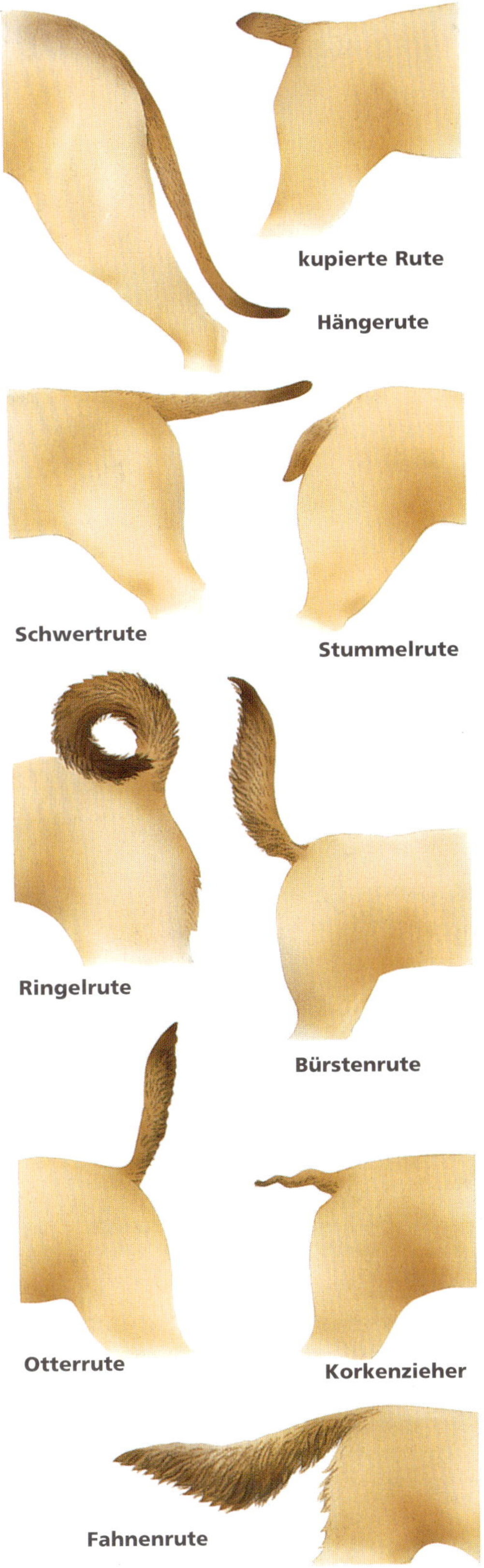

Ernährung des Hundes

Fertigfutter oder selbst zubereiten?

Die Ernährung des Hundes ist heute unproblematisch, denn wir erhalten Dosen- und Trockenfutter in einer nie dagewesenen Vielfalt und Qualität. Fleischanteil, also der Eiweiß- und Fettgehalt, sowie der von Kohlenhydraten, Vitaminen, Spurenelementen, Mineral- und Ballaststoffen sind genau vermerkt. Alle Bestandteile werden aus besten Rohstoffen gewonnen und vor ihrer Verarbeitung genauestens untersucht. Es kommt nur Fleisch von gesunden Tieren in das Hundefutter, und es wird soweit erhitzt, daß keine Krankheitserreger eine Chance haben. Das Futter unterliegt ebenso wie die Produktionsstätten strengsten Kontrollen.

Die verschiedenen Futtersorten sind auf die unterschiedlichen Bedürfnisse der Hunde ausgerichtet. Damit wird berücksichtigt, daß Welpen und Junghunde andere Nahrung benötigen als erwachsene Hunde oder solche, die besondere Leistungen erbringen müssen (Jagd-, Hüte-, Schlitten-, Rettungshunde, trächtige und säugende Hündinnen), oder alte Hunde. So ist der jeweilige Bedarf an Nährwerten leicht zu berücksichtigen.
Mit der Vielfalt an Futtersorten können Sie dafür sorgen, daß es dem Hund auch geschmacklich nicht langweilig wird.
Manche Hundehalter schwören jedoch nach wie vor auf selbst zubereitete Nahrung für ihren Hund. Dabei spielt rohes Fleisch die wichtigste Rolle, obwohl davon eine Anzahl von Gefahren ausgehen

Neben qualitativ hochwertigem Futter braucht ein Welpe stets ausreichend frisches, sauberes Wasser

kann. Daher sollte das Kochen aller Art von Fleisch – inklusive Innereien und Pansen – als selbstverständlich gelten. Nur wenn sie sorgfältigst zusammengestellt wurde, kann die selbst zubereitete Nahrung für den Hund durchaus nährstoffreich und schmackhaft sein.
Rohes Fleisch und Innereien von Rind, Schaf oder anderen Tieren können nur dann bedenkenlos gegeben werden, wenn Vieh direkt auf einem nach ökologisch-dynamischen Regeln geführten Bauernhof geschlachtet wird, das unter natürlichen Bedingungen und ohne Chemie aufgewachsen ist.
Für selbst zubereitetes Futter brauchen Sie bis zu fünfzig Prozent Gemüse und andere Vegetabilien – jeweils gedünstet, da es sonst vom Hund nicht oder nur schlecht verwertet werden kann. Vitamine, Mineralstoffe und Spurenelemente sind als Zusatz zum Futter zu verabreichen. Guter Futterkalk enthält alle benötigten Vitalstoffe in ausgewogener Zusammensetzung.
Der Nährwert selbst zubereiteten Futters läßt sich nur schätzen. Das gilt auch für die Reste, die der Hund gelegentlich von unserer Mahlzeit erhält. Dabei sollen scharf Gebratenes, Gewürztes, Gesalzenes, Saures und Süßes für ihn tabu sein. Solche Bestandteile unserer Nahrung können sich auf Dauer sehr schädlich auf die Gesundheit des Hundes auswirken. Gegen gekochte Kartoffeln, Gemüse, Nudeln, Reis und Kochfleisch ist jedoch nichts einzuwenden. Restefüttern sollte dennoch die Ausnahme bleibten.

Welpennahrung

Vom Züchter bekommen die Welpen ab einem Alter von etwa drei Wochen als Ergänzung zur Muttermilch ihre erste Zusatznahrung, wobei mit Halbflüssigem begonnen wird.
Eine Woche später dürfen auch schon festere Brocken dabeisein. Die Zufütterung richtet sich danach, wieviel Milch die Welpen von der Hündin noch bekommen und nach der Größe des Wurfs. Allmählich wird die Futtermenge vergrößert und über den Tag verteilt gegeben.
Wenn der Züchter Ihnen einen Futterplan mitgibt, wird für den Welpen eine zu radikale Umstellung vermieden, und dies ist für Sie eine große Hilfe und Beruhigung. Richten Sie sich auch nach den Vorschlägen des Züchters, was die Anzahl der Fütterungen betrifft. Manche Züchter halten vier Mahlzeiten für ausreichend, die meisten aber raten zu fünf Fütterungen.
Falls Sie keine Ratschläge vom Züchter mitbekommen haben, könnten Sie sich nach dem Fütterungsplan für den 8 bis 10 Wochen alten Welpen in der Tabelle richten (vgl. Seite 184). Achten Sie bitte darauf, daß sich der Welpe vor der ersten Mahlzeit am Morgen löst.
Frisches Wasser sollte dem Welpen stets reichlich zur Verfügung stehen. Lassen Sie Ihren Hund nicht aus jedem unbekannten Tümpel saufen.

Bereits der Welpe sollte an regelmäßige Fütterungszeiten gewöhnt werden

Speiseplan für 8–10 Wochen alte Welpen

1. Mahlzeit: 7.00 Uhr	Welpenflocken in lauwarmer Welpenmilch, jeden zweiten Tag ein weich gekochtes, zerdrücktes Ei oder ein rohes Eigelb daruntergerührt
2. Mahlzeit: 11.00 Uhr	Halbfeste Mahlzeit aus gekochtem Fleisch (kleingeschnitten) mit Flocken und etwas gedünstetem Gemüse (Spinat, Möhren) und wenig Fleischbrühe ***oder*** eine Welpen-Fleischmahlzeit aus der Dose
3. Mahlzeit: 14.00 Uhr	Ein paar Welpenhundekuchen, dazu etwas lauwarme Welpenmilch
4. Mahlzeit: 18.00 Uhr	Wie um 11 Uhr, doch können auch gekochter Reis, Vollkornnudeln oder Kartoffeln und geriebener Apfel bzw. Birne daruntergemischt werden.
5. Mahlzeit: 21.00 Uhr	Hunde- oder Haferflocken abwechselnd mit Welpenmilch oder Fleischbrühe angerührt

Der heranwachsende Junghund

Im Alter von vier Monaten kann dem Welpen schon eine Fütterung auf vier pro Tag gestrichen werden. Dabei sollte die letzte Fütterung des Tages (um 18 oder 19 Uhr) zugleich die Hauptmahlzeit sein.
Mit 5–6 Monaten erhält der junge Hund nur noch drei Mahlzeiten. Dabei kann die morgendliche Fütterung um ein bis zwei Stunden später erfolgen.
Ab dem siebten oder achten Monat könnten auch schon zwei Mahlzeiten ausreichen. Es kommt natürlich darauf an, wie gut sich der junge Hund bis hierhin körperlich entwickelt hat.
Mit anderthalb bis zwei Jahren ist der Hund erwachsen und körperlich ausgereift. Er erhält weiterhin zwei Mahlzeiten pro Tag, wobei die erste die Nebenmahlzeit sein sollte. Er bekommt sie nach dem morgendlichen Auslauf mit anschließender Ruhestunde. Diese Ruhestunde sollte unbedingt eingehalten werden, denn durch zu temperamentvolles Toben und Spielen nach einer Mahlzeit besteht die Gefahr einer Magendrehung.
Die zweite ist die Hauptmahlzeit und wird abends gereicht. Auch während und nach dieser Fütterung muß der Hund selbstverständlich seine Ruhe haben.
Mit Leckerlis bleiben Sie sparsam. Sie sollten nur zur Belohnung gegeben werden. Gegebenenfalls sollten Sie diese auf die Abendmahlzeit anrechnen.

Futtermenge und Futtervielfalt

Für den Futterbedarf des einzelnen Hundes lassen sich keine genauen Mengenangaben machen, denn neben dem unterschiedlichen Nährwert der Mahlzeiten spielt natürlich der Energiebedarf eine große Rolle. An einem Tag mit viel Bewegung wird mehr Energie verbrannt als an einem ruhigeren Tag. Auch sind Hunde unterschiedliche Futterverwerter, was sich

Kalkulation der täglichen Futtermenge

Hundegewicht	konventionelle Art	Dosenfutter	Trockenfutter *
2 kg	200–250 g	150–180 g	50–70 g
5 kg	400 g	325 g	110 g
10 kg	600 g	450 g	150 g
20 kg	1000 g	800 g	300 g
30 kg	1500 g	1200 g	375 g
40 kg	1800 g	1500 g	450 g
50–80 kg	2200–3000 g	1800–2400 g	575–750 g

** inkl. der gleichen Menge Wasser*

selbst bei zwei Tieren der gleichen Rasse bemerkbar macht.
Bester Beweis für die richtige Futtermenge ist der in flottem Tempo leergefressene Futternapf. Der gesunde Hund sollte den Napf innerhalb einer Viertelstunde leer haben. Läßt er Futter stehen, sollten Sie Reste nie im Napf belassen und bei der nächsten Fütterung weniger geben. In der Tabelle oben finden Sie eine Übersicht, die aufzeigt, wieviel Nahrung Ihr Hund pro Tag etwa benötigt. Die darin angegebenen Futtermengen stellen Richtwerte dar. Es kommt allerdings auf die Anteile von Kohlenhydraten und Ballaststoffen im Verhältnis zum Fleischanteil an, natürlich auch auf die Qualität der einzelnen Futterbestandteile. Bei Dosen- und Trockenfutter sind die Fütterungshinweise genau zu beachten.
Was bei der Fütterung der Welpen schon als Nahrungsmittel erwähnt wurde, ist ebenso auch für den erwachsenen Hund bekömmlich: Jedes Fleisch sollte grundsätzlich gekocht werden. Wo Schweinefleisch verkauft wird, können die Erreger der Aujeszkyschen Krankheit (tödliche, nur Hunde befallende Viren) nämlich leicht auf Rind- und Hammelfleisch übertragen werden, auch wenn dieses nur mit dem gleichen Messer in Berührung kommt.
Fisch spielt bei uns als Hundenahrung kaum eine Rolle. Für die Wertigkeit gilt gleiches wie für Fleisch. Weitere tierische Produkte sind Eier, Joghurt, Magerquark und milder Käse, die in kleinen Mengen ins Hauptfutter gemischt werden können. Als kohlenhydratreiche Hundenahrung sind vor allem Reis, Getreideflocken und Teigwaren anzusehen. Als vitamin- und mineralienreich gelten alle Obst- und Gemüsearten. Roh, aber zerdrückt, kleingeschnitten oder geraspelt werden Bananen, Erd- und Himbeeren, Äpfel, Birnen, Salat, Endivien gern genommen. Gedünstet und zerkleinert sind dagegen Möhren, Kartoffeln, gelbe Rüben, Kohl sowie Brokkoli, Spinat, Mangold gut.

Gras – Nahrung oder Medizin?

Häufig nimmt der Hund Gras auf, um so Knochensplitter, Haarballen o. ä. mit dem Gras zusammen hochzuwürgen. Es dient also der Magenreinigung. Was an Gräsern den Magen passiert, kann auch der Darmreinigung dienen. Allerdings sind Gräser vor allem Rohfaser und können vom Hund nur sehr schlecht aufgeschlossen werden, was bedeutet, daß die in ihnen enthaltenen Vitamine und Mineralstoffe von ihm nicht verwertet werden können. Sind sie jedoch vorverdaut, wie der Darminhalt der vom Wolf gerissenen

Beutetiere, dann sind Gräser wertvolle Nahrung. Aus diesem Grund müssen wir die meisten Blattgemüse schonend dünsten. Nur dann sind sie lebenswichtige Zusatzkost für den Hund.

Trinken

Zu trinken wird klares Wasser gegeben, das dem Hund immer zur Verfügung stehen sollte. Nur selten kommt es vor, daß

ein Hund ständig großen Durst hat. Ist der Durst nicht krankheitsbedingt, was abgeklärt werden muß, dann kann ihm die Wassermenge auch rationiert werden.

Leckerlis

Leckerlis sind eine wirkungsvolle Belohnung bei der Erziehung des Hundes (ganz rechts wird ein Jack Russel Terrier belohnt). Sie dürfen jedoch nur sparsam gegeben werden, und zwar aus zweierlei Gründen. Der Hund darf nicht erwarten, für jeden zur Zufriedenheit befolgten Befehl mit einem Leckerli belohnt zu werden. Lob und eine Liebkosung tun es auch. So bleibt das Leckerli als Belohnung für besonders gut vollbrachte Übungen. Zum anderen können zu viele, zu gehaltvolle Leckerli der schlanken Linie und damit der Gesundheit des Hundes abträglich sein. Es kommen so nämlich einige Kalorien zusammen, die bei der Berechnung der täglichen Futtermenge berücksicht werden sollten. Sie werden also bei der folgenden Mahlzeit abgezogen. Nehmen Sie ferner nur kleine Hundekuchen als Leckerli, die einen geringen Fleisch- und Kalorienanteil aufweisen, dann werden Sie Ihren Liebling bestimmt nicht überfüttern.

Futter- und Trinknäpfe

Daß der Trink- ebenso wie der Futternapf stets sauber gehalten werden muß, versteht sich von selbst. Ansonsten bilden sich schnell Bakterien, oder Fliegen legen ihre Eier in den Futterresten ab.
Es gibt eine große Auswahl an verschiedenen Näpfen. Solche aus Edelstahl sind unverwüstlich und gut zu reinigen. Aber auch solche aus Plastik sind nicht zu verachten, besonders dann, wenn sie einen rutschfesten Unterboden haben. Für kleine Hunde sind die Kombinationsnäpfe für Fressen und für Wasser recht nützlich, und für Hunde mit langen Schlappohren gibt es Näpfe mit höherem Fuß.

Das Für und Wider der Hundezucht

Es gibt sehr viele Hunde – viel zu viele, meinen manche Mitbürger. Wenn man an Kläffer in Etagenwohnungen und die vielen verschmutzten Bürgersteige denkt, mögen letztere recht haben. Allerdings sind diese Probleme von Menschen verursacht, ebenso wie überfüllte Tierheime.

Zwergpinscherhündin mit einem ihrer fünf Wochen alten Welpen

Daß jede Hündin einmal in ihrem Leben Junge haben sollte, um gesund zu bleiben und ausgeglichener in ihrem Wesen zu werden, ist eine längst überholte Binsenweisheit.

Natürlich kann es vorkommen, daß eine Hündin umgänglicher und anschmiegsamer wird, wenn sie Junge gehabt hat, doch gibt es durchaus auch gegensätz-

Ein Arm voller erst acht Wochen alter Zwergspitzwelpen: Lohn für monatelange kosten- und zeitintensive Fürsorge und Pflege

liche Beobachtungen. Allein aus diesem Grund sollte also keine Hündin trächtig werden.

Aber vielleicht haben Sie ja Ihre ganz persönlichen Gründe, es einmal mit der Hundezucht zu versuchen. Möglicherweise haben Sie eine wunderschöne, reinrassige Hündin edelster Abstammung. Dann könnte Ihr Beweggrund, sich für die Zucht zu entscheiden, der sein, daß sich mit den Welpen ein schönes Taschengeld verdienen ließe, vor allem wenn es sich um eine seltene und sehr teure Rasse handelt. Das mag auch zutreffen, doch dürfen Sie dann alle Ihre nicht geringen Kosten, erheblichen Mühen und ausgesprochen viel Zeit nicht rechnen, die Sie in das „Unternehmen Hundezucht" investieren.

Sollte Sie jedoch die Neugierde packen – die Liebe und die Begeisterung für Ihren Hund und seine Rasse – dann haben Sie schon bessere Grundlagen für das Abenteuer Hundezucht. Es gehört nämlich eine Menge Idealismus dazu. Sie wollen ja gesunde, glückliche Welpen mit guten Charaktereigenschaften und freundlichem Wesen heranziehen. Diese sollen ihren späteren Besitzern Freude bereiten und nicht bereits als Problemhunde geboren werden oder aufwachsen. Und Sie wollen sicher Ihre kleinen Schützlinge nur an wahre, verantwortungsbewußte Hundefreunde abgeben. Darum bleiben Sie beim Züchten bei einer Rasse und höchstens 2–3 Hündinnen. Sie wollen ja der Individualität jedes Hundes gerecht werden, wollen Anteil am Heranwachsen jedes einzelnen Welpen nehmen und dem erwartungsvollen Käufer auch später in die Augen schauen können.

Mißbrauch der Hundezucht

Hier noch einmal die eindringliche Mahnung an jeden Käufer: Kaufen Sie den Welpen nur dort, wo die Hunde im Familienverband leben und die Hündin unter den eben geschilderten Bedingungen ihre Jungen bekommen und aufziehen darf! Die Welpen sollen von klein an die liebevolle Behandlung durch ihre Menschen kennenlernen, bald auch die anderer Menschen, besonders der Kinder.
Kaufen Sie nie dort, wo die Hunde nicht den Familienanschluß haben, wo oft eine Anzahl von Hündinnen mit ihren Jungen in Zwingern leben.
Häufig werden von diesen Vermehrern Welpen verschiedenster Rassen angeboten. Meistens sind es Rassen, die gerade in Mode sind; und gehen die Welpen bei ihm zur Neige, werden aus dunklen Kanälen weitere herbeigeschafft. Oft sind die Welpen auch weder entwurmt und geimpft.
Lassen Sie sich nicht durch eindrucksvoll aufgemachte Stammbäume täuschen. Diese haben nur Wert, wenn sie von den großen Verbänden mit Beglaubigung der Zuchtwarte stammen.
Hunde aus den Massenzuchten sind lediglich Ware, die schnell vermehrt wird, solange sie Profit abwirft. Da wird keine Rücksicht darauf genommen, ob die Elterntiere körperliche oder Wesensfehler haben. Bei seriösen, organisierten Züchtern spielt gerade diese Auslese von Rüde und Hündin eine wichtige Rolle. Die Hunde müssen durch verschiedene Prüfungen und Bewertungen, bevor die Züchter die Erlaubnis erhalten, mit ihnen zu züchten. Nur dann gibt es die Papiere für die Welpen. Ferner wird eine zeitliche Beschränkung auferlegt, nach der mit der Hündin erst wieder gezüchtet werden darf. Dies soll verhindern, daß die Hündin überfordert und der nächste Nachwuchs schwächlich werden könnte.

Diese vier Chihuahuas sind über jeden Zweifel hinsichtlich ihrer Herkunft erhaben

Zwergpudelwelpen in ihrer Wurfkiste, der sie inzwischen schon fast entwachsen sind. Schon jetzt, nach acht Wochen, beginnt die Hündin die Welpen zu entwöhnen

Geburt der Welpen

Im Alter von 8–12 Monaten ist die Hündin, je nach Rasse und Größe, geschlechtsreif. Danach kommt sie durchschnittlich alle halbe Jahr in „Hitze". Vom Eintreten der Brunstblutung dauert die Hitze zwei Wochen, doch nur vom 9.–14. Tag kann sie trächtig werden, meistens sogar nur vom 11.–13. Tag. Nach neun Wochen, also nach 63 Tagen ist die Geburt der Welpen zu erwarten. Allerdings kann sich der Termin bis auf 56 Tage verkürzen oder bis auf 70 Tage verlängern. Die Geburt geht fast immer ohne Komplikationen vor sich, und die Hündin wird alleine damit fertig. Bitte lassen Sie Ihre trächtige Hündin gründlich vom Tierarzt untersuchen. Dieser wird Sie auf eventuelle Komplikationen aufmerksam machen und Ihnen Instruktionen geben, wie Sie sich verhalten sollten, falls es dazu kommen sollte. Im Zweifelsfall rufen Sie während der Geburt der Welpen Ihren Tierarzt an.

Meistens erwartet die Hündin jede Viertelstunde ein Hundebaby, genügend Zeit, die Fruchtblase aufzureißen, die Nabelschnur durchzubeißen und das Kleine trockenzulecken. Nachdem alle Jungen da sind, meldet sich bei ihnen innerhalb 2–3 Stunden der erste Appetit. Die Muttermilch bleibt für sie in den ersten drei Wochen einzige Nahrung, bei der sie prächtig gedeihen. In dieser Zeit verdoppelt sich das Geburtsgewicht der Welpen wöchentlich. Ab dem Alter von drei Wochen gibt die Hündin den Kleinen

schon etwas vorverdaute Nahrung. Es kann auch mit der Zufütterung begonnen werden.
Jetzt braucht die Hündin einen erhöhten Platz oder eine niedrige Gittertür, über die sie springen kann, um sich vor den Welpen zu retten. Deren spitzes Milchgebiß bereitet der Hündin während des Säugens ziemliche Schmerzen. So bekommen sie immer seltener Milch; das Zufüttern wird immer mehr und häufiger.
Mit 8–10 Wochen hat die Hündin die Welpen fast ganz entwöhnt. Sie spielt mit ihnen und bewacht sie, doch ist schon der Zeitpunkt der Trennung nahe. Vorher werden die Kleinen noch entwurmt und geimpft.

Geburtenregelung bei Hunden

Alle sechs Monate wird die Hündin läufig. Praktisch könnte sie in dieser Folge Junge bekommen, doch würde das die Hündin auf die Dauer sehr strapazieren. Auch ist es von seiten der Rasseklubs meistens nicht zugelassen, die Hündin schon bei ihrer ersten Hitze decken zu lassen oder mit ihr zu kurz aufeinander zu züchten. Um das verhindern zu können, gibt es verschiedene Möglichkeiten. Sie können Ihre Hündin beipsielsweise während ihrer Läufigkeit im Hause oder im Zwinger eingesperrt halten – vergessen Sie aber nicht, daß Sie dafür um so mehr Auslauf und liebevolle Zuwendung braucht. Ferner hilft auch eine Hormonspritze vom Tierarzt. Diese muß mindestens vier Wochen vor der erwarteten Läufigkeit verabreicht werden, wenn die Hitze unterbleiben soll. Wird gewünscht, daß die Hündin mehrere Hitzeperioden nicht gedeckt wird, sind die Spritzen halbjährlich zu wiederholen. Nach Absetzen der Spritzen kann die Hündin bei der darauffolgenden Läufigkeit gedeckt und trächtig werden.
Wollen Sie mit Ihrer Hündin gar nicht züchten, dann könnten Sie zwar auch jedes halbe Jahr mit ihr zum Tierarzt gehen, um ein Verhütungsmittel spritzen zu lassen, doch empfiehlt sich dann eine Kastration. Wird dieser endgültige Eingriff nach der ersten Hitze durchgeführt, verändert sich die Hündin weder in ihrem Wesen noch in der Figur. Beides könnte nur eintreten, wenn sie als noch nicht ausgewachsenes Tier sterilisiert wird.
Bei Rüden ist der Eingriff wesentlich einfacher durchzuführen. Er ist angebracht, wenn der Hund sexuell zu sehr erregbar, ein starker Raufer oder Herumstreuner ist und wenn er trotz aller Erziehungsmaßnahmen bei jeder Gelegenheit bei Menschen aufreiten möchte.
Durch vermehrt durchgeführte Kastration kann die Zahl der Hunde und damit das verachtungswürdige Aussetzen sowie das Abschieben in Tierheime sicherlich eingeschränkt werden.

Wenn Sie einen Rüden haben, sollten Sie sich überlegen, ob es nicht besser wäre, ihn kastrieren zu lassen

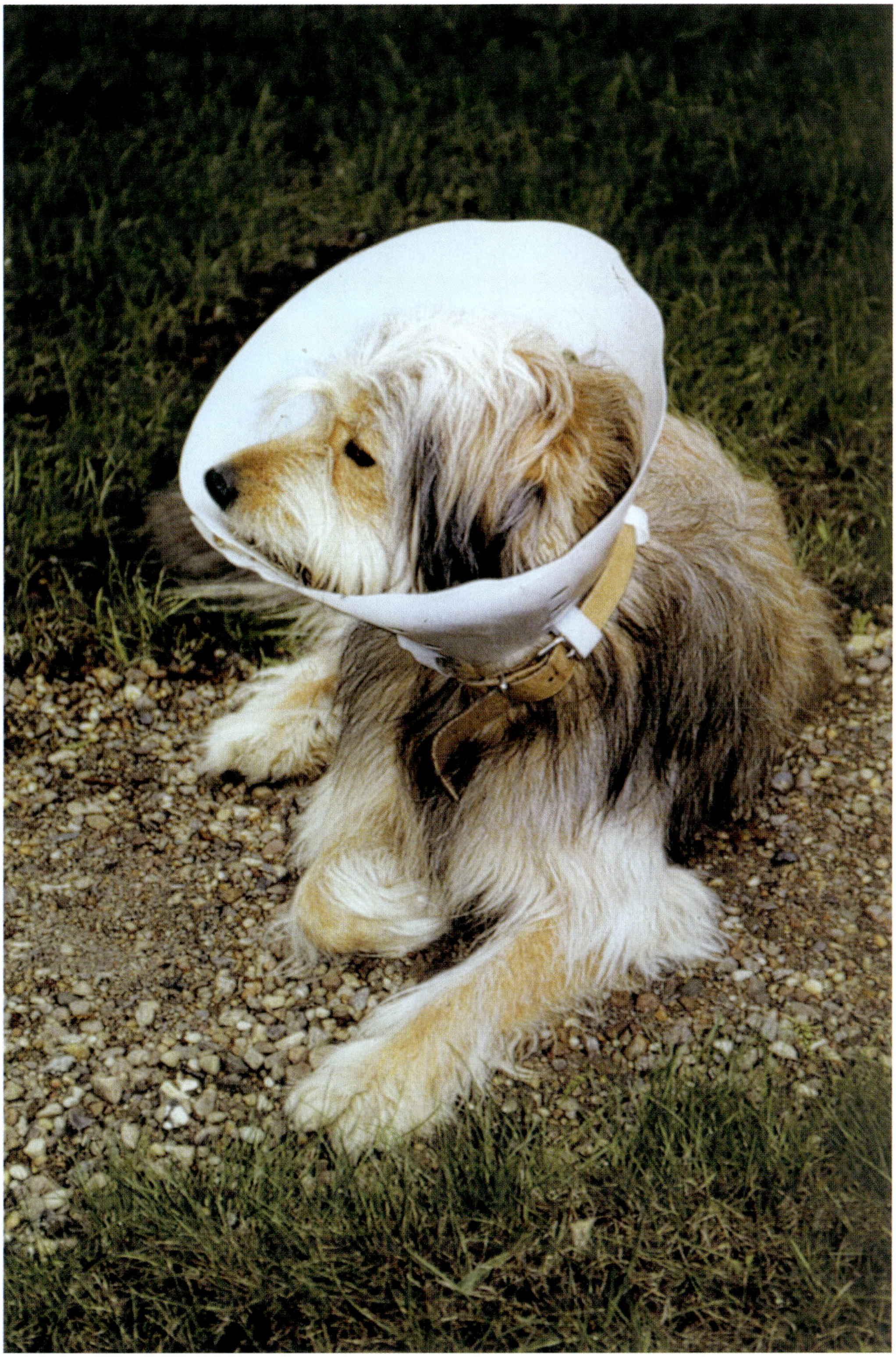

Bernhardiner-Deutscher Schäferhund-Mischlingsrüde trägt nach der Kastration einige Zeit lang einen Schutztrichter, damit er sich nicht die Wundnähte aufbeißen kann

Pflichten und Rechte eines Hundehalters

Wenn Bello stört

Immer mehr Menschen wünschen sich einen Hund, doch sollte sich jeder Hundefreund vorher einmal mit den folgenden Aspekten befassen: Dürfen Sie dort, wo Sie wohnen, überhaupt einen Hund halten?
Wenn Sie ein eigenes Haus mit Garten oder eine Eigentumswohnung besitzen, wird niemand etwas gegen die Hundehaltung einzuwenden haben. Allerdings müssen Sie trotzdem darauf achten, daß Ihr Hund nicht durch ständiges Bellen zu einer massiven Belästigung der Nachbarn wird. Durch die Ordnungsbehörde könnten Sie sonst zu empfindlichen Geldstrafen, zum Einsperren des Hundes in einen schallisolierten Raum oder, in außergewöhnlich schweren Fällen, zur Abgabe des Hundes verurteilt werden.
Gemäß amtlicher Bestimmung dürfen

Ihr Hund sollte zwar wachsam sein, aber Dauerkläffer schaffen sich auf Dauer keine Freunde. Leidgeprüfte Nachbarn können vor Gericht gehen, wenn es Ihnen nicht gelingen sollte, Ihrem Hund zu häufiges und andauerndes Bellen abzugewöhnen

Hunde von abends 20 Uhr bis 7 Uhr morgens nicht bellen. In manchen Gemeinden gilt ein weiteres Bellverbot während der Mittagsruhezeit von 13–15 Uhr. Wie Sie dem Hund zu häufiges Bellen abgewöhnen können, lesen Sie im Kapitel „Ratschläge zur Erziehung des Hundes".
Wohnen Sie in einer Mietwohnung, dann sollten Sie sich Ihren Mietvertrag genau ansehen. Es gibt nämlich keine gesetzliche, überall gültige Regelung der Hundehaltung. Steht im Mietvertrag, daß Hundehaltung verboten ist, dann können Sie nichts dagegen tun. Sie haben den Mietvertrag zu einem früheren Zeitpunkt ja unterschrieben. Ausnahmen sind Blindenhunde, deren Haltung der Vermieter nicht verbieten kann.
Wird die Hundehaltung trotz des Verbots im Mietvertrag stillschweigend vom Vermieter gestattet, dann kann er die Abschaffung des Hundes nicht ohne triftigen Grund verlangen. Gründe wären eine „massive Belästigung, wie ständiges Bellen, Verunreinigung des Treppenhauses, Bissigkeit oder starke Geruchsverbreitung". Dadurch kann für die Mitbewohner des Hauses der Hausfrieden gefährdet sein, und sie ergreifen eventuell die Initiative zur Abschaffung des Hundes. Dies kann auch in einem Haus passieren, in dem die Hundehaltung grundsätzlich erlaubt ist, sogar bei einer Eigentumswohnung.

Das Recht beim Hundekauf

Sie kaufen einen Welpen einer bestimmten Rasse. Mit dem Heranwachsen des Hundes stellt sich jedoch heraus, daß er dieser Rasse immer unähnlicher wird und mit größter Wahrscheinlichkeit ein Mischling ist.
Oder Sie kaufen einen erwachsenen, ausgebildeten Schutz- und Wachhund, der sich als freundlich gegenüber jedermann erweist und die ihm zugedachten Aufgaben in keiner Weise erfüllen kann.

Ein fundierter Kaufvertrag schützt den Hundekäufer vor so mancher unliebsamen Überraschung

Schließlich könnte Ihnen auch ein fünf Monate alter Boxer als HD-frei (frei von Hüftgelenkdysplasie) verkauft werden, der sich aber bald mit diesem Leiden herumschleppt. Anhand von Röntgenaufnahmen diagnostiziert der Tierarzt eben diese Krankheit.
Dies sind ein paar typische Beispiele, wie Sie beim Hundekauf hereinfallen können. Sie brauchen diese offensichtliche Fehlleistung des Züchters jedoch nicht hinnehmen, vor allem dann nicht, wenn Sie einen Kaufvertrag unterschrieben haben. Wenn der Hund nicht den Bedingungen des Vertrages entspricht, haben Sie das Recht, den Kauf rückgängig zu machen, oder auf einer Minderung des Preises zu bestehen oder sogar Schadenersatz zu verlangen. Am besten erkundigen Sie sich beim Hundeverein oder einem integren

Züchter nach Vertragsvordrucken und bitten um sachdienliche Ratschläge zum Hundekauf (vgl. auch Seite 142 ff).
Ihre Rechte gegenüber dem Verkäufer bestehen für ein halbes Jahr.

Hundesteuer

Viele Hundehalter glauben, die Hundesteuer sei als Ausgleich dafür gedacht, daß ihre Lieblinge überall draußen hinmachen dürfen. Keineswegs! Die Hundesteuer ist vielmehr eine Luxussteuer, die übereifrige Hundehalter etwas bremsen soll. Jede Gemeinde kann die Höhe dieser Steuer selbst festsetzen. In der Regel ist sie in ländlichen Gemeinden und Kleinstädten niedriger als in Großstädten.
Für Schutz- und Gebrauchshunde (z. B. Blindenhunde) ist die Hundesteuer ermäßigt oder entfällt ganz. Eine Ermäßigung gibt es auch für Hobbyzüchter mit einer bestimmten Anzahl von Hündinnen.

Haftpflicht

Es ist nicht nur ratsam, sondern Pflicht, für jeden Hund eine Haftpflichtversicherung abzuschließen. Ist er auch noch so wohlerzogen und folgsam, so können sich doch Situationen ergeben, bei denen durch den Hund Sach- oder Personenschäden entstehen.
Ob angeleint oder freilaufend, passiert etwas durch den Hund, können Sie haftbar gemacht werden. Dies kann von einem kleinen Winkelriß in der Hose bis zu einem schweren Verkehrsunfall reichen. Wenn der Hund gereizt wird oder ein Hinweisschild an der Gartenpforte, zum Beispiel „Vorsicht, bissiger Hund" nicht beachtet wird, brauchen Sie für entstehende Schäden nicht aufkommen.

Kranken- und Lebensversicherung für den Hund

Sie können bei einigen Versicherungen Ihren Hund für den Krankheitsfall versichern. Je nach Höhe der Prämie werden Kosten für Tierarzt und Medikamente teilweise oder ganz von der Versicherung übernommen. Bei einer Lebensversicherung des Hundes wird dessen Kaufpreis bei vorzeitigem Tod durch Krankheit oder Unfall sowie bei Diebstahl ausbezahlt. Die einzuzahlende Prämie beträgt meistens zehn Prozent des Kaufpreises.
Bei Abschluß einer Lebensversicherung muß der Hund jünger als ein Jahr und gegen Staupe, Leptospirose und Hepatitis geimpft sein. Ein vom Tierarzt bescheinigtes Impfzeugnis muß vorliegen. Ähnliche Bedingungen gelten auch für die Krankenversicherung.

Fröhliche Rangelei unter Freunden. Falls der eine oder andre doch einmal etwas anrichten sollte, sind sie hoffentlich haftpflichtversichert

Gute Reise!

Autoreisen mit dem Hund

Haben Sie die Möglichkeit, Ihren Hund im eigenen Auto mit auf Reisen zu nehmen, ist die Sache meist problemlos. Das Auto ist ein gewohnter Teil der Umgebung des Hundes, ein Teil seines Zuhauses. Manche Hunde sind begeisterte Mitfahrer. Sie können es gar nicht abwarten, in den Wagen zu kommen, wenn sie merken, daß eine Fahrt bevorsteht.
Wenn Ihr Hund zu dieser Gruppe gehört, wird das Autofahren mit ihm sicher auch Ihnen Spaß machen, vorausgesetzt, Sie haben ihn richtig erzogen. Er gehört als kleiner und mittelgroßer Hund in den Fußraum des Beifahrersitzes, als großer Hund auf die Rücksitze oder, beim Kom-

Ich darf mitfahren! Die meisten Hunde sind selig, wenn sie Herrchen und Frauchen auf einer Reise begleiten dürfen

biwagen, in den hinteren Gepäckraum. Ist dieser durch ein Netz vom vorderen Teil getrennt, ist der Hund dort ideal untergebracht.
Da Hunde gern aus dem Fenster schauen, kann den kleineren zeitweise auch Platz auf dem Schoß des Beifahrers oder neben den Mitfahrern auf der hinteren Sitzbank eingeräumt werden. Der Hund muß jedoch in jedem Falle seinen Platz kennen und sich damit zufriedengeben. Es darf ihm nicht erlaubt werden, während der Fahrt von einem Platz zum anderen zu wandern. Vor allem aber darf er den Fahrer in keiner Weise ablenken oder beeinträchtigen.
Leider verleiten verantwortungslose Autofahrer ihre Vierbeiner häufig zu Verhaltensweisen, die nicht nur für sie selbst und alle Fahrzeuginsassen, sondern auch für alle andern Verkehrsteilnehmer lebensgefährlich sein können. Da hat ein auf dem Rücksitz hockender Hund seine Vorderbeine über die Schultern des Fahrers gelegt; ein anderer sitzt auf dem Schoß des Fahrers und stützt sich mit den Vorderbeinen auf dem Lenkrad ab. Wieder ein anderer hat sich zwischen Tür und Fahrer gezwängt und nimmt diesem völlig die Sicht durchs Seitenfenster und den Außenspiegel . . . Bitte nehmen Sie sich daran kein Beispiel!
Es gibt einige Hunde, die ungern Autofahren. Diese sollten lieber bei Verwandten, Freunden oder Nachbarn bleiben, bei vertrauten Personen, wo sie sich wohler fühlen, als wenn sie tagelang im Auto mitgeschleppt werden. Wieder andere

Regelmäßige Pausen während einer längeren Autorfahrt sind wichtig für den Hund, damit er sich lösen und etwas trinken kann. Mit einem Spielgefährten ein paar Minuten herumzutollen, ist dazu ein willkommene Abwechslung

werden regelrecht autokrank. Sie haben entweder schon als Welpe einen Schock beim Autofahren bekommen oder können die Vibration und die Geräusche des Wagens nicht vertragen.
Ist das Mitfahren für einen autokranken Hund unvermeidbar, sollte er mehrere Stunden vor der Abreise kein Futter mehr bekommen. Ihm wird eine Tablette gereicht, die Sie sich vom Tierarzt geben lassen (keine Reiseablette für Menschen verabreichen!). Auch Hunde, die nicht unter Reiseübelkeit leiden, sollten vor Reisebeginn nicht mehr gefüttert werden. Geben Sie Ihrem Hund lieber während einer Rast eine kleine Portion leicht verdaulichen Futters. Rasten sollten Sie mit dem Hund alle zwei Stunden, damit er sich (an der Leine) die Beine vertreten und sein Geschäft erledigen kann.
Nehmen Sie unbedingt ausreichend Trinkwasser mit, und geben Sie ihm davon während der Pause. Im Auto wird es während der Sommermonate nämlich sehr heiß. Selbst bei Lüftung und leicht geöffneten Fenstern sind es während der Fahrt im heißen Sonnenwetter im Schatten ca. 35 °C und in der Sonne ca. 45 °C. Steht der Wagen, steigt die Temperatur in der Sonne auf 70–90 °C und im Schatten auf 55–65 °C. Wenn Sie den Wagen im Schatten abstellen und den Hund darin lassen, denken Sie daran, daß die Sonne wandert und das Auto bald in einen Ofen verwandelt werden kann. Daran ändern auch die spaltbreit geöffneten Fenster wenig.
Hunde bekommen sehr leicht eine Bindehautentzündung. Der erfrischende Fahrtwind kann ihnen also eine langwierige Erkrankung bescheren. Sie sehen, das lange Stillsitzen, die Hitze und die Möglichkeit einer Erkankung sind für den Hund, der im Auto mit auf Reisen geht, nicht gerade angenehme Begleiterscheinungen. Wägen Sie die Vor- und Nachteile ab, und wenn Sie sich für die gemeinsame Reise mit dem Hund entscheiden, belohnen Sie ihn mit viel gemeinsamer Beschäftigung während des Urlaubs. Damit er sich an dem ungewohnten Ort wohlfühlt, nehmen Sie am besten sein Körbchen oder die gewohnte Decke mit. Auch seine vertrauten Näpfe, Bürste, Kamm und eventuell ein geliebtes Spielzeug sollten Sie nicht vergessen.

Kleine Hunde wie diese Papillons dürfen mit im Bahnabteil reisen

Mit der Bahn

Es ist recht einfach, den Hund auf eine Bahnreise mitzunehmen. Kleinere Hunde dürfen ins Abteil mitgenommen werden, wenn sie auf dem Schoß oder in einem Korb im Gepäcknetz untergebracht werden. Sie dürfen Mitreisende aber natürlich in keiner Weise belästigen. In einem Schlafwagenabteil kann der Hund ebenfalls befördert werden, sofern Sie es allein belegen. Für beide Beförderungsarten müssen Sie den halben Fahrpreis Ihrer Fahrkarte bezahlen.
Billiger reist der Hund, wenn er als Reisegepäck in einer von der Bahn gestellten

Zwei unzertrennliche Freunde, die schnell zu erreichende Urlaubsziele und hundefreundliche Hotels bevorzugen (Slowakische Schwarzwildbracke)

„Reisehundehütte" oder als Expreßgut aufgegeben wird. Am preiswertesten und am einfachsten ist es, wenn Sie den Hund mit einer Fahrkarte am Gepäckwagen abliefern und am Ziel wieder abholen.
Bitte überlegen Sie sich vorher gut, ob Sie Ihrem Hund eine solche Reise zumuten können. Dies gilt auch für Flug- und Schiffsreisen.

Mit dem Flugzeug

Bei Inlandflügen in Linienmaschinen dürfen kleine Hunde bis fünf Kilogramm Gewicht im Passagierraum als Handgepäck mitgenommen werden. Sie müssen allerdings in einer wasserdichten Tasche oder in einer Hundebox (wie sie von den Luftfahrtgesellschaften verkauft werden) untergebracht sein.
Größere Hunde müssen im (vollklimatisierten) Frachtraum reisen. Für sie besteht die Pflicht, in einer vorgeschriebenen Hunde-Reisehütte aus Plastik die Flugreise anzutreten. Der Hund wird mit Kiste gewogen. Was über Ihrem zulässigen Freigepäck liegt, wird pro Kilogramm mit einem Prozent des Flugpreises 1. Klasse berechnet.
Hunde können auch als Luftfracht in gleicher Weise aufgegeben werden. Ihr Hund fliegt dann mit einem anderen Flugzeug, wenn Sie zum Beispiel mit einer Maschine fliegen sollten, die keine klimatisierten Frachträume hat.

Mit dem Schiff

Auch auf eine Schiffsreise können Sie Ihren Hund in den allermeisten Fällen mitnehmen. Sie sollten sich allerdings vorsorglich bei Ihrem Reisebüro oder bei der Schiffahrtslinie erkundigen, unter welchen Bedingungen die Mitnahme gestattet ist und was sie kostet, damit Sie keine unliebsamen Überraschungen erleben.

Besonders für mittelgroße und große Hunde können Flugreisen eine Tortur sein

Auf großen Passagierschiffen gibt es in der Regel Hundezwinger sowie einen Hundesteward, der die Hunde betreut und verpflegt. Sie können ihn dann tagsüber auf bestimmten Decks spazierenführen. Auf anderen Schiffen ist es sogar nicht selten gestattet, den Hund zu sich in die Kabine zu nehmen und auch auf Deck bei sich zu behalten. Dies ist vor allem auf Fährschiffen mit kürzeren Fahrzeiten der Fall.
Für das Ankunftsland beziehungsweise für die Häfen der verschiedenen Länder, die Ihr Schiff bei einer Kreuzfahrt anläuft, brauchen Sie in jedem Fall ein Impfzeugnis. Über weitere Vorschriften erkundigen Sie sich am besten rechtzeitig vor Reiseantritt. Einen Maulkorb sollten Sie auch mitnehmen und dem Hund vorher vertraut machen. Er ist in manchen Ländern bei Benutzung öffentlicher Verkehrsmittel und in öffentlichen Gebäuden vorgeschrieben.
Hunde werden übrigens nicht seekrank!

Im Hotel

Für einen Urlaubsaufenthalt mit Hund ist es ratsam, eine Unterkunft vorher fest zu buchen. Wenn Sie bei der Buchung gleich angegeben haben, daß Sie mit Ihrem Hund kommen, wird es auf beiden Seiten keine Überraschung geben. Erwähnen Sie auch, um welche Hunderasse es sich handelt, denn wenn Sie nachher mit einer Deutschen Dogge oder einem Bernhardiner aufkreuzen, der Wirt sich dagegen ein Hündchen vorgestellt hat, wird er zumindest erstaunt sein . . .
Als Hundebesitzer haben Sie dafür zu sorgen, daß Ihr Pflegling sich im Hotel ruhig und zurückhaltend benimmt. Ein bellender Hund ist ebenso unbeliebt wie einer, der an jedem Menschen gleich hochspringt.
Nehmen Sie sein Körbchen, zumindest seine gewohnte Decke mit und bereiten Sie ihm an einem ruhigen, zugluftfreien Platz seine Schlafstelle. Für die Ernährung des Hundes werden Sie meist selbst sorgen müssen. Geben Sie ihm sein Futter im gewohnten Napf, doch stellen Sie diesen auf eine wasserfeste Matte, damit es zu keiner Verunreinigung des Fußbodens kommt. Erkundigen Sie sich, in welchen Räumen des Hotels Hundeverbot ist, wo im Ferienort der Hund angeleint oder gar mit Maulkorb gehen muß.
Zu Ihrer eigenen Beruhigung lassen Sie sich am besten die Anschrift des nächsten Tierarztes geben, auch wenn Sie eine Hundeapotheke für den Notfall mithaben. Ferner ist dringend zu raten, vor Reisebeginn eine Haftpflichtversicherung für Ihren Hund abzuschließen, falls Sie diese nicht ohnehin haben. Liegt der Urlaubsort im Ausland, erkundigen Sie sich zuvor bei Ihrer Versicherung, ob auch hierfür Versicherungsschutz gewährleistet ist.
Auf Campingplätzen gibt es oft bestimmte Flächen, auf denen Gäste mit Hunden zugelassen sind. Damit sie nicht zum Ärgernis werden, sind sie auf dem Campinggelände angeleint zu führen, und das Geschäft ist sofort vom Besitzer zu entfernen, denn auf Campingplätzen läuft fast jeder barfuß herum.

Er möchte mit Sicherheit nicht auf die Kanarischen Inseln!

Mit dem Hund ins Ausland

Offene Grenzen, günstige Reiseangebote und der allgemein relativ hohe Lebensstandard lassen uns gern ein- bis zweimal im Jahr in die Ferne schweifen. Und nur ungern verzichten wir auf die uns so lieb gewordene Gesellschaft unseres treuen vierbeinigen Freundes. Doch was innerhalb des eigenen Landes in der Regel problemlos möglich ist, kann im Ausland recht kompliziert sein.
Die Möglichkeit, einen Hund mitzunehmen, ist für viele europäische Länder inzwischen ohne größere Schwierigkeiten gegeben. Es sind nur geringe Formalitäten notwendig. In außereuropäische Län-

der mit dem Hund zu reisen, ist wegen der strikten Bestimmungen und manchmal auch wegen langer Quarantänezeiten hingegen so gut wie unmöglich. Dann ist es besser, der Hund wird für die Zeit des Urlaubs bei Verwandten, Bekannten oder in eine Hundepension in Pflege gegeben.

Die nachfolgenden Bestimmungen für die einzelnen Länder Europas (siehe dazu die Tabelle „Einreisebestimmungen für Hunde" auf der nächsten Seite) entsprechen dem neuesten Stand. Dennoch ist es grundsätzlich ratsam, beim Reisebüro, beim Konsulat oder beim zuständigen Veterinäramt nachzufragen. Kurzfristige Änderungen sind nämlich durchaus möglich. Für Reisen mit dem Hund in überseeische Länder sollte das jeweilige Konsulat befragt werden.

Da es sowie für das In- ebenso wie für das Ausland gleichermaßen beruhigend ist, wenn der Hund gegen Tollwut geimpft wird, sollten Sie diese Impfungen regelmäßig, meistens jährlich, vornehmen lassen. Werden die Impfungen in einen „Internationalen Impfpaß" eingetragen, sind Sie jederzeit in der Lage, mit dem Hund ins Ausland zu reisen. Wo eine amtstierärztliche Bescheinigung erforderlich ist, muß diese allerdings kurz vor dem Reisetermin eingeholt werden.

Einreisebestimmungen für Hunde

Großbritannien, Irland

Einreise nur nach zuvor erteilter Einfuhrgenehmigung. Vorgeschrieben sind 4–6 Monate Quarantäne.

Dänemark

Impfung gegen Tollwut (Tieazt), muß mindestens 30 Tage alt, darf aber nicht älter als 1 Jahr sein.

Belgien, Luxemburg, Niederlande

Impfung gegen Tollwut (Tierarzt), muß mindestens 30 Tage und höchstens 12 Monate vor der Enreise erfolgt sein.

Portugal

Impfung gegen Tollwut (vom Tierarzt; mindestens 30 Tage, höchstens 12 Monate vor Einreise) sowie ein Gesundheitszeugnis (vom Amtstierarzt; das Zeugnis darf nicht älter als 1–2 Tage sein) sind nötig.

Frankreich

Für Hunde ab drei Monaten benötigt man ein vom Tierarzt ausgestelltes Tollwut-Impfzeugnis (Impfung vor mindestens 30 Tagen, höhstens 12 Monaten). Ein Gesundheitszeugnis ist nicht erforderlich. Hunde bis zum Alter von drei Monaten dürfen gar nicht einreisen.

Österreich

Impfung vom Tierarzt gegen Tollwut. Die Impfung muß mindestens 30 Tage vor Einreise erfolgt sein, darf aber nicht länger als 12 Monate zurückliegen. Außerdem sind Maulkorb und Leine für Ihren Hund mitzuführen.

Schweiz

Impfung gegen Tollwut (Tierarzt), die mindestens 30 Tage, höchstens 12 Monate zurückliegt.

Spanien

Das Tollwut-Impfzeugnis vom Tierarzt muß ins Spanische übersetzt und mindestens 21 Tage, höchstens aber 12 Monate alt sein. Das ebenfalls vom Tierarzt auszustellende Gesundheitszeugnis darf nicht älter sein als 14 Tage.

Italien

Das Tollwut-Impfzeugnis vom Tierarzt muß mindestens 20 Tage und darf höchstens 11 Monate alt sein. Das vorgeschriebene Gesundheitszeugnis wird ebenfalls vom Tierarzt ausgestellt und darf nicht älter als 30 Tage sein. Außerdem sind Maulkorb und Leine für den Hund mitzuführen.

Norwegen, Schweden

Die benötigte Einfuhrgenehemigung wird nur bei Befolgung der strengen Impf- und Gesundheitsbestimmungen erteilt. Bitte erkundigen Sie sich beim ADAC oder beim Verband für das Deutsche Hundewesen e.V.

Finnland

Bestimmungen wie in Dänemark

Polen

Vom Tierarzt Impfung gegen Tollwut (mindestens 21, höchstens 12 Monate vor Einreise). Weiterhin wird ein amtstierärztliches Geusndheitszeugnis benötigt samt Eintragung im Internationalen Impfpaß.

Rumänien

Ein vom Tierarzt ausgestelltes Tollwut-Impfzeugnis (mindestens 30 Tage, höchstens 12 Monate alt) und Gesundheitszeugnis (höchstens 10 Tage alt) sind notwendig.

Bulgarien

Wie Rumänien. Das Gesundheitszeugnis muß allerdings amtstierärztlich sein und darf nicht älter als 14 Tage sein.

Slowakische Republik

Ein tierärztliches Tollwut-Impfzeugnis, das höchstens 12 Monate alt ist, sowie ein amtstierärztliches Gesundheitszeugnis (nicht älter als 3 Tage) samt Eintragung im Internationalen Impfpaß. Bei Aufenthalt über 1 Monat sind Einfuhrbewilligung und Impfung gegen verschiedene Erreger erforderlich.

Tschechische Republik

Wie Slowakische Republik, das Impfzeugnis aber mit Übersetzung.

Staaten des ehemaligen Jugoslawien

Hier gelten unterschiedliche Bestimmungen. Erkundigen Sie sich beim ADAC oder beim „Verband für das Deutsche Hundewesen e.V."

Griechenland

Tollwut-Impfung (vom Tierarzt; Impfung muß mindestens 15 Tage zurückliegen, höchstens aber 12 Monaten alt sein) sowie ein amtstierärztliches Gesundheitszeugnis plus Eintragung im Internationalen Impfpaß.

Anhang

Anschriften der Hundezuchtverbände

Sachdienliche Hinweise erhalten Sie bei folgenden Hundeverbänden in

Deutschland:

Verband für das
Deutsche Hundewesen e.V. (VDH)
Westfalendamm 174
D–44141 Dortmund

oder:

Postfach 10 41 54
D–44041 Dortmund

Tel.: 02 31/56 50 00
Fax: 02 31/59 24 40

Österreich:

Östereichischer Kynologenverband
Johann-Teufel-Gasse 8
A-1238 Wien
Tel.: 00 43/2 22/88 70 92
00 43/2 22/88 70 93
Fax: 00 43/2 22/88 92 621

Schweiz:

Schweizerische Kynologische Gesellschaft
Länggaßstraße 8,
Postfach 82 17
Ch-3001 Bern
Tel.: 00 41/31/23 58 19
Fax: 00 41/31/24 02 15

Register der Hunderassen

Sachregister

Zum Thema „Hunde" sind im FALKEN Verlag u. a. bereits erschienen:

„Dalmatiner" (Nr. 1757)
„Der Hund in der Familie" (Nr. 2521)
„Die Hundesprache" (Nr. 7371)
„Erfolgreiche Hundeerziehung" (Nr. 4808)
„Hundekrankheiten" (Nr. 1604)
„Hovawart" (Nr. 1809)
„Jack Russell Terrier" (Nr. 1867)
„Komm! Sitz! Platz!" (Nr. 2525)
„Urlaub mit dem Hund" (Nr. 5261)
„Rechtsratgeber für Hundehalter" (Nr. 1810)
„Richtige Hundeernährung" (Nr. 1868)
„Setter" (Nr. 1808)
„Siberian Husky" (Nr. 1866)
„Tibet-Terrier" (Nr. 1990)

Dieses Buch wurde auf chlorfrei gebleichtem und säurefreiem Papier gedruckt.

ISBN 3 8068 7517 0

Umschlaggestaltung: KA-BA GbR, Konzept & Gestaltung, Augsburg
Titelbild: Bildarchiv Okapia, Frankfurt/Chr. Steimer
Umschlagrückseite: „Ein Herz für Tiere", U. Schanz, München
Layout: Grafik-Design Reckels & Schneider-Reckels, Wiesbaden
Fotos: FALKEN Archiv/Huber: S. 152; Redeleit: S. 37 re; Schanz: S. 198; Steimer: S. 92/93, 123, 141, 151, 159, 162, 163, 183, 197; **Katja Bielfeld**, Hamburg: S. 32; **Klaus Hansmann**, München: S. 10–12; **Reinhard-Tierfoto**, Heiligkreuzsteinach-Eiterbach: S. 8/9, 9; alle übrigen Fotos: **Horst Bielfeld**, Jameln
Zeichnungen: Gerd Ohnesorge, Halle/Saale
Redaktion: Dr. Gabriele Schweickhardt/Kathrin V. Crinius
Produktion und Satz: VerlagsService Dr. Helmut Neuberger & Karl Schaumann GmbH, Heimstetten
Gesamtkonzeption: FALKEN Verlag, D-65527 Niedernhausen/Ts.

817 2635 4453 6271